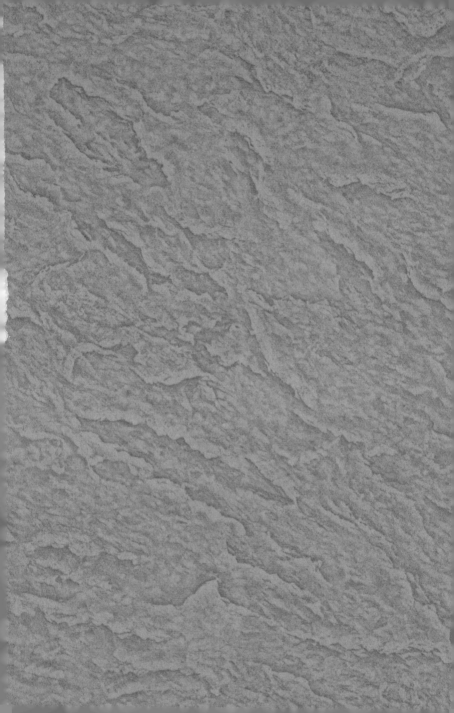

北村 厚［著］

大人のための世界史入門

教養のグローバル・ヒストリー

Atsushi Kitamura,
Global History in Liberal Arts

ミネルヴァ書房

はじめに

教科書から「大航海時代」が消えた

とくに世界史に詳しくない人でも、「大航海時代」という言葉は知っている。ヴァスコ・ダ・ガマやコロンブスが未知の海路を切りひらき、ヨーロッパ諸国がアジアやアメリカへと進出していった、世界史の画期とされる時代だ。だが、この「大航海時代」について、高校世界史の教科書に大きな変化がおこっているのをご存じだろうか。

最も普及している山川出版社の『詳説世界史B』をみると、一九九三年度版ではポルトガルなどのヨーロッパ勢力がアジアやアメリカに進出したことを、「ヨーロッパ世界の拡大」としか表現していなかった。しかし二〇一二年度版では「世界の一体化」という表現がくわわり、大航海時代が世界を結びつけたことが強調され、別の部分では太平洋を渡ってメキシコ銀をアジアへと運んだ「アカプルコ貿易」についても詳しい記述がある。

このように大航海時代の内容もずいぶん変化した。しかしヨーロッパが主体であり、アジア・アメリカはヨーロッパによって結びつけられる受け身の存在であることには変わりがない。

ところが、東京書籍『世界史B』などをみると、まったく異なる歴史像がえがかれている。そこでは、もはや「大航海時代」という言葉は本文中には出てこない。海域アジアの緊密な結びつきはすでに一五世紀から始まっていたのであり、ポルトガルなどは一六世紀に遅れてやってきた勢力のひとつにすぎなかった。一五世紀から一七世紀までおよそ二六〇年におよぶ世界交易の活性化の時代を、最近の教科書では「**大交易時代**」とよんでいる。（詳しくは本書の第7章から第9章の前半までを参照）

大征服だけではないモンゴル帝国

もうひとつ例をあげよう。次の問題をみてほしい。

> 近年、一三〜一四世紀を「モンゴル時代」ととらえる見方が提唱されている。それは、「大航海時代」に先立つこの時代に、モンゴル帝国がユーラシア大陸の大半を統合したことによって、広域にわたる交通・商業ネットワークが形成され、ヒト・モノ・金・情報がさかんに行きかうようになったことを重視した考え方である。そのような広域交流は、帝国の領域をこえて南シナ海・インド洋や地中海方面にも広がり、西アジア・北アフリカやヨーロッパまでをも結びつけた。
> 以上のことを踏まえて、この時代に、東は日本列島から西はヨーロッパにいたる広域において見られた交流の諸相について、経済的および文化的（宗教を含む）側面に焦点を当てて論じなさい。
> ……必ず次の八つの語句を一度は用いて、その語句に下線を付しなさい。
> ジャムチ　授時暦　染付　ダウ船　東方貿易　博多　ペスト　モンテ＝コルヴィノ

これは二〇一五年度東京大学前期日程の世界史入試問題からの引用である。世界史を勉強した人でなくても、チンギス・ハンを始祖とするモンゴル帝国が、強力な騎馬軍団をひきいてユーラシア大陸のほとんど全体を征服し、さらにフビライ・ハンの時代に日本遠征（元寇）を試みたことは有名だ。

しかしここで問われているのは、そういった軍事的な征服活動ではない。「広域にわたる交通・商業ネットワーク」であり、「ヒト・モノ・金・情報」の「交流の諸相」である。しかもその交流は「帝国の領域をこえて」アフリカやヨーロッパまで広がっていく。

実はひと昔前の世界史教科書では、この問題に対して半分もこたえることはできなかった。キーワードとしてあげられている「博多」や「ペスト」が、モンゴルと何の関係があるのか、昔なら見当もつかなかったであろう。しかし現在の教科書は違う。多くの教科書で、モンゴル帝国を中心としたユーラシア大陸のネットワークについて詳しい説明がある。（詳しくは本書の第5章と第6章の前半を参照）

グローバル・ヒストリー

こうした世界史教科書の執筆者や大学入試の出題者の念頭には、ある新しい歴史の見方がある。つまり、国家や民族の違いをこえて、世界中の人々が商業や文化で結びつくネットワークの歴史である。イギリス史、ドイツ史、日本史、中国史といった国別の歴史でも、東南アジア史、インド史、イスラーム史、ヨーロッパ史というような地域別にまとめられた歴史でもなく、世界を一体のものと考える歴史である。

そうした歴史の見方を、**グローバル・ヒストリー**という。水島司氏によれば、グローバル・ヒストリーには次のような特徴がある（水島 二〇一〇）。

①あつかう時間が長く、数世紀にわたる歴史動向を対象とすること。

②対象となる空間が、ユーラシア大陸やインド洋、大西洋などの広域であること。

③ヨーロッパ世界を相対化し、従来重視されてこなかった非ヨーロッパ世界、とくにアジアに注目すること。
④異なる諸地域間の相互の影響関係を重視すること。
⑤疫病・環境・人口・生活水準などの新しいテーマをとりあつかっていること。

「大交易時代」という時代設定やモンゴル帝国への新しい視座は、上記のほとんどすべての項目にかかわることがおわかりになると思う。グローバル・ヒストリーの成果は着実に高校世界史の教科書の内容を書きかえ、大学入試にも反映されているのである。

本書のねらい

ところが、グローバル・ヒストリーを意識した高校教科書レベルの入門書は、これまでほとんどなかった。教科書だけでは、グローバル・ヒストリー的な内容が各地域史のあいだに断片的に登場する場合が多かったり、コラムで部分的にとりあげられたりすることが多いので、全体的な歴史の流れのなかで理解するのが難しい。世界史の教科書は、幅広い情報を網羅的に記載しなければならないのだから、グローバル・ヒストリーが細切れになるのも無理もないことである。

そこで、高校教科書に断片的に記載されているグローバル・ヒストリーの内容を、通史的につなげて読むことができる、いわば「グローバル・ヒストリー読本」のようなテキストがあれば便利なのではないか、と考えた。そうして書かれたのが本書である。

教養のグローバル・ヒストリー

そもそも、なぜ世界史教科書がこのように変貌しているのか。それはグローバル・ヒストリーが、現代を生きる私たちにとって必要な歴史観だと考えられているからである。それにもかかわらず、さまざまな事情でそうした知識が教えられていないとすると、これはもったいないことだ。

いま、世界は大きく動いている。技術革新の結果急速に進んだグローバル化によって私たちのくらしが便利になるとともに、過度なグローバル化に対する反発が広まり、世界各地で一国中心的なものの見方が支持をあつめているといわれている。

確かにグローバル化は過酷な変化をもたらした。しかしだからといって世界との結びつきに背を向けてはいけない。大きな変化のただなかにある現代だからこそ必要な教養として、グローバル・ヒストリーは依然として重要である。

例えば私たちが日本という国の特色を知ろうとするとき、日本や日本人の視点だけで語ろうとするだろうか。むしろ、外国との関係や外国人の視点をいれることが多いのではないだろうか。日本の歴史もまた、世界のなかの日本という視点があったほうがよい。私たちは世界と結びついているということを学ぶために、この本ではできるかぎり日本史との接点をおりこむようにしている。

この本の主役は、よくあるような大帝国や英雄たちではない。もちろん彼らも登場するが、主役は異なる地域や文化をつなぐネットワークの歴史そのものである。ネットワークをつなぐのは、大草原を騎馬で駆ける遊牧民たち、航海術を駆使して大洋を越える海洋民たち、隊商を組んで砂漠を越えるオアシス商人たちである。彼らによって世界がダイナミックに結びつけられていく。

世界史をかつて学んだ大人にとっても、「いまの世界史はこんなことになっていたのか！」と新しい驚きをもって読めるガイド本であればと思う。おそらくむかし教わってきた世界史とはまったく異なるおもしろさを、本書からくみ取ってもらえるのではないだろうか。

なにより歴史はおもしろいものだ。この本を読んで、世界はこんなにつながる、世界史はこんなにダイナミックに動いている、ということを楽しんでもらえたら、望外のよろこびである。

教養のグローバル・ヒストリー——大人のための世界史入門　目次

目　次

目次

凡例

・本書で参照した「世界史B」教科書は以下のとおり。カッコ内は著作者。
山川出版社『詳説世界史B』（木村靖二・佐藤次高・岸本美緒・油井大三郎・青木康・小松久男・水島司・橋場弦）二〇一二年検定済・二〇一五年発行。

山川出版社『新世界史B』（岸本美緒・羽田正・久保文明・南川高志・小田中直樹・勝田俊輔・千葉敏之）二〇一三年検定済・二〇一四年発行。

東京書籍『世界史B』（尾形勇・川島真・後藤明・桜井由躬雄・福井憲彦・本村凌二・山本秀行・西浜吉晴）二〇一二年検定済・二〇一五年発行。

帝国書院『新詳世界史B』（川北稔・小杉泰・杉本淑彦・桃木至朗・指昭博・青野公彦・三田昌彦・清水和裕・吉澤誠一郎・杉山清彦）二〇一二年検定済・二〇一五年発行。

実教出版『世界史B』（木畑洋一・松本宣郎・相田洋・深見純生・三好章・江川ひかり・松浦義弘・伊藤敏雄・貴堂嘉之・平野聡・三ツ井崇・桂正人・小林共明）二〇一二年検定済・二〇一五年発行。

山川出版社『高校世界史B』（木村靖二・佐藤次高・岸本美緒・油井大三郎・青木康・小松久男・水島司・橋場弦・今泉博・石井英二・小豆畑和之）二〇一三年検定済・二〇一五年発行。

東京書籍『新選世界史B』（相良匡俊・菊池秀明・篠原琢・三木健詞・三浦徹・粕谷栄一郎）二〇一三年検定済・二〇一四年発行。
・前近代における遠隔地取引については「交易」とし、一八世紀以後については「貿易」とした。なお、前近代であっても歴史用語として定着しているものについては「貿易」と表記したものもある。例「朝貢貿易」「奴隷貿易」「南蛮貿易」など
・本書内の重要語句はゴチックとし、重要箇所には傍点を付した。

プロローグ　ネットワークの黎明

インダス文明とメソポタミア文明の交流

人類が海や砂漠を遠く越えて、異文化間の交易ネットワークをつくりはじめるのは、いつだろうか。意外かもしれないが、教科書に載っている一番古い事例は、紀元前二五〇〇年ごろに成立したインダス文明である。

モエンジョ・ダーロやハラッパーなどの都市で知られるインダス文明は、インダス川河口とペルシア湾へとむかう**海の道**で、メソポタミア文明のシュメール人都市国家、ウルなどと交易をおこなっていた。紅玉髄《べにぎょくずい》という宝石でつくられた装飾品が特産品だったという。

シュメールの都市からはインダス文字が刻まれた印章が多数出土している一方、インダス文明の都市からもメソポタミア型の印章がみつかっており、相互の交流はさかんだったようだ。高度な古代文明のあいだに、すでにネットワークが成立していたのである。しかし、インダス文明は前一八〇〇年ごろに滅亡し、この交流もとだえる。

中東からインドへの道は、海をゆけば思ったよりも近いのである。そしてこの**ペルシア湾ルート**というインドへの近道は、古代から現代にいたるまで変わらず機能しつづける。

フェニキア人の船

海のフェニキア人、陸のアラム人

その中東に視点を移すと、前一三世紀に**シリア**（現在のシリアだけでなく、ヨルダン、イスラエルも含む）の諸民族が、さかんに遠距離の交易をおこなっていた。

フェニキア人はシドンやティルス（テュロス）などの港市国家をつくり、レバノン杉を用いた優れた造船技術や航海術をつかって、**地中海交易**をいとなんでいた。キプロス島やギリシアといった東地中海から、さらに西地中海に進出し、有名な北アフリカのカルタゴをはじめ、遠くはイベリア半島にいたる多くの植民市を築いていった。

文明には文字がつきもの。農耕文明の都市では統治のために文字を必要としたが、交易をいとなむ民族は、通信や簿記といった商業のために文字をもった。フェニキア人はカナーン文字を改良してフェニキア文字をつくり、地中海交易で利用した。このためギリシアやラテン人に伝わり、現在のアルファベットの起源となった。

フェニキア人が海の交易民族であれば、陸の交易民族は**アラム人**である。アラム人は**ダマスクス**を拠点に内陸での交易活動に従事し、ロバやラクダをもちいた大規模な隊商をくみ、前一二〇〇年ごろに王国をつくった。その交易範囲はイラン高原から中央アジアまで達し、アラム語は西アジアの国際商業語になっていく。

また、フェニキア文字をもとにしてつくられた**アラム文字**は、西アジアに急速に広まり、楔形文字にとってかわった。彼らがつくった商業ネットワークは、その後のオアシスの道にのって広がり、アラム文字はオアシス商業民や遊牧民の文字に継承されていくのである。

ヘブライ人――シリア・ネットワークの覇者

シリア南部のカナーン（パレスチナ）で活動を開始したのが**ヘブライ人**（イスラエル人）である。『旧約聖書』によれば、預言者モーセに率いられてエジプトを脱出した部族が、カナーンにたどり着き、前一一世紀末に王国を建設した。名君として名高いダヴィデ王はイェルサレムを都とし、その子ソロモンは領土を拡大して繁栄したという。

ヘブライ人の富の源泉は、やはり交易であった。陸上においては北方に領土を広げてアラム人の隊商交易を手中に収め、「海の民」の一部であるペリシテ人を駆逐して地中海に進出、フェニキア人と対抗し、さらに南方では**紅海**の海上交易を開拓した。

いわゆる「ソロモンの栄華」というのは、紅海・東地中海の交易と内陸交易の双方の利益によって生み出されたものである。フェニキア人、アラム人、ヘブライ人の先駆的な交易活動からわかるのは、シリアという土地がオリエントの海上・内陸ネットワークが重なる地点にあり、古代における交易の最重要な要地であるということだ。

ネットワーク形成をはばむ障害

このように地中海沿岸部からイラン・インドまで、商業民族によるネットワークがあったが、そのころユーラシア大陸の他の地域、例えば中国や東南アジア海域と、オリエントのあいだを結ぶネットワークは存在していなかった。

それはインドと中国のあいだには「世界の屋根」ともいわれる大山脈群がそびえたっており、中央アジアと中国のあいだには砂漠がよこたわっているからである。その北にはどこまでも続く大草原が広がっており、人間の足で踏破することは困難であった。

さらにペルシア湾から先は広大なアラビア海、そしてインド洋があり、この海をこえる航海技術を人類はまだもっていなかった。

大草原、砂漠、そして海洋。オリエント、インド、中国というユーラシアの三大農耕文明のあいだには、この三つの巨大な障害があった。人類はこれらの障害をいかにして乗りこえ、ネットワークをつくりだしていくのだろうか。壮大なグローバル・ヒストリーの幕開けである。

第1章　ユーラシア・ネットワークの形成――前一千年紀～後二世紀

古来よりユーラシア大陸の東西全体をつなぐネットワークは、よく知られているように三つの道で構成されていた。

一つはユーラシア北部に広がる草原の道で、騎馬遊牧民の世界である。一つは中央アジアの砂漠地帯をこえるオアシスの道で、ラクダなどの隊商交易によってつながっていた。もう一つはインド洋と南シナ海を結ぶ海の道で、港市国家によって結びつけられていく。

この本では、近代以前に発展していったこれらの大陸ネットワークと海洋ネットワークを総称して、ユーラシア・ネットワークと総称する。

これらのネットワークが砂漠や大草原、大海原をこえてつながるためには、三つの新技術が必要だった。まず紀元前一千年紀ごろに砂漠の民がカナートの技術を、次に草原の民が騎乗の技術を、そして前二世紀ごろに海の民が季節風航行の技術を発明し、紀元後二世紀にユーラシア大陸の東西が大陸と海洋の双方でつながったのである。

前1千年紀	中央アジアのオアシス地帯にカナートが開発。
	草原地帯で騎乗の技術を得た騎馬遊牧民が登場。
前7世紀	南ロシア草原に遊牧国家スキタイ登場。
前525年	アケメネス朝ペルシアがオリエント統一。
	ペルシア支配下でソグド人が隊商交易に従事。
前330年	アレクサンドロス大王がアケメネス朝ペルシアを滅ぼす。
前4世紀	モンゴル高原を中心に匈奴・烏孫・月氏などの遊牧国家成立。
前209年	匈奴の冒頓単于が即位、以後遊牧帝国を拡大。
前203年	華南に南越国が成立。
前202年	劉邦が項羽をやぶり、漢帝国を建設。
前200年	匈奴が漢帝国をやぶり、事実上の従属下におく。
前2世紀	ギリシア商人の手によりアラビア海の季節風航海術が発見。
前139年	張騫が大月氏との同盟を求めて西域に出発。
前115年	漢と烏孫との同盟が成立。
前111年	漢が南越国を征服。
前 60年	漢が西域都護を設置。
27年	アウグストゥス帝が即位し、ローマ帝国成立。
1世紀	このころ、『エリュトゥラー海案内記』成立。
57年	倭の奴国が漢に朝貢し、光武帝から金印をえる。
97年	西域都護の班超、甘英をローマに派遣し、条支国にいたる。
1世紀末	メコン川下流域に扶南成立。
130年	クシャーナ朝でカニシカ王が即位。
166年	「大秦王安敦」の使者が日南郡に到達。
2世紀末	サータヴァーハナ朝が中部インドを支配し、ローマとの交易で繁栄。
	ベトナム中部にチャンパーが成立。

第1章に登場する諸勢力

遊牧民……スキタイ　匈奴　烏孫　月氏（大月氏）丁零　大宛　パルティア　クシャーナ朝

農耕民（商業民）……ソグド人　アケメネス朝　アレクサンドロス大王の帝国　セレウコス朝　前漢　南越　新　後漢　高句麗　倭　ローマ帝国　アクスム王国　サータヴァーハナ朝

海洋民……チョーラ朝　パーンディヤ朝　扶南　チャンパー

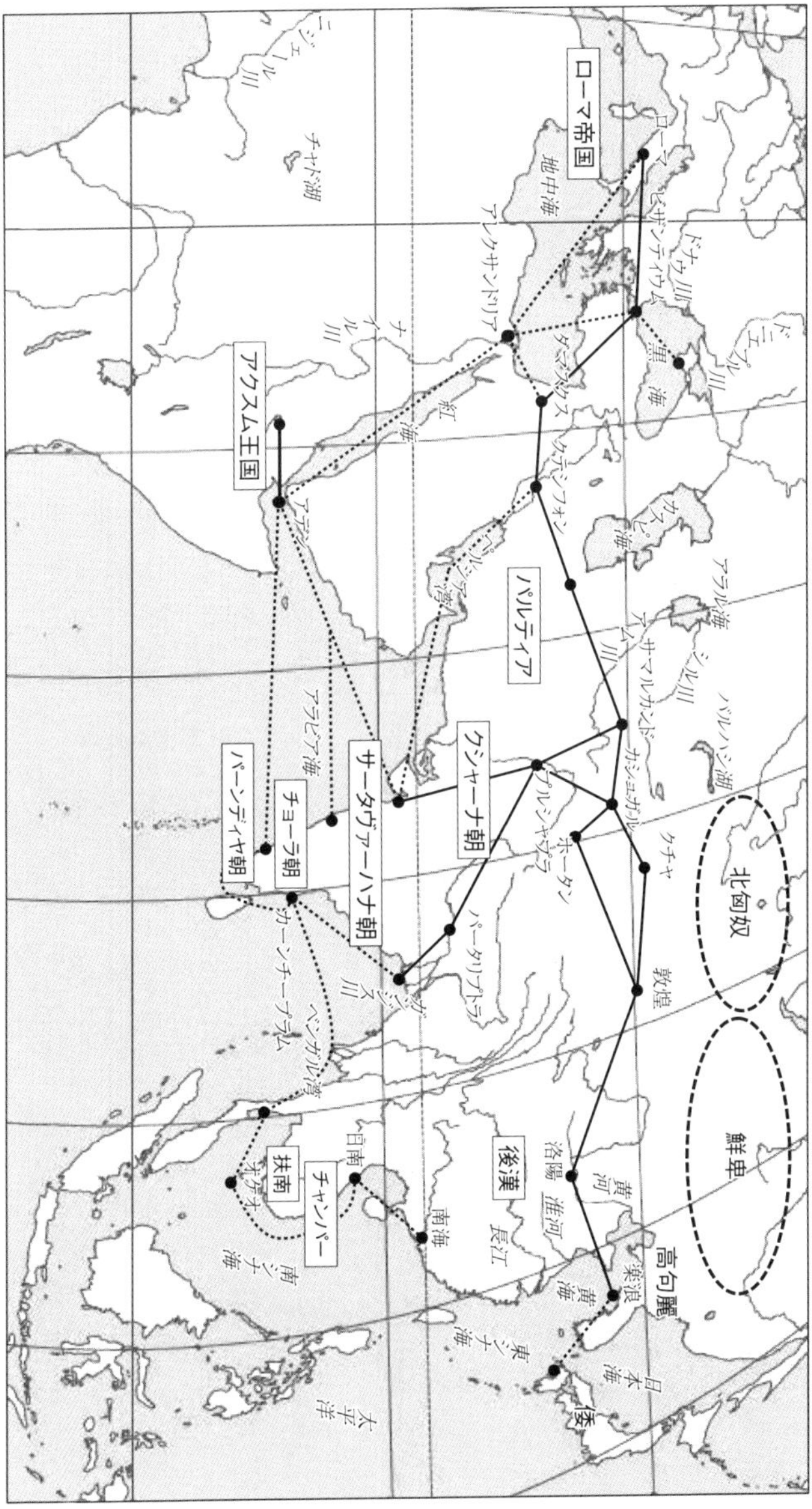
ローマ帝国
ローマ
ビザンティウム
アレクサンドリア
ダマスクス
クテシフォン
地中海
黒海
カスピ海
アラル海
バルハシ湖
ドナウ川
ドニエプル川
ナイル川
ニジェル川
チャド湖
紅海
アクスム王国
アデン
ペルシア湾
パルティア
アム川
シル川
サマルカンド
カシュガル
クシャーナ朝
プルシャプラ
ホータン
クチャ
北匈奴
敦煌
鮮卑
アラビア海
サータヴァーハナ朝
チョーラ朝
パーンディヤ朝
パータリプトラ
ガンジス川
カーンチープラム
ベンガル湾
後漢
洛陽
黄河
淮河
長江
高句麗
楽浪
黄海
日本海
東シナ海
倭
扶南
オケオ
チャンパー
日南
南海
南シナ海
太平洋

2世紀のネットワーク

1 草原とオアシス

オアシスの道——ソグド人の隊商交易

ユーラシア大陸の東西を結ぶ中央アジアの道は、世界有数の高山とそのあいだに広がる砂漠の道である。その砂漠の周辺に点在する河川や湧水地が、**オアシス**とよばれる。

紀元前一千年紀に、山麓の地下水脈から水を引き、灌漑に利用する**カナート**とよばれる施設をつくる技術が確立すると、灌漑農業が発達してオアシス農村集落が点々と形成されていった。オアシス集落は基本的に農村だが、手工業生産や交易の拠点としても発達し、市場や防御施設をそなえていく。

こうして、中国の甘粛からタリム盆地、アフガニスタンを経てイラン高原にいたるオアシスをつなぐ、**オアシスの道**が形成された。オアシスの道で最も重要な商品は、中国産の絹製品だったので、絹の道（シルク・ロード）ともよばれる。

東西交易の代名詞ともいえるこのオアシスの道の担い手だったのが、イラン系の**ソグド人**である。彼らは西アジアにおけるアラム人の交易ネットワークを、中央アジアにおいて引き継ぎ、ラクダを用いた**隊商交易**で利益をあげていた。

フェニキア人やアラム人もそうだったが、遠隔地交易に従事する民族は、商業記録のために独自の文字をもつことが多い。ソグド人もまた、古代のアラム文字をもとに**ソグド文字**をつくり、商業を拡大させていった。ソグド語やソグド文字は、中央ユーラシアの共通語・共通文字となる。

ソグド人の根拠地は、シル川とアム川のあいだに位置するオアシス地帯（ソグディアナ）で、シル川流域

オアシスの道をゆくキャラヴァン（隊商）

の**サマルカンド**や**ブハラ**といった代表的なオアシス都市をつくってさかえた。当然、東西交易の利益をねらって諸国の係争地となる。このためソグディアナは、草原の強大な遊牧国家や、イランや中国の農耕民帝国の政治的な保護下にはいるという歴史をたどるのである。

　パミール高原から西側のオアシスの道は、前六世紀にアケメネス朝ペルシアが支配し、さらに前三三〇年にこれを滅ぼしたアレクサンドロス大王や、その後継国家であるセレウコス朝もまた、オアシス地帯に進出した。このようにオアシスの道の支配者は次々と交代していったが、その担い手はソグド人であり続けた。

草原の道――騎馬遊牧民の大地

　一方、ユーラシア大陸の中心部分をおおう広大な草原地帯は、牧畜を営む**遊牧民**の舞台であった。彼らは定住民とは違って確たる領土をもたなかったが、前一千年紀に**騎乗の技術**を身につけた騎馬遊牧民は、きわめて広範な移動能力と、圧倒的な軍事力を発揮して、しばしば定住民社会をおびやかした。

　騎馬遊牧民が都市・オアシス・農耕集落などを軍事力によって支配して、経済的には彼らに依存しつつも、政治的権力をもつことになった国を、**遊牧国家**という。

騎馬兵の装飾がある
スキタイの黄金の櫛

最初の遊牧国家は前七世紀に南ロシア草原に成立した**スキタイ**である。彼らは強力な騎兵隊を組織し、アケメネス朝ペルシアのダレイオス一世の軍隊を撃退するほどの力をほこった。スキタイは黒海沿岸のギリシア植民市とも交易をおこない、黄金の装飾品などにみられる独自の騎馬文化をうみだした。

その騎馬遊牧民の文化は遠くシベリアやモンゴル高原にまでおよんだ。このため彼らの文化をスキト・シベリア文化とよぶ。ユーラシア大陸の西方から東方へと、想像以上に広大な範囲で人や文化の交流があったわけだ。騎馬遊牧民を主役とするこの東西交流のネットワークは、**草原の道**とよばれる。

匈奴に従属した漢帝国

こうして、前四世紀ごろから、ユーラシア大陸の東方でも、草原の道をゆく騎馬遊牧民の活動が活発になり、モンゴル高原南部の陰山山脈に**匈奴**《きょうど》、天山山脈北麓に**烏孫**《うそん》、そして甘粛・タリム盆地東部のオアシス地帯に月氏《げっし》などが登場する。

これらの勢力のうち最初の覇者となったのが匈奴で、前三世紀末から卓越した指導者、**冒頓単于**《ぼくとつぜんう》に率いられて強大となった。冒頓は、東は大興安嶺に拠った東胡を征服し、月氏から甘粛地方を奪い、モンゴル高原北方の丁零《ていれい》（トルコ人）を従えて、中国東北部からオアシス地帯までを統一する大帝国を築いた。

おりしも、前二〇二年に項羽との激闘を制して、中華世界を統一した**前漢**の高祖劉邦《りゅうほう》は、匈奴帝国の急速な拡大を抑えるべく出兵するが、前二〇〇年に大敗し、以後七〇年間にわたり匈奴に貢納を支払うという屈辱的な和親策を取らされることになった。ある教科書の表現によれば、漢帝国は匈奴の事実上の従属下におかれたのである。

前二世紀はじめ、冒頓はさらに月氏を敗走させてタリム盆地を征服し、烏孫も支配下においた。月氏は西のかたイリ盆地に移動したが、前一四〇年ごろに烏孫によって追われて、アム川上流まで追いやられてしまった。しかし月氏はここで急成長を遂げ、南の大夏（トハラ）を征服して領土を拡大し、**大月氏**という中央アジアの大国になったのである。

漢帝国の逆襲

そのころ前漢は、呉楚七国の乱をおさめてようやく中央集権化を完成させた。前一四一年に即位した**武帝**は、ついに匈奴にたいする従属関係を打破するべく、軍事行動をおこした。匈奴を挟み撃ちにする同盟を築くために、**張騫**《ちょうけん》を大月氏に派遣した。途中匈奴にとらわれながらも脱出するなど、苦難の旅のすえ、ようやく大月氏にたどり着いた張騫であったが、軍事同盟は成立しなかった。

しかしこの大旅行によって、**西域**《さいいき》、つまり中国から見て西方のオアシス地帯の事情が詳しく漢に伝わった。これまで匈奴によって厚いヴェールでおおわれていた西域は、中国人にとって未知の領域であった。張騫はこのヴェールをとり払ったのである。

武帝は再び張騫に命じ、今度は烏孫との同盟を画策した。これは成功し、張騫は烏孫の使者を連れて帰国して、以後オアシスの道をつうじて、西方のブドウ、ウマゴヤシ、ナツメなどがもたらされていった。

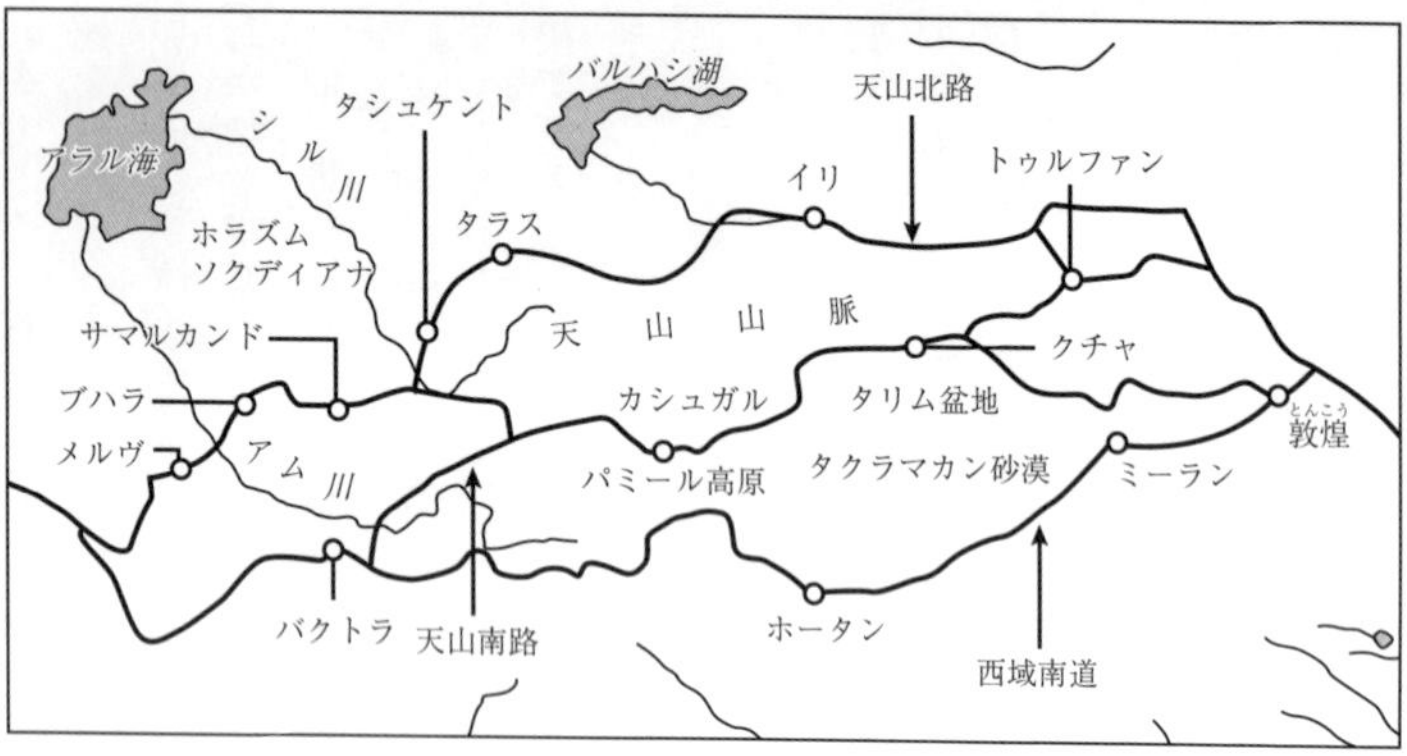

オアシスの道

また武帝は、匈奴の東部勢力を攻撃するために、朝鮮半島にあった衛氏朝鮮を滅ぼし、ここに**楽浪郡**《らくろう》など四郡をおいた。楽浪郡は朝鮮半島南部の韓族や倭人にたいする外交の窓口になり、漢帝国の威光は東方にも広がっていく。

こうした外交政策と同時に、武帝は衛青や霍去病《かくきょへい》に命じてたびたび匈奴と戦争をし、甘粛地方を奪って**敦煌郡**《とんこう》など四郡を設置した。さらにフェルガナ地方の**大宛**《だいえん》に李広利を派遣してうちやぶり、汗血馬を獲得するなど成果をあげた。

かくして匈奴はオアシスの道から駆逐され、北方に追いやられた。東西交易の利益を失った匈奴は急速に衰退し、まもなく東西に分裂する。前一世紀、オアシスの道東半分の覇者は、匈奴から漢帝国へと移行したのである。

西域の三つの道

前六〇年、**西域都護**が設置され、タリム盆地の漢帝国支配が確立した。漢帝国が支配する西域には、三つの道があった。支配者がかわっても、これらのルートは後世においても基本的に変動しないので、ここで西域の交易ルートをしっかりと確認しておこう。

まず中国から西域への入り口は、敦煌などの甘粛地方である。天山山脈で南北に分かれ、北側に向かうとソグディアナのサマルカンドまでつづく**天山北路**と、天山山脈の南側には、トゥルファン（高昌《こうしょう》）・**クチャ**（**亀茲**《きじ》）・カシュガル（疏勒《そろく》）を経由する**天山南路**があり、サマルカンドで合流する。

天山南路の南にはタクラマカン砂漠が広がっているが、砂漠の向こう側、クンルン山脈沿いの**ホータン**（于闐《うてん》）などをとおる道は、**西域南道**という。天山南路と西域南道はアム川の南で合流し、アフガニスタンにつながる。

サマルカンドよりも西の交易路は、イラン系の**パルティア**が支配していた。張騫の旅行によってこの国の情報も漢に伝わり、安息（パルティアの王朝名アルサケスの漢名）とよばれた。

このように、前一世紀のオアシスの道は、政治的にはパルティア、大月氏、漢帝国が支配し、その庇護のもとでソグド人などの隊商交易がおこなわれており、非常に安定していたといえる。

2　古代の東アジア――南海交易と冊封体制

南越国と南海交易

このころ、オアシスの道以外では、どのようなネットワークが中国周辺にあったのだろうか。まず東南アジアを見てみよう。この地では、インドシナ半島から雲南にかけて、古代からドンソン文化とよばれる独自の青銅器・鉄器文化が生まれていた。

一方、南シナ海では前三世紀ごろに、サーフィン文化とよばれる海洋文化ネットワークが誕生しており、陸のドンソン文化と海のサーフィン文化が入りまじる、独特の文化圏が成立していた。東南アジアは古代よ

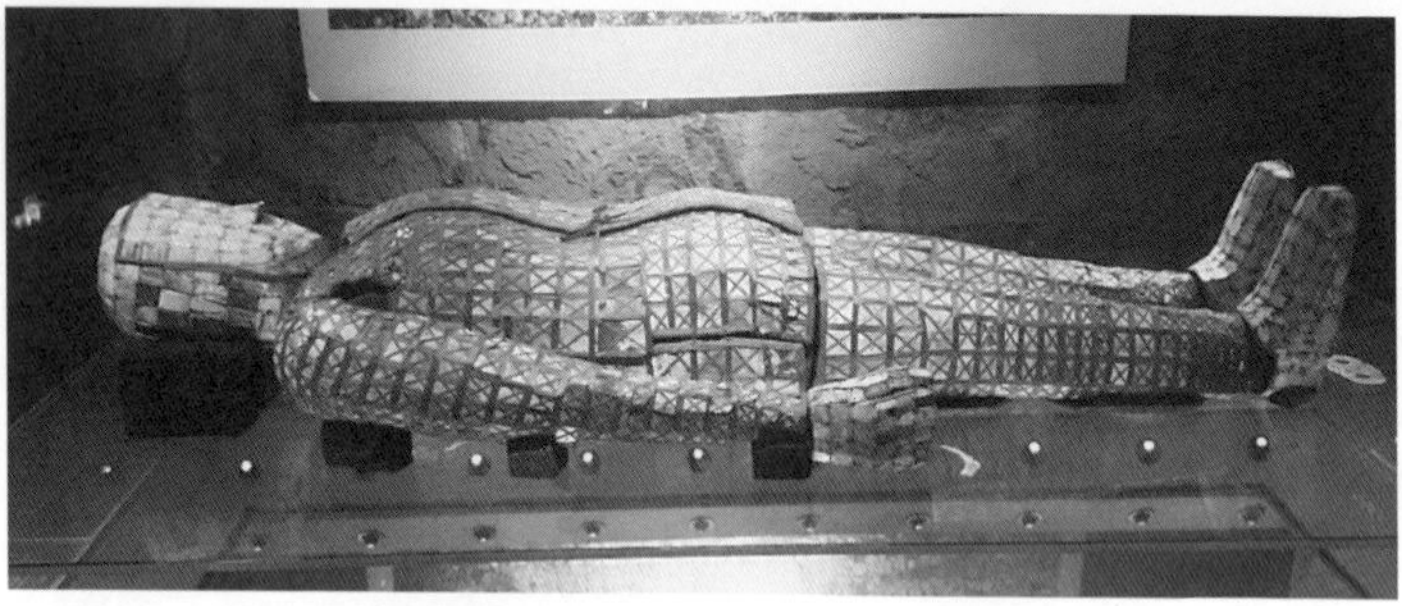

南越国王墓より発見された玉衣（筆者撮影）

り海上交易でさかえていたのである。

中国からみた東南アジア方面の海域を「南海」という。秦は**南海交易**の富をねらい、現在の広州付近に南海郡など三郡を設置した。しかし秦滅亡の混乱のさなか、前二〇三年に南海郡の官僚趙陀《ちょうだ》が自立して、**南越国**を建国し、ベトナム北部まで勢力をのばした。

南越国の都（現在の広州）には、東南アジア熱帯雨林産の香料である竜脳や、なんとアフリカの象牙などがもたらされており、すでに東西を結ぶ海の道が、何らかのかたちでつながっていたことをしめしている。

前漢は匈奴に敗北したのち対外的には消極的だったので、南方への進出もしなかったが、華北の都市では香木、香辛料、サイの角、真珠、タイマイ（ウミガメの一種で鼈甲の材料）などの東南アジア物産の需要が高まっていた。南越国は南海交易をつうじてこれらを漢帝国に供給することで、大きな利益を得ていたのである。

武帝の時代になり漢帝国が安定すると、前一一一年、漢帝国は南海交易の利益独占を狙って南越国を滅ぼし、広東地方に南海郡、ベトナム北部に交趾郡、ベトナム中部に日南郡など九郡を設置した。

こうして前二世紀末、漢帝国は南海交易に乗り出していく。この交易はおもに東南アジアの現地人ネットワークに依存して行われたようだが、中には自力でインドまで到達したパワフルな中国商人もいたという。

彼らはインドシナ半島の沿岸をすすみ、マレー半島の東海岸で上陸し陸路で半島を横断、ベンガル湾に出て、南インド東岸のカーンチープラムにまで達した、と考えられる。南インドからも使者が日南郡までやってきて、相互の交流が行われている。ただし中国とインドを結ぶ交易は、この段階ではまだ断続的なものにすぎなかった。

光武帝による東アジア国際秩序の再建

紀元後八年、漢帝国で宮廷クーデターがおこり、王莽が新をたてて悪政をしき、天下騒乱となった。二五年にこの混乱をおさめた光武帝劉秀《りゅうしゅう》が、**後漢**をおこして漢帝国の威光を取り戻すが、この混乱は、東アジアの国際秩序に動揺をもたらした。

朝鮮半島ではツングース系の**高句麗**《こうくり》が北方で勢力を拡大し、南方では韓族が馬韓・辰韓・弁韓とよばれる小国家群を形成するなど、独自の動きを見せていった。その結果、一世紀には、朝鮮四郡のうち臨屯《りんとん》、真番《しんばん》、玄菟《げんと》は消滅し、楽浪郡だけとなってしまう。

つまり朝鮮半島における中国のプレゼンスが低下したのである。しかし後漢が成立すると、高句麗は中国に朝貢して、光武帝から国王の印綬を与えられている。

その朝鮮半島のさらに東方の海には、中国で「**倭**」とよばれた古代の日本があった。倭の諸国は楽浪郡をつうじて大陸と交流を行っていたが、五七年に九州北部の奴国が後漢に朝貢し、光武帝が印綬を与えて国王の地位を与えた。『後漢書』における この記述を裏付けるように、「**漢委奴国王**《かんのわのなのこくおう》」の金印が志賀島で発見されている。

このように、後漢が成立するやいなや周辺国が続々と朝貢していった。これは中国からみれば、圧倒的な中華皇帝の威光に周辺国が服従したようにみえるが、視点を変えれば、国際体制の立て直しをはかる光武帝が、いそいそと周辺諸国に国王の地位を大盤振る舞いしてつなぎとめようとしたともいえる。

冊封体制とは何か

ここには中華帝国を中心とする伝統的東アジア国際秩序である、**冊封体制**の原型がみられる。冊封体制とは何だろうか。

そもそも中華の皇帝は天下のすべてを支配するという建前があるので、この世に存在するすべての諸国の君主を皇帝の臣下とみなしていた。もちろん初期の漢帝国が匈奴に服属していたように、現実にはそういうわけではないのだが、理念的にはそうだったのである。

周辺諸国が中国皇帝の徳をしたって貢物をもって来訪することを**朝貢**という。これにたいして皇帝はその君主に辞令（冊書）を与えて、爵位や官位とともに領土を授ける（封建）という形式をとったので、これを**冊封**という。皇帝は世界を支配しているけれども、実際は支配が及んでいないので、国交のある国には称号を与えて支配を委ねる、という形をとったのである。

この形式は漢代に広まった。雲南省の石寨山漢墓からは「滇王《てんおう》之《の》印《いん》」という、「漢委奴国王」印によく似た金印が発見されているし、北方では服属した匈奴に与えられた「漢《かんの》匈奴《きょうどの》悪適《あくてき》尸《し》逐王《ちくおう》」の印（すごい名前だ）も出土している。

冊封というのは名前からわかるとおり封建制の延長である。漢帝国では郡国制をとっており、臣下に一定の地域を封土として与えて国王とすることを冊封といったが、この方式を国際関係にも拡大適用したのが冊封体制ということになる。つまり皇帝を主君とする君臣関係にもとづく国際秩序である。

光武帝は、周辺地域の動揺に対して、漢帝国の支配のおよばない諸国に対しては冊封体制を整備することで対応した。しかし南越（ベトナム）でおこった徴《チュン》姉妹の反乱（四〇〜四三年）にたいしては、これは漢が直接統治する郡なので、軍隊を派遣して容赦なく鎮圧している。こうして国際秩序はふたたび安定し、後漢も軌道にのっていった。

班超と甘英

前漢の武帝が周辺地域を直接支配していく積極策であったのにたいして、後漢の光武帝は冊封で対応したように、対外的には消極的であった。その結果、オアシスの道における漢帝国のプレゼンスは低下し、衰退したと思っていた匈奴（北匈奴）がまた復活した。後漢は**班超**を西域都護に任命し、北匈奴を駆逐して、タリム盆地のオアシスの道を、ふたたび漢帝国の支配下に収めた。

滇王之印

班超は一世紀末に部下の**甘英**を大秦国（ローマ帝国）に派遣し、国交を結ぼうとした。しかし甘英はローマに達することはできず、九七年にシリアと思われる沿岸部にいたって引き返した。彼のもたらした情報により、それまで中国には知られていなかった、オアシスの道の西半分の情報がもたらされた。

シリアまで行ったのであれば、東地中海を超えればもうローマなのに、甘英はなぜ地中海を渡らなかったのだろうか。彼はパルティアを通過してローマ帝国に行こうとしたが、当時パルティアとローマ帝国は対立していたので、公的なネットワークは断絶していたのだとも考えられる。

パルティアは、甘英の使命を果たさせるわけにはいかなかったのだろう。

3　海の道の形成

ローマの平和

それでは、甘英が目指したローマ帝国に目を向けてみよう。前二七年、ローマではアウグストゥス帝が即位して帝政ローマが成立した。長年にわたる内乱がおわり、広大な領域をおさめる大帝国が平和と繁栄を維持する、「ローマの平和（パクス・ロマーナ）」の時代が始まった。

ローマ帝国は領土の拡大とともにインフラ整備を行っていたので、ローマを中心として帝国各地にのびる街道や、地中海の海路が整備され、帝国内部の遠隔地商業ネットワークが形成されていた。ヒスパニア（現スペイン）の鉱物資源やガリア（現フランス）の陶器、エジプト・シチリアからは大量の小麦がローマに供給され、経済面で緊密に結びついていた。

なによりシリアとエジプトを得たことは、ローマ帝国の交易対象を東に大きく広げた。オアシスの道と海の道につながり、中国産の絹や生糸が手に入ったのである。ただでさえ豊かなローマ帝国が、対外交易によってさらに大きな利益を得ることになった。

クシャーナ朝の登場

ただしオアシスの道については、ローマ帝国の東にパルティアが横たわり、東西交易路を独占していた。パルティアはつねにローマ帝国と国境紛争を繰り返している宿敵だったので、ローマとしては、できればパルティアを介さずに東洋の物産を手に入れたいと考えていた。そこでタイミングよく登場したのが、北インドの新興国家**クシャーナ朝**である。

クシャーナ朝は、一世紀にアフガニスタンの大月氏が衰退したのち、イラン系クシャーナ族が自立し、南下して中央アジアから北インドまでを支配するようになった大国である。ガンダーラ地方を拠点とし、漢帝国とパルティアを結ぶ中継交易で栄えた。

北インドと中央アジアが交易路で結ばれたことで、オアシスの道はさらなる広がりを見せ、インド産の香辛料や綿製品などが陸路で中国にもたらされることになった。さらにこの道にのって、**大乗仏教**がオアシス諸国に浸透していく。

一三〇年に即位したカニシカ王は東西交易の拠点として**プルシャプラ**（現ペシャワール）に都を定め、さらに南下し、アラビア海に面したグジャラート地方まで進出した。これによりクシャーナ朝は、パルティアを飛び越して、海の道でローマ帝国とつながるようになったのである。

ローマ帝国とインドの間にはアラビア海という大洋が横たわっている。この大洋をいかにして越えて「海の道」を切りひらくか。この問題をひととびに解決したのが、**季節風**（モンスーン）**航海術**であった。

ヒッパロスの風にのって

ローマ帝国からインドまでの海の道はこうだ。ローマから地中海をわたり**アレクサンドリア**を経て紅海に抜ける。アラビア半島南西部（イエメン地方）の**アデン**から夏場の季節風にのってアラビア海を渡り、インド半島西岸に直航するのである。反対に冬場の季節風にのれば、インドからイエメンまで帰ることができる。

この季節風については、アレクサンドリアのギリシア人が書き残したとされる『エリュトゥラー海案内

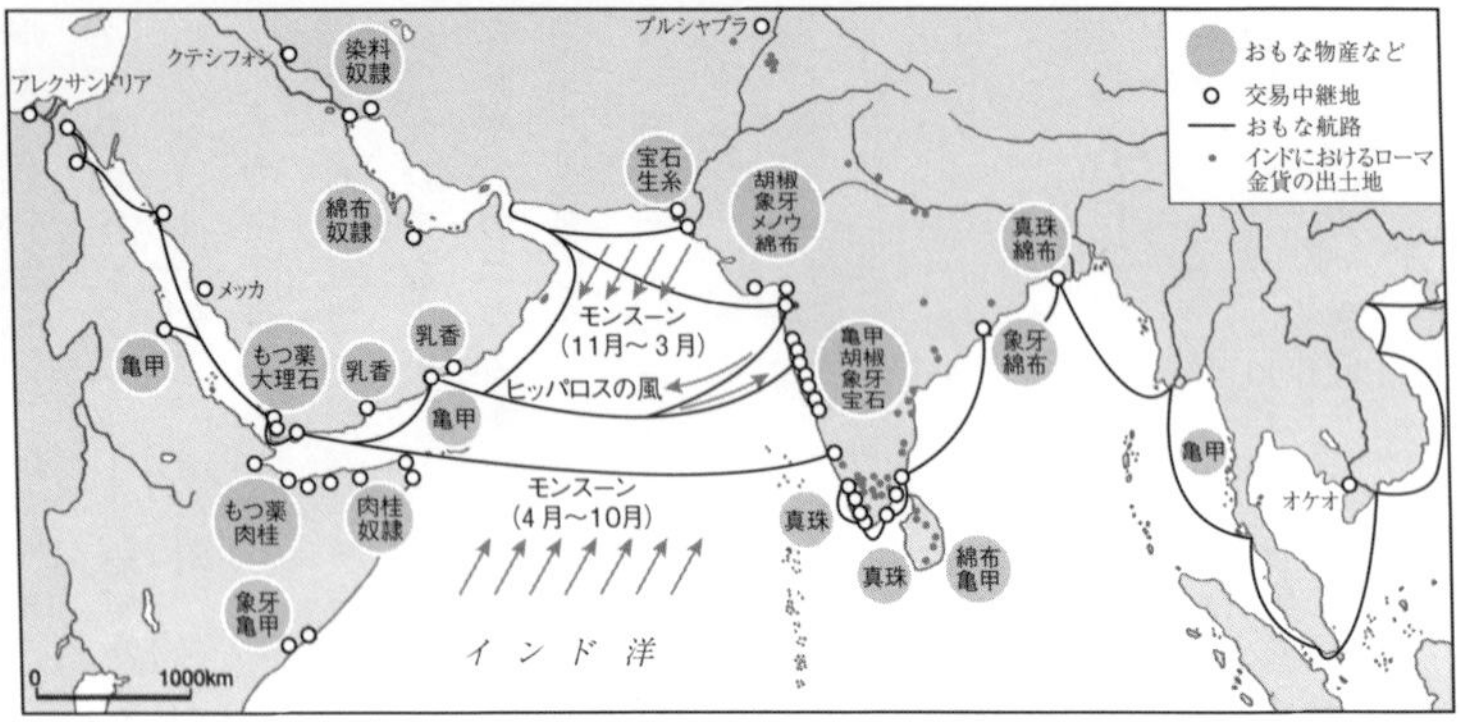

後1～2世紀のインド洋交易

記』やプリニウスの『博物誌』に記録されている。それによると、前二世紀ごろのギリシア人ヒッパロスが発見したので、「ヒッパロスの風」とよばれるが、実際にはそれ以前にフェニキア人やインド人がすでに季節風を利用した航海をしていたと考えられている。

この季節風によってローマ帝国とインドはさかんに海上交易をしていた。その担い手はローマ帝国支配下のエジプトやシリアで商業をいとなむギリシア商人と、紅海東岸に進出していたアフリカ内陸部アクスム王国のエチオピア商人たちであった。

季節風航海術は、このさき何世紀にもわたる海上交易ネットワークの発展を読みとくための重要なキーワードである。なかでもこの、地中海世界とインドを結ぶ**紅海〜アラビア海ルート**は、有史以来現在にいたるまでネットワークの要《かなめ》ともいうべき地位を保ちつづけることになる。

このルート沿いの主要地点、アレクサンドリア（エジプト）、アデン（イエメン地方）、グジャラート地方（インド北部西岸）などを制するものが、ネットワークを制することになる。

東西文明の交差点としてのクシャーナ朝

グジャラート地方の海港をおさえたクシャーナ朝は、中国の絹や中央アジアの玉などをローマに向けて船積みした。つまり、オアシスの道と海の道を北インドで結びつけたのである。ローマ帝国にしてみれば、パルティアをとおらずにアジアの物産を取引することができる待望の交易ルートが開かれたということである。

ローマ帝国からはガラス製品、金属細工、ワインなどが輸出されたが、最大の輸出品は精巧な**金貨**であった。これをうけてクシャーナ朝でも、ローマの貨幣をもとにして金貨が大量に発行されたが、そこには王の肖像だけでなく、イランやギリシア・インドなどの文字や神々がえがかれていた。

また、カニシカ王が大乗仏教を保護したことで、バクトリア（ソグディアナにあったギリシア系王国）のギリシア文化の影響をうけた仏像がつくられるようになった。このガンダーラ美術も、東西交易路にのって中央アジアから東アジアへと広がる。このように東西交易ネットワークを中継したクシャーナ朝では、インド・中央アジア・ペルシア・ギリシアの諸文明が入りまじる、国際色豊かな文化がうみだされたのである。

サータヴァーハナ朝と南インド

季節風を利用すれば、インド中部や南部の海岸にも自由に航行することができる。前一世紀にデカン高原におこった**サータヴァーハナ朝**（アーンドラ朝）は、二世紀末には中部インドの東西両海岸を支配地域におさめ、ローマ帝国との季節風交易で繁栄した。

サータヴァーハナ朝は海上交易をめぐってクシャーナ朝と争っていたが、一方で北インドの文化を摂取して、大勢のバラモンをまねいてヴェーダの宗教を広め、また仏教を南インドに根づかせる役割も果たした。

さらにインドの南端部にはチョーラ朝やパーンディヤ朝といったタミル人国家がすでにおこっており、やはり海上交易でローマと結びついていた。サータヴァーハナ朝や南インド諸国からは胡椒、宝石、象牙などが輸出され、ローマから金貨を得ていた。

このように、一・二世紀のアラビア海では、ローマ帝国とインドの諸王朝とが季節風によってさかんに交易しており、ユーラシア大陸の半分を結ぶ海の道が形成されていったのである。

東南アジア港市国家――東西海上交易のセンター

インドにおけるローマ金貨の出土分布をみると、ヒッパロスの風を受ける西海岸よりも、インド南端やスリランカ（セイロン島）、ベンガル湾沿岸の東海岸で多く出土している。つまり、インド洋の東側にも交易が広がっていたということだ。

東海岸でローマと交易をおこなっていたのが、現在のカーンチープラムにあった国だった。この国は東南アジアを経て中国にいたる海上ルートを獲得しており、漢帝国とも使者のやり取りをしていた。

インド東岸から東南アジアにいたる海の道は、当時まだスマトラ島などの島嶼部に直航する季節風は発見されておらず、ベンガル湾の沿岸をぬうようにすすみ、途中で上陸してマレー半島の狭くなった地峡を横断し、南シナ海に出るというルートだったと考えられている。

この遠隔地交易のルートを中継するために、**港市国家**が沿岸部に数多く誕生した。**港市**とは港の機能を中心に形成された都市で、造船基地、水や測量の補給基地、風待ち港や嵐の際の避難港など、数多くの機能をもつ。港市を基礎とする国家が港市国家である。もちろん、中継するだけでなく、香辛料・象牙・真珠・錫などの多様な東南アジアの産物を供給した。

インド亜大陸や中国大陸は世界有数の大生産地であり、大市場である。それらを結ぶ遠隔地交易は大きな利益を生みだすが、古代の航海技術では多くの中継地が必要となる。それが東南アジアの港市国家であり、東西の多様な文化が共存することになった。

さまざまな人々が行き交い、古来より多文化共存が当たり前であった港市国家は、まさにグローバル・ヒストリーの最も重要な主役といえる。ある教科書のコラムの表現を借りれば、東アジアや南アジアからみれば東南アジアは辺境だが、東西交易の観点からみるとその辺境が世界を結ぶ中心になるのである。

扶南とチャンパーの海洋ネットワーク

まずマレー半島を抜けてすぐのメコン川下流域に、クメール人が最初の港市国家である**扶南**をつくった。伝説では、一世紀末にインドから来航したバラモンと土地の女性が結婚して建国したといわれているが、インド文化の影響だけを受けていたわけではない。

扶南の港**オケオ**からは、ローマの金貨、インドのヴィシュヌ神像、サンスクリット語を記した錫片、そして後漢の銅鏡などが出土しており、この港市国家がまさに東西文化の入りまじる場所であったことをしめしている。

さらに二世紀末には、ベトナム中部にチャム人の港市国家**チャンパー**が誕生した（中国では林邑とよばれた）。ベトナム北部は後漢の交趾郡と日南郡の支配下にあり、中国文化の影響を受けていたが、チャンパーでは独自のサーフィン文化を基礎に、インド文化が融合し、インド風の寺院や神像が数多くつくられた。

こうしてインドと中国を結ぶ最初の海洋ネットワークが誕生した。ローマ帝国から季節風交易のネットワークがインドまでのび、インドから東南アジアまでを文化圏にふくみ、東南アジアの港市国家は中国南方の港市と交易をしていた。

「大秦王安敦の使者」きたる

一六六年、「大秦王安敦《だいしんおうあんとん》の使者」を名のる西洋人の一団が、後漢最南端の日南郡に到達した。大秦王安敦とはローマ皇帝マルクス・アウレリウス・アントニヌスのことだと考えられている。本当にローマ皇帝の使者であったかどうかはわからないが、彼らは断片的に成立していた海洋ネットワークをたどり、紅海をすすみアラビア海をヒッパロスの風にのって渡り、ベンガル湾岸からインド人の船ですすみ、南シナ海に出て、扶南とチャンパーを経て日南に到達したのであろう。

二世紀、ユーラシア大陸の両端に、ローマ帝国と後漢という大帝国が安定期を迎え、陸上では遊牧民の**草原の道**、オアシス都市を隊商でつなぐ**オアシスの道**、そして海上では季節風と港市国家による**海の道**によって結びついていた。

今後、この三つの道からなるユーラシア・ネットワークは、それぞれの担い手や結びつける国々が変わり、それとともに多少の変容をみせながらも、基本的には一六世紀まで同じルートで、世界の人・モノ・文化を運び続けるのである。

第2章　民族大移動の時代——三〜六世紀

二世紀まで、ユーラシア・ネットワークを支える東西の大帝国は安定していたが、三世紀に入ると崩壊していく。東アジアでは漢帝国が滅亡して魏晋南北朝の騒乱がはじまり、ローマ帝国では軍人皇帝が乱立する「三世紀の危機」とよばれる混乱の時代となった。

草原の騎馬遊牧民、「五胡」、フン人、エフタル、アヴァール人などは、この時代に民族大移動を開始し、その動きに押されるようにして、周辺の農耕民も移動する。大規模な人口移動の時代である。

東西に唐帝国とイスラーム帝国が成立するまでの約四〇〇年間、ユーラシア大陸は政治的支柱を欠いた状態が続くことになる。

3世紀	「3世紀の危機」ユーラシア大陸北方の寒冷化。 鮮卑、匈奴などが華北に移住。
220年	魏が漢を滅ぼし、中国の三国時代はじまる。
226年	ササン朝ペルシアがパルティアを滅ぼす。
230年ごろ	邪馬台国の女王卑弥呼が魏から冊封をうける。
316年	匈奴の劉淵が西晋を滅ぼし、以後「五胡」が華北に侵入。
4世紀	遊牧民の吐谷渾が青海地方を支配。
330年	コンスタンティヌス帝がビザンティウムを整備し、コンスタンティノープルを建設。
4世紀後半	遊牧民のフン人が西進し、ゲルマン人を圧迫。
395年	ローマ帝国が東西に分裂。
399年	東晋の僧法顕が長安からインドに出発。 このころ、スリランカからスマトラ島北岸への季節風航海術が成立。
5世紀初	フン人のアッティラ大王がパンノニアに大帝国を建設。
5世紀	南インドでパーンディヤ朝やパッラヴァ朝がさかえる。 倭の五王、中国の南朝に次々と朝貢。
5世紀半ば	遊牧民のエフタルがパミール高原からアム川下流を支配。 柔然がモンゴル高原を支配。
451年	カタラウヌムの戦いでアッティラがやぶれる。
5世紀末	トルコ系の高車がモンゴル高原西部からアルタイ山脈西南部を支配。
6世紀初	エフタル、西北インドに侵入し、グプタ朝を攻撃。
6世紀半ば	エフタル、高車を滅ぼす。
552年	突厥、柔然から自立し、モンゴル高原を支配。
6世紀後半	ササン朝のホスロー1世と突厥との共同作戦により、エフタルが滅亡。 このころ、アラビア半島のヒジャーズ地方が交易拠点として繁栄。 カザフ草原のアヴァール人が突厥に圧迫されて西進し、パンノニアへ。
582年	突厥が東西に分裂。
589年	隋が中国を統一。

第2章に登場する諸勢力

遊牧民……鮮卑　南匈奴　羯　羌　氐　吐谷渾　フン人　エフタル　柔然　高車　突厥　アヴァール人　アラブ人

農耕民……魏　蜀　呉　邪馬台国　東晋　グプタ朝　宋　倭（ヤマト政権）　高句麗　百済　新羅　加羅諸国　ローマ帝国　ササン朝　ゲルマン人　西ローマ帝国　東ローマ帝国　隋

海洋民……パーンディヤ朝　パッラヴァ朝　扶南　チャンパー　ピュー　ドヴァーラヴァティ

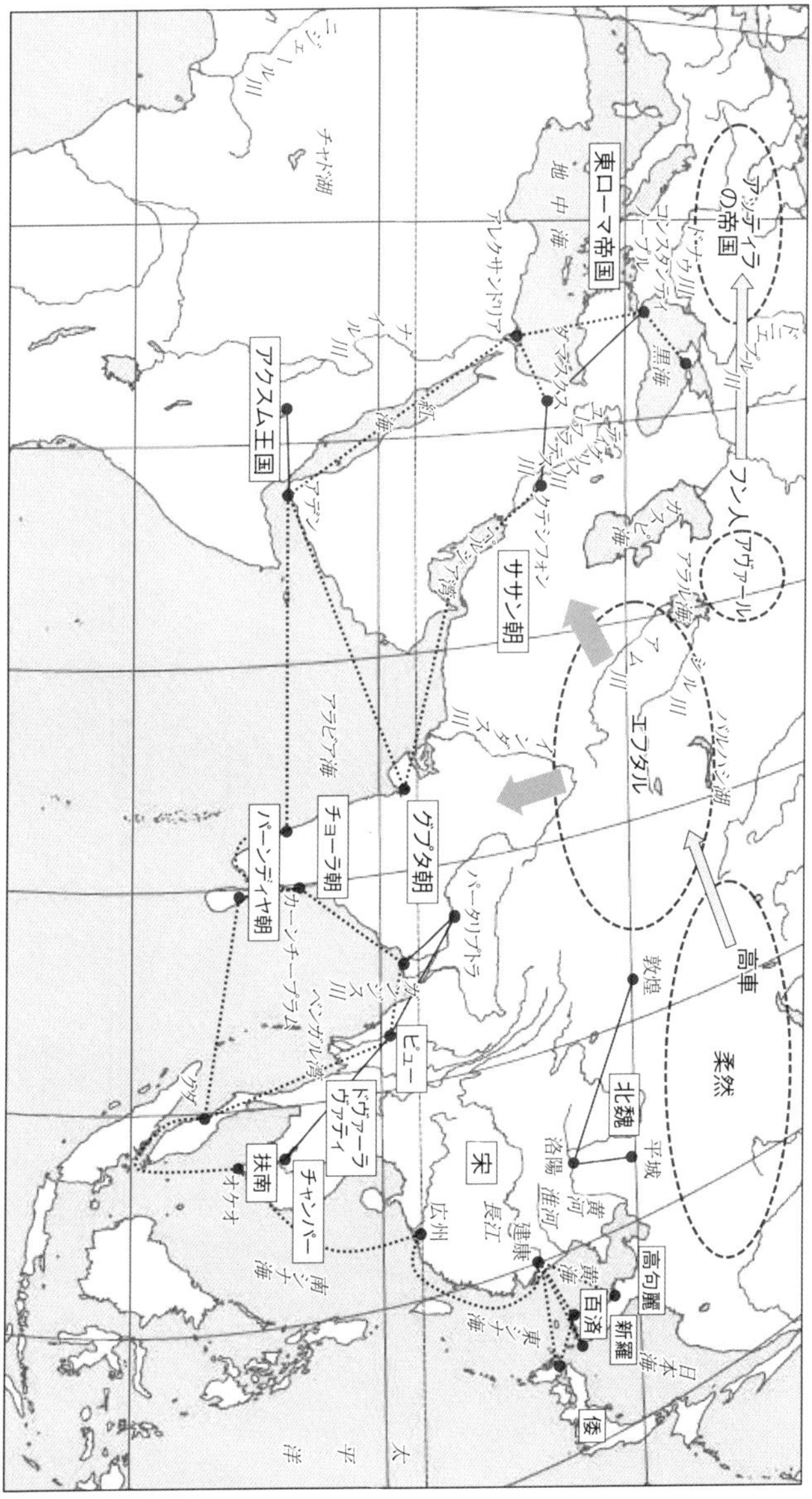

東ローマ帝国
アッティラの帝国
フン人
アヴァール
エフタル
高車
柔然
ササン朝
グプタ朝
アクスム王国
チョーラ朝
パーンディヤ朝
ピュー
ドヴァーラヴァティ
扶南
チャンパー
宋
北魏
高句麗
百済
新羅
倭
ニジェール川
チャド湖
地中海
アレクサンドリア
コンスタンティノープル
ドナウ川
ドニエプル川
黒海
ダマスクス
ティグリス川
ユーフラテス川
クテシフォン
ナイル川
紅海
アデン
ペルシア湾
カスピ海
アラル海
アム川
シル川
バルハシ湖
インダス川
アラビア海
パータリプトラ
ガンジス川
カーンチープラム
ベンガル湾
ゲダ
オケオ
敦煌
平城
洛陽
黄河
淮河
長江
建康
広州
黄海
東シナ海
南シナ海
日本海
太平洋

5世紀のネットワーク

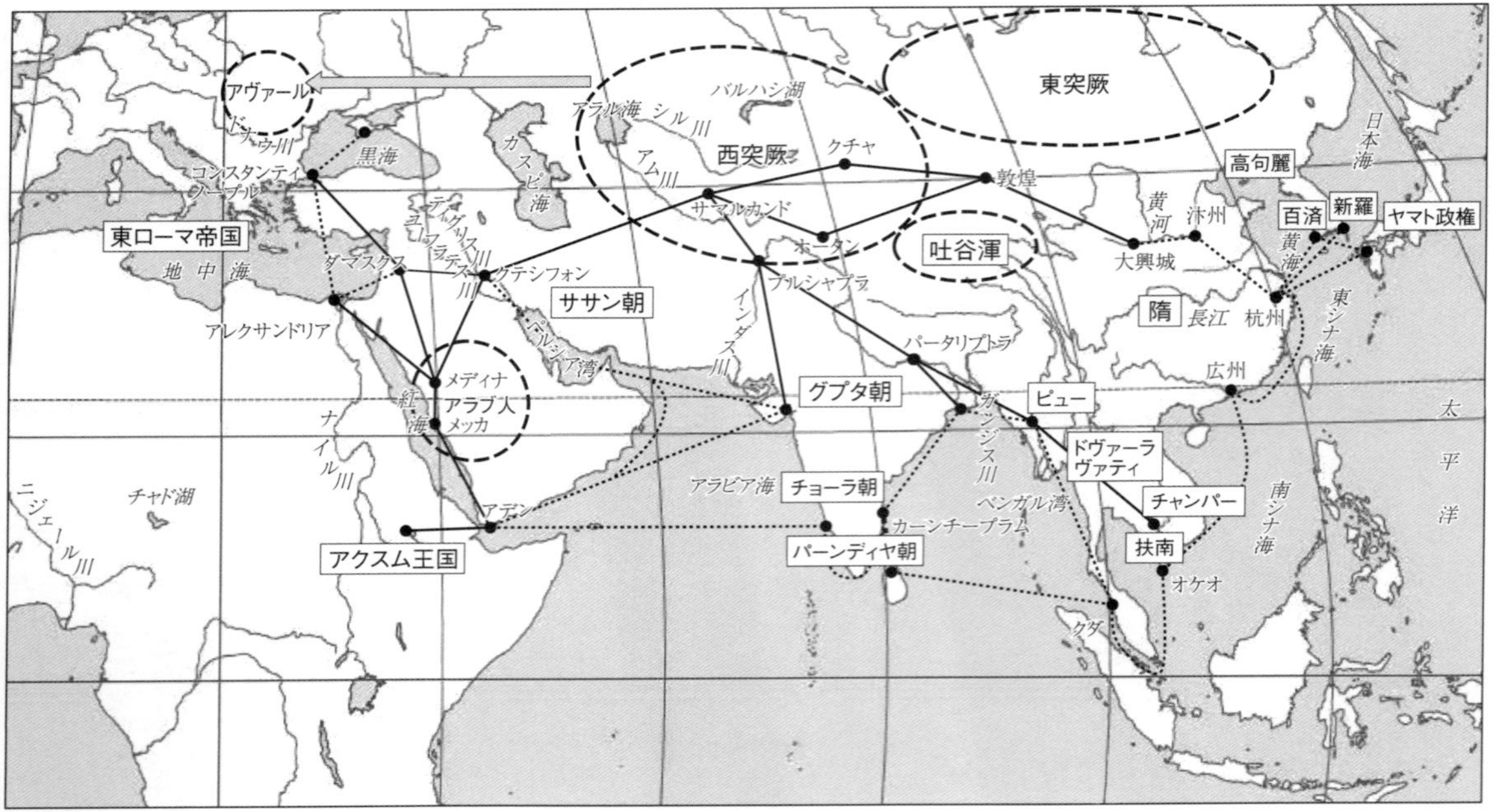

6 世紀末のネットワーク

1　東アジアの民族移動と海の道

寒冷化と「五胡」の移動

三世紀から諸民族はなぜ移動したのか。一つの理由は、気候の寒冷化である。これが原因で、匈奴分裂後にモンゴル高原を支配していた鮮卑《せんぴ》は、いくつかの集団に分かれて、華北にむけて南下したとされる。とはいえ、華北を制した魏王朝が安定しているときには、北方民族も手が出せず、鮮卑や南匈奴、匈奴の一派である羯《けつ》などは、傭兵として中華世界に浸透していくことになる。

魏は漢帝国の冊封体制を引き継ぎ、自立傾向をしめした遼東の公孫氏をうち、朝鮮半島をつうじた東アジア秩序を回復した。倭の諸国をたばねる邪馬台国の女王卑弥呼が魏に朝貢して、「親魏倭王」の称号と金印を得たとされるのも、このあらわれである。一方、四川で自立した蜀はチベット系の羌《きょう》や氐《てい》と交渉をもち、江南に建国した呉は、漢の交趾郡をおさえて南海交易に進出した。

三国を統一した西晋が、八王の乱によって混乱すると、南匈奴単于《ぜんう》と漢王室の血を引く劉淵《りゅうえん》が三〇六年に匈奴帝国の再興をはかって山西で挙兵し、その後三一六年に洛陽を陥落させて西晋を滅ぼした。それをきっかけに鮮卑も南下、「五胡」とよばれる遊牧民（匈奴、鮮卑、羯、羌、氐）が中華世界に侵入して次々に建国するという、五胡十六国時代の幕があけた。

華北は鮮卑をはじめとする遊牧民が支配する地域となり、漢民族は江南に逃れて東晋を建国した。これ以降、異民族支配をきらった華北の人々による江南への人口移動が続き、中国の人口分布は大きく変動するのである。

敦煌の莫高窟

オアシスの道にも遊牧民が移動してきた。このころ、鮮卑系の遊牧民が西域の南東部にあたる青海地方にいたチベット系民族を支配し、**吐谷渾**《とよくこん》をたてた。吐谷渾はオアシスの道の西部をおさえてさかえた。

五胡の諸国は、オアシスの道をつうじて積極的に大乗仏教を受け入れていった。西域の出入り口である敦煌には莫高窟《ばっこうくつ》が造営され、オアシス都市国家のクチャ（亀茲）から仏図澄《ぶっとちょう》（ブドチンガ）や鳩摩羅什《くまらじゅう》（クマラジーヴァ）が仏教を広めた。大帝国が崩壊して戦乱が続き、不安な生活を送る民衆が救いを求めたことと、儒教倫理のもとでは漢民族の下風におかれる遊牧民が、精神的なよりどころとして仏教を受け入れたためだといわれている。

法顕の道——マラッカ海峡ルート

戦乱の続く華北をよそに、江南は比較的平穏であった。東晋の僧**法顕**《ほっけん》は、三九九年に仏典を学ぶべく長安を出発して、オアシスの道を抜け、インドのグプタ朝に到達した。このころグプタ朝をおさめていたのは最盛期のチャンドラグプタ二世（超日王）で、仏教をはじめとしてあらゆる宗教に寛容であった。

法顕は都パータリプトラで仏典・戒律を学んだのち、南下して**スリランカ**（セイロン島）に渡った。スリランカは昔から仏教がさかんな場所であったが、法顕はこの地でも数年学んだのち、ベンガル湾を渡ってスマトラ島に行き、マラッカ海峡をとおって南シナ海に出て、東晋に帰国した。

五世紀はじめに、法顕がスリランカから海の道で帰路についたということには、大きな意味がある。四世紀にベンガル湾を渡る季節風航海術が確立したことで、スリランカがインド洋ネットワークの中心となっていたのである。これによりスリランカから季節風にのってスマトラ島まで一カ月程度で横断できるようになった。

これまでのメインルートは、ベンガル湾沿岸をつたってマレー半島中部を陸路横断して南シナ海に出るというもので、これだと一度船から荷物を降ろしてもう一度積みなおすという手間があった。季節風にのることでマラッカ海峡をとおり、海路だけで交易をすることができる。

このころ南シナ海を渡る季節風航海術もすでに確立していたが、マラッカ海峡で数カ月（場合によっては一年近く）の風待ちをしなければならなかった。このため、マラッカ海峡にクダなどの港市国家が発展する。このマラッカ海峡ルートが確立することによって、ユーラシア・ネットワークの海の道が、本当の意味でつながったといえる。法顕の帰国路は、このマラッカ海峡ルートがひらかれたことを反映していたのである。

インド洋〜南シナ海交易の発展

こうして、五世紀にインド洋〜南シナ海交易が活性化する。この交易によって南インドではパーンディヤ朝やパッラヴァ朝といった諸国がさかえた。インド物産はマラッカ海峡に集まり、モルッカ諸島の香辛料などとともに南シナ海を渡り、扶南で集積され、そして中国へと輸出された。

同じころ、ビルマ（ミャンマー）のイラワディ川中流域では、インドとの交流のなかでピュー（驃）の都市国家群が生まれた。ピューはインド産の銀貨と綿布を取り扱う交易でさかえ、内陸ルートでメコン川の扶南にはこんだ。その中継地点にあたるタイのチャオプラヤ川流域には、モン人の港市国家群が連合し、ドヴァーラヴァティが成立した。チャンパー（林邑）も内陸の熱帯産物を集めて中国に輸出していた。

このように東南アジア諸国が交易でわき返るなか、中国の**南朝**は南海交易で大きな利益をあげていく。百年以上にわたり戦乱が続いた華北に比べて、政権交代はあったものの、江南の漢民族王朝は社会経済的に安定していた。中国の南朝と南インドの諸王朝がマラッカ海峡ルートなどで結ばれ、この民族大移動の時代にも、海洋ネットワークは順調に発展していた。

ヤマト政権の外交

二二〇年に成立した南朝の宋は、中華世界の正統王朝として冊封体制をつくっていた。五世紀以降、倭で権力を確立していた**ヤマト政権**は、五代にわたって宋をはじめとする南朝の皇帝に朝貢し、冊封を受けた（倭の五王）。ヤマト政権のねらいは、朝鮮半島における影響力の拡大であった。

古来倭の諸国は、渡来人によって朝鮮半島からもたらされる、さまざまな技術を取りいれて発展してきたが、ヤマト政権は中国王朝の冊封を受け、朝鮮半島とさらに結びつくことで強大化をはかったのである。

そのころ朝鮮半島は、高句麗、百済、新羅がたがいに争う三国時代に入っており、この分裂に乗じてヤマト政権は南部の「**加羅**」（伽耶、加耶、任那とも）諸国と連携して、朝鮮半島への進出をはかっていた。

加羅諸国は、ヤマト政権にとって貴重な鉄資源の供給地であった。加羅のほかにも**百済**と結びつきを強め、漢字や儒教、暦などの権力維持に必要な文化や、大陸に浸透した仏教を百済から輸入していくのである。

2　遊牧帝国の興亡

ササン朝とローマ帝国

視点をユーラシア大陸の西方にむけてみよう。「三世紀の危機」を受けてユーラシア・ネットワークは大きく動揺する。インド洋交易は一時的に後退し、経済基盤が弱体化したクシャーナ朝やサータヴァーハナ朝は衰退した。

オアシスの道の西方における覇者であったパルティアもまた、二二六年に**ササン朝ペルシア**によって滅ぼされた。ササン朝の第二代国王シャープール一世は、東方ではクシャーナ朝から領土を奪って滅亡に追い込み、西方ではローマの軍人皇帝ウァレリアヌスを捕虜にして、シリアに進出した。つまり、オアシスの道の西半分を支配したのである。

ササン朝はオアシス地方の技術であるカナートをイラン高原に持ち込み、またメソポタミアを再開発することで、集約農業を発展させた。これを基礎として経済的に発展し、美しいガラス容器、銀製品、じゅうたんなどの華麗なササン朝美術を生み出した。ササン朝美術の様式はオアシスの道にのって、遠く日本の正倉院まで伝わったことは有名である。

ササン朝の覇権に対抗したのが、危機をのりこえて専制君主政として立て直したローマ帝国である。四世紀のコンスタンティヌス帝は、衰退した遠隔地交易を活性化させるべく、純度の高い**ソリドゥス金貨**を発行した。これによってローマ帝国は経済的に活性化し、新都**コンスタンティノープル**を中心に地中海交易をふたたび安定させた。

フン人の西進

しかし四世紀末、民族大移動の波がローマ帝国を襲う。**フン人**は、かつてモンゴル高原で活動した匈奴の一派が西方に移ったものといわれている。そうだとすれば、一世紀に分裂した匈奴のうち西匈奴が、漢帝国と結んだ東匈奴によって圧迫され、草原の道を西へと追いやられたものだということになる。

いずれにせよ、カザフ草原で遊牧生活をしていた彼らは、ローマ帝国からフン人として知られていた。そのフン人が四世紀後半に突如として西進し、黒海北岸にいたゲルマン系の東ゴート人を征服したのである。さらに彼らは三七五年に西ゴート人の領域に侵入した。西ゴート人はローマ帝国に保護を求め、大移動を開始した。遊牧民の侵入によって農耕民が民族移動を強いられるという構図は、四世紀はじめの中国（五胡に圧迫されて江南に移動した漢民族）によく似ている。

おりから農地不足のために困窮におちいっていたゲルマン諸族は、次々とローマ帝国領のとくに西方に侵入した（**ゲルマン人の大移動**）。三九五年、ローマ帝国は東西に分裂し、西ローマ帝国は大移動の猛威にさらされた。

五世紀にはいると、フン人は**アッティラ**大王に率いられてパンノニア平原（現ハンガリー）にはいって大帝国をつくり、さらに西方をうかがった。四五一年、西ローマ帝国は、フランク人や西ゴート人と連合を組んで、カタラウヌムの戦いでアッティラ軍を撃破した。その後アッティラが死ぬとフン人の帝国は瓦解したが、四七六年には西ローマ帝位が東ローマ皇帝にゆずられ、西ローマ帝国は事実上滅亡した。

遊牧民フン人の大移動は、百年余りのあいだにローマ帝国を崩壊させ、地中海北方のヨーロッパの世界を作り変えてしまったのである。

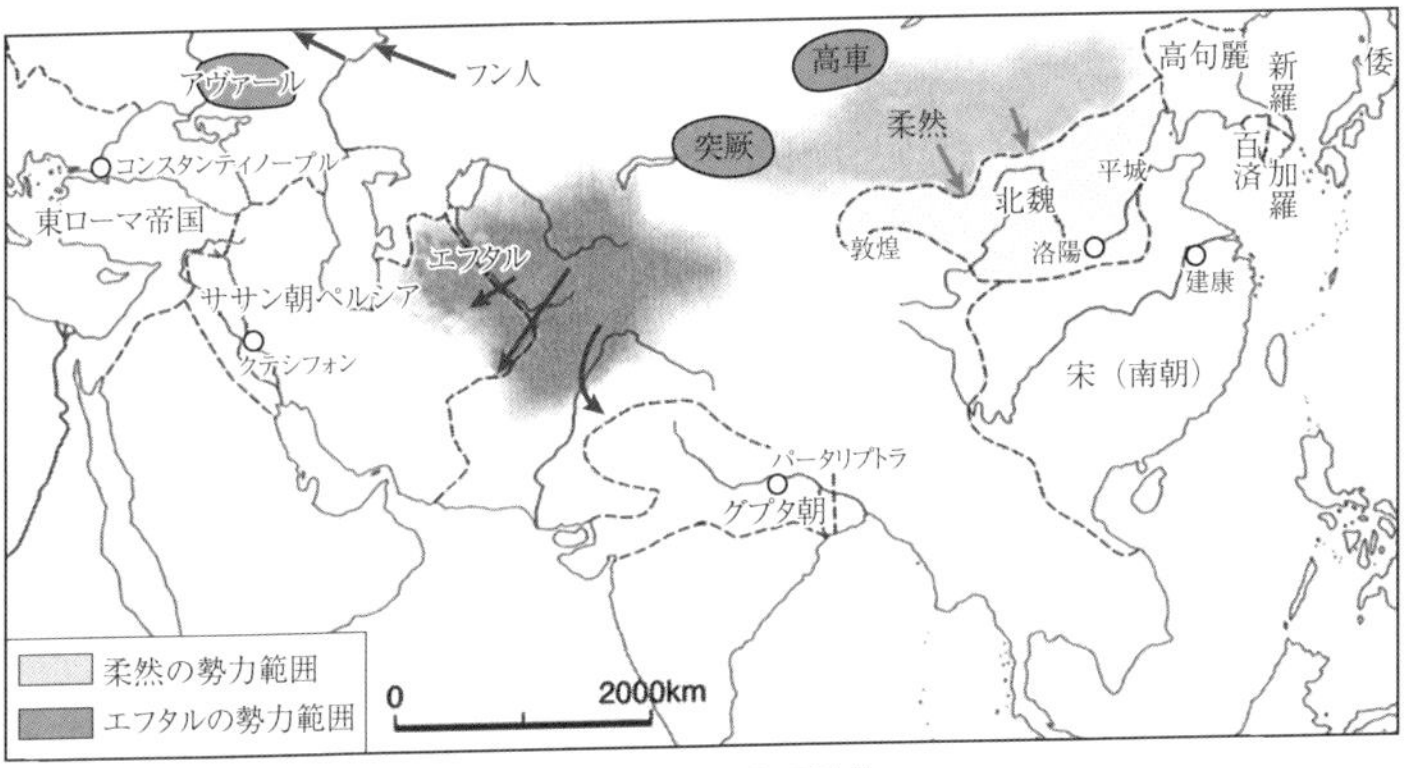

4～5世紀の草原地帯

エフタルの猛威

五世紀のなかごろ、ユーラシア大陸の中央部でも、はげしい移動と侵略によって大陸の情勢を一変させる民族が登場した。パミール高原西方からアム川北部のオアシス都市を支配した、騎馬遊牧民**エフタル**である。イラン系ともトルコ系ともいわれている。エフタルはオアシスの道西半分の支配権を奪うべく、ササン朝の東方領域に侵入して、おそるべき脅威となった。

このころ北インドのグプタ朝は、ローマ帝国の混乱で海上交易が衰退し、ササン朝との交易もまたエフタルによって寸断されるという事態にあって、危機的な状況にあった。六世紀にはいるとエフタルはついに西北インドに侵入し、地方政権が自立していくなかでグプタ朝は滅亡した。

東方に目を向けると、五世紀なかば、モンゴル高原からタリム盆地にいたるユーラシア・ネットワークの東部は、**柔然**《じゅうぜん》が支配していた。その柔然に服属していた**トルコ人**（中国では鉄勒《てつろく》とよばれた）の**高車**が五世紀末に独立し、モンゴル高原西部からアルタイ山脈西南部まで勢力を伸ばしていく。六世紀はじめ、ユーラシア大陸は柔然、高車、エフタルという遊牧帝国によって三分されていた。

しかしその高車も、六世紀なかばにはエフタルに攻められ、勢力を失う。いまやエフタルは中央ユーラシアの広範囲に大帝国を築き、ユーラシア・ネットワークの支配権を握るにいたったのである。

突厥の大帝国

このとき、エフタルの攻撃によって衰退したはずのトルコ系の一派、突厥《とっけつ》がモンゴル高原で強大となった。突厥は柔然を滅ぼしてモンゴル高原を統一、北朝の北周と北斉を服属させ、ユーラシア・ネットワークの東半分を手に入れた。

突厥はササン朝の英主**ホスロー一世**と同盟を結んで、エフタルを挟撃し、これを滅ぼした。かくして突厥は、華北・モンゴル高原から中央アジア全域にいたる大帝国となり、大陸ネットワークを制したのであった。

突厥帝国は、このオアシスの道を最大限に活用すべく、商業民族のソグド人を交易や外交に積極活用した。ササン朝との友好関係は維持され、遠く東ローマ帝国とも使者を取り交わした。ソグド人は突厥の広大な領域のすみずみで活躍し、中国社会にもはいりこんでいくことになる。

ちなみに、六世紀の突厥の急拡大に圧迫されて、フンなきあとのカザフ草原で遊牧していた**アヴァール人**（モンゴル系か、柔然と同系統ともいわれる）が西進した。アヴァール人は東ヨーロッパのパンノニア平原に移動し、その圧迫を受けて、今度はカルパティア山脈の北側に広く分布していた**スラヴ人**が東・西・南へと分散した。ここでも、遊牧民の移動による玉突きで、民族大移動が起きていた。

ホスロー一世とユスティニアヌス——西方帝国の復活

六世紀、ササン朝のホスロー一世は、エフタルを駆逐してのち、東ローマ皇帝**ユスティニアヌス**との抗争を有利にすすめ、和平を結んだ。こうしてホスロー一世は、北はアム川流域、西は黒海沿岸から南はアラビア半島南東部も含めた、広大な領土を支配し、オアシスの道をつうじた東西交易によってさかえた。また、ペルシア湾からインドにいたる交易も活発になり、その取引はマラッカ海峡ルートにのって東南アジアにまでおよんでいった。

一方、ホスロー最大のライバル、東ローマのユスティニアヌス大帝は、ゲルマン諸王国を征服して、地中海帝国をほぼ回復していた。彼は中国から養蚕の技術を手に入れて国際商品である**絹織物業**をおこし、ササン朝のペルシア湾交易に対抗して紅海の交易ルートを開拓し、海の道の覇権を握ることをねらった。陸と海で、ユーラシア・ネットワークがふたたびつながりはじめたのである。

ところで**紅海ルート**というのは、このころはまだ、帆船の不便さや航行の安全面に問題があって、むしろイエメンからシリアへとつうじる**ヒジャーズ地方**の山間部をとおる通商路が利用されるようになってきた。こうしてヒジャーズ地方の中心地**メッカ**が、アラビア海と地中海を結ぶ中継交易の拠点として、大いに繁栄した。

このルートはホスローとユスティニアヌスが紛争を繰り返しているさなかに発展したもので、**アラブ人**の有力家系クライシュ族が支配していた。その結果、ほんらい素朴な遊牧民であったアラブ人は商業民族となり、メッカでは貧富の差が拡大していった。イスラームの土壌が準備されるのである。

混迷の四〇〇年——その幕引き

中国では**隋**が華北を統一した。隋の文帝（楊堅）は、最大の脅威である突厥と対決し、これを東西分裂に追い込むことに成功する。北方の脅威が減じると、文帝は一気に軍を南にむけ、五八九年に陳を滅ぼして天下統一をはたした。かくして隋は、三七〇年にもおよぶ中国史上最長の大分裂時代に幕を下ろしたのである。

三世紀に始まるユーラシア大陸の危機は、五胡やフン人といった遊牧民が農耕地域へと移動したことで生じた、民族大移動によってひきおこされた。フン人・柔然・高車・エフタルといった遊牧帝国の抗争は東西交易を不安定にしたが、突厥の統一によってようやく安定化の兆しがみえてきた。

六世紀末、東ローマ帝国、ササン朝、突厥、隋帝国がユーラシア・ネットワークの管理者として繁栄を謳歌するかに思われていた。しかしつぎの世代、さらなる強大な大帝国が東西に出現し、これらの大帝国にとってかわることになる。

第3章　東西の大帝国——七〜九世紀

分裂と混乱の四〇〇年を経て、ユーラシア大陸の東西に大帝国が出現した。六一八年に成立する唐帝国、そして七五〇年に成立するアッバース朝イスラーム帝国である。八世紀なかばには両帝国が中央アジアで直接境を接していた。これらの帝国は国際交易を重視し、異民族間の文化的・経済的交流を積極的におこなったので、ユーラシア・ネットワークは安定と繁栄の時代を迎えることになる。

しかし九世紀になると両帝国は衰退し、大陸ネットワークは混乱する。その混乱のなかで、ユーラシア大陸はウイグルの移動に端を発する東方からの「トルコ化」と、西方からの「イスラーム化」の波にさらされるのである。

7世紀初	日本が遣隋使を派遣。
618年	唐が隋を滅ぼす。
622年	ムハンマドがメッカからメディナに拠点を移し、イスラーム共同体をひらく。
629年	玄奘三蔵が長安を出発し、西域をとおってインドにむかう。
	チベット・吐蕃のソンツェン・ガンポが即位。
630年	唐が東突厥を征服し、モンゴル高原を支配。
7世紀半ば	唐が西突厥を征服し、西域を支配。征服地に都護府を設置。
	このころ、トルコ系ハザール王国がカスピ海北部に成立。
651年	イスラームがササン朝を滅ぼす。
663年	白村江の戦いで日本軍が敗北し、朝鮮半島から撤退。
668年	高句麗が唐・新羅連合軍に滅ぼされ、平壌に安東都護府を設置。
676年	新羅が朝鮮半島を統一し、安東都護府は北に移動。
681年	トルコ系ブルガール人が西方に移動し、バルカン半島に建国。
682年	東突厥が唐から自立。
687年	唐僧義浄がインドからの帰路、シュリーヴィジャヤ王国に滞在。
698年	中国東北部で渤海が自立。
8世紀	このころ、ダウ船をあやつるムスリム商人がインド洋全域に進出。
732年	トゥール・ポワティエ間の戦いでウマイヤ朝がフランク王国に敗れる。
744年	ウイグルが東突厥を滅ぼし、モンゴル高原を支配。
750年	アッバース朝がウマイヤ朝を滅ぼす。
751年	タラス河畔の戦いでアッバース朝が唐をやぶる。製紙法が西伝。
755年	唐で安史の乱が勃発。
762年	ウイグルの支援により安史の乱鎮圧。唐はウイグルに屈服。
	バグダードの建設はじまる。
8世紀後半	ジャワ島のシャイレンドラ朝が東南アジア全域に遠征をくりかえす。
786年	アッバース朝でハールーン・アッラシードが即位。
790年ごろ	フランク王カール1世がアヴァール人を討伐。
840年	キルギスがウイグルを滅ぼし、モンゴル草原を支配。
9世紀半ば	古マタラム王国がシャイレンドラ朝を駆逐し、ジャワ島を支配。
	チョーラ朝が南インドの覇権をにぎる。
875年	イラン系サーマーン朝がブハラを都として自立。
878年	黄巣の乱のさなか、広州が破壊され、ムスリム商人らが撤退。
894年	日本が遣唐使の廃止を決定。

第3章に登場する諸勢力

遊牧民……東突厥　西突厥　ブルガール人　アヴァール人　ハザール　ウイグル　キルギス

農耕民……唐　吐蕃　高句麗　百済　新羅　日本　渤海　南詔　ヴァルダナ朝　パーラ朝　ビザンツ帝国　ウマイヤ朝　アッバース朝　フランク王国（カールの帝国）　サーマーン朝

海洋民……チャンパー　真臘　ピュー　ドヴァーラヴァティ　シュリーヴィジャヤ　チャールキヤ朝　パッラヴァ朝　チョーラ朝　シャイレンドラ朝　古マタラム王国

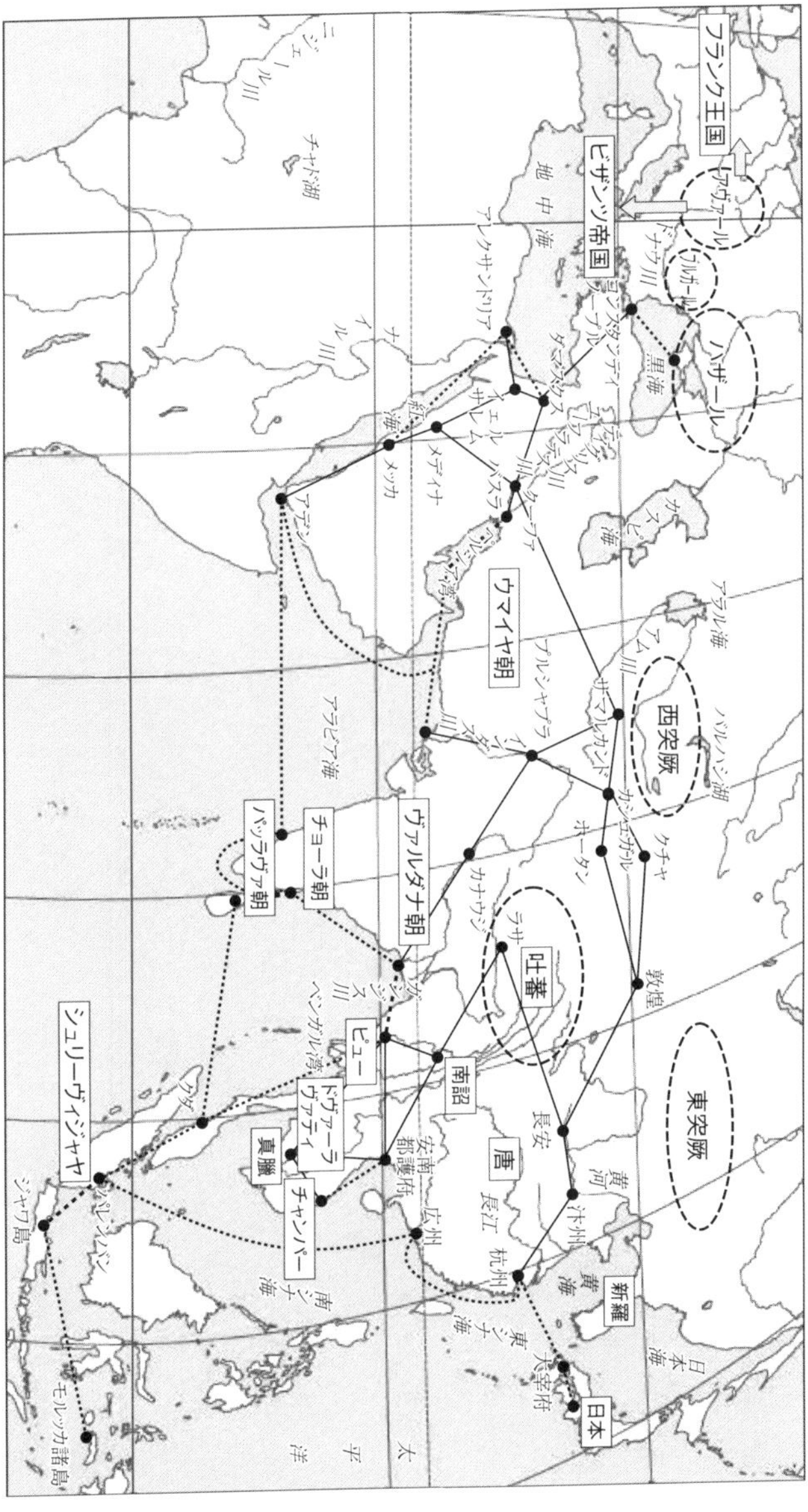
フランク王国
ビザンツ帝国
アヴァール
ブルガール
ハザール
ウマイヤ朝
西突厥
東突厥
吐蕃
唐
新羅
日本
ヴァルダナ朝
チョーラ朝
パッラヴァ朝
ピュー
南詔
ドヴァーラヴァティ
真臘
チャンパー
シュリーヴィジャヤ
地中海
黒海
カスピ海
アラル海
バルハシ湖
紅海
アラビア海
ベンガル湾
南シナ海
東シナ海
黄海
日本海
太平洋
ニジェール川
チャド湖
ナイル川
ドナウ川
アム川
ガンジス川
黄河
長江
アレクサンドリア
イェルサレム
メディナ
メッカ
アデン
バスラ
プルシャプラ
サマルカンド
カシュガル
ホータン
クチャ
敦煌
ラサ
カナウジ
長安
汴州
杭州
広州
安南都護府
大宰府
パレンバン
ケダ
ジャワ島
モルッカ諸島

7世紀のネットワーク

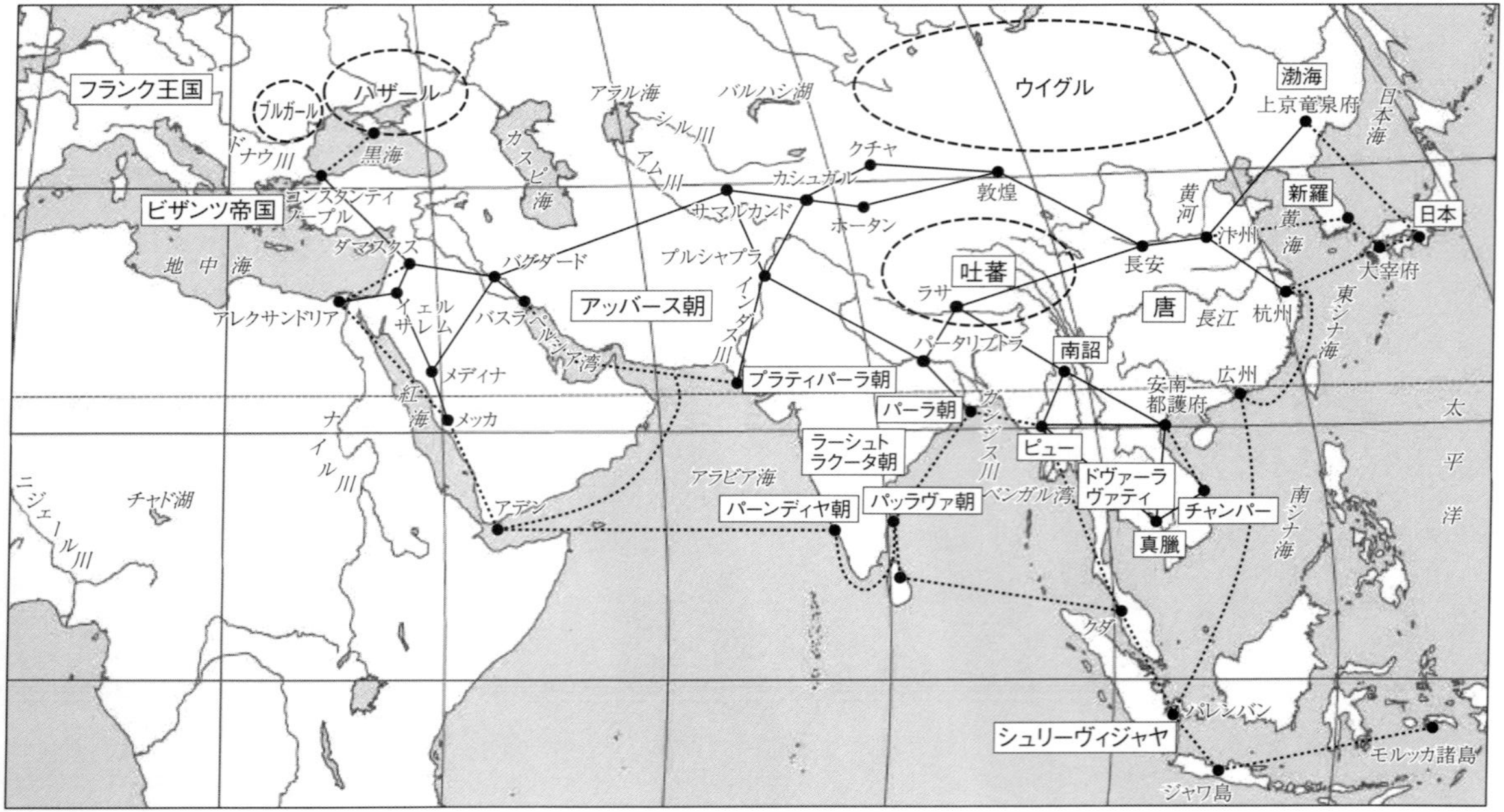
フランク王国
ブルガール
ハザール
ドナウ川
黒海
ビザンツ帝国
コンスタンティノープル
地中海
ダマスクス
アレクサンドリア
イェルサレム
メディナ
紅海
メッカ
ナイル川
ニジェール川
チャド湖
アデン
カスピ海
バグダード
バスラ
ペルシア湾
アッバース朝
アラル海
シル川
アム川
サマルカンド
バルハシ湖
クチャ
カシュガル
ホータン
敦煌
ウイグル
プルシャプラ
インダス川
プラティパーラ朝
アラビア海
パーンディヤ朝
パッラヴァ朝
ラーシュトラクータ朝
パーラ朝
パータリプトラ
ガンジス川
ベンガル湾
吐蕃
ラサ
南詔
ピュー
ドヴァーラヴァティ
真臘
チャンパー
安南都護府
広州
長安
唐
長江
黄河
汴州
杭州
黄海
東シナ海
南シナ海
渤海
上京竜泉府
新羅
日本海
日本
大宰府
太平洋
クダ
パレンバン
シュリーヴィジャヤ
ジャワ島
モルッカ諸島

8 世紀のネットワーク

1　唐帝国と東アジア秩序の構築

突厥帝国の崩壊と唐の羈縻政策

七世紀はじめ、草原の道の覇者であった**東突厥**は、隋末の混乱期に、**唐**の高祖李淵《りえん》にトルコ人騎兵隊を貸し与えることで、唐の建国と統一を助けた。このように軍事力を背景に中華帝国に影響力をもった東突厥であったが、唐の太宗李世民《りせいみん》は北方に攻めいり、六三〇年に東突厥を征服した。

このころ、国禁をおかしてインドに求法旅行に行った「三蔵法師」**玄奘**《げんじょう》は、ヴァルダナ朝のハルシャ王と謁見し、ナーランダー僧院で学び、インド各地の寺院をまわったのちに、オアシスの道で唐に帰ってきた。太宗はきたるべき**西突厥**との戦いにそなえるため、西域の情報をほしがった。こうして玄奘は太宗の命により、西域とインドについての情報を『大唐西域記』にまとめあげた。かくして太宗は西突厥からタリム盆地を奪い、次の高宗の代には中央アジアから西突厥を駆逐してしまう。

こうして七世紀後半、唐帝国は、大陸ネットワークの東半分に君臨した。唐の領土は中華帝国としてはじめて万里の長城をこえて草原の道を制し、オアシスの道では西域を支配するのみならず、シル川流域までおよんで中央アジア全体をおおった。

これらの領土では、服属した部族の首長に現地の統治をまかせて、**都護府**をおいて監督するという間接統治が行われた。これを**羈縻**《きび》**政策**という。最初に設置されたのが西域におかれた安西都護府である。これは最初高昌（トゥルファン）におかれたが、西突厥征服後に亀茲（クチャ）に移動し、さらに北庭都護府を設置して、西方の管理を強めた。モンゴル高原には安北都護府、内モンゴルには単于都護府が、それぞれおかれた。

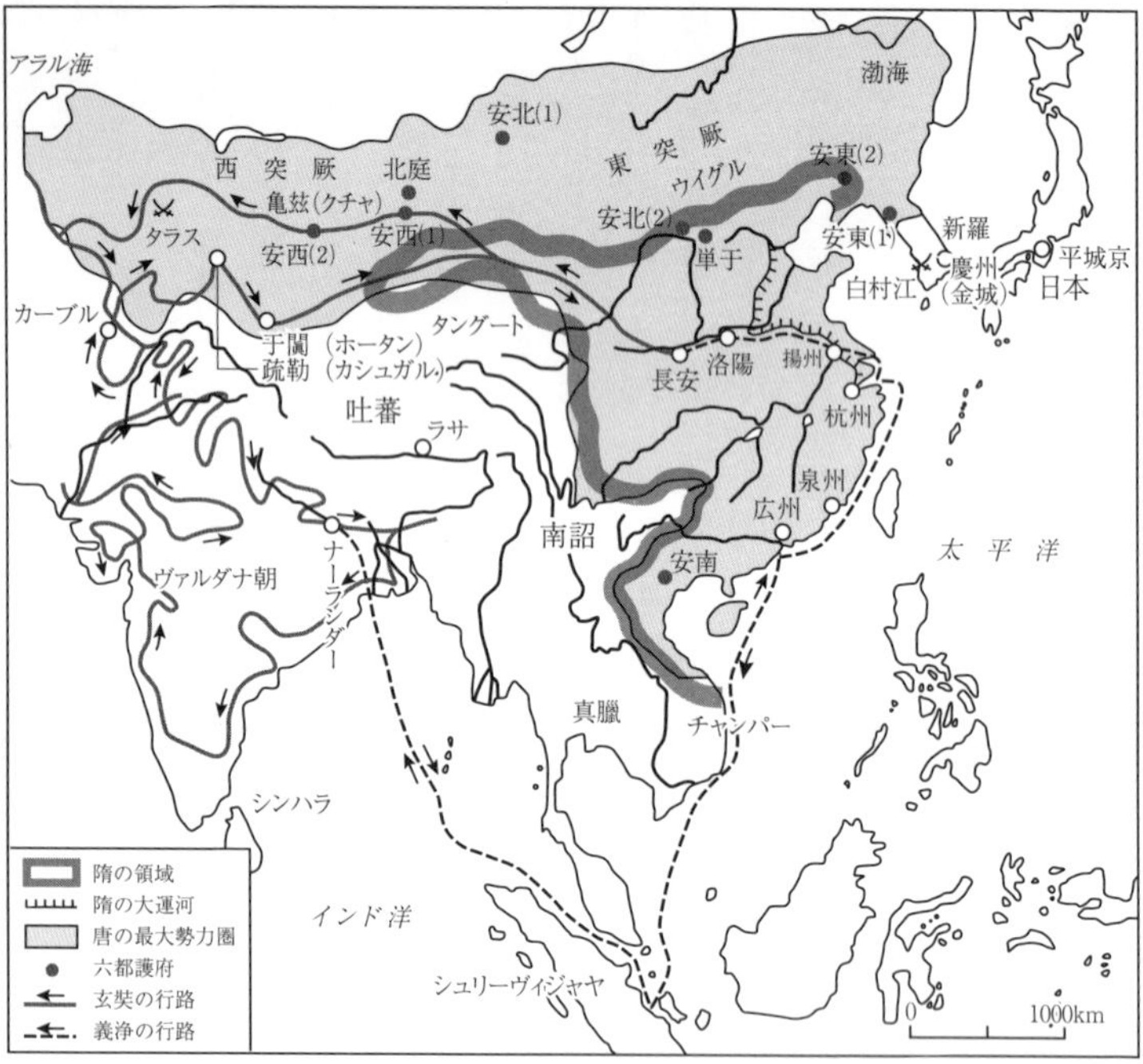

唐代の東アジア世界

トルコ系遊牧民の大移動

西突厥の衰退によって、彼らの一部であったトルコ系の**ブルガール人**が西方に移動した。彼らの一部はヴォルガ川へ、別の一派はバルカン半島に入って六八一年にブルガリア帝国を建国した。

東ヨーロッパのパンノニアに居住地を定めていたアヴァール人は、アッティラ帝国崩壊後のフン人を吸収しつつ強大化し、東ローマ帝国への侵入をくりかえした。ブルガール人とアヴァール人の活動によって、ユスティニアヌスによって再興された東ローマ帝国は、ふたたび外敵の脅威にさらされた。

また同じころに、カスピ海から黒海の北部に、トルコ系の**ハザール王国**が成立した。ハザールは都市を建設し、ユダヤ教に帰依することで**ユダヤ商人**をとりこみ、西方イスラーム世界との交易でさかえ、独特の存在感を示していった。

高原の大国、吐蕃

そのころ、それまでまとまった国家のなかったチベット高原に、**吐蕃**《とばん》が成立した。チベットは地理的にみても中国とインドという人口稠密地と境を接しており、両者の文化に強く影響を受けることになった。チベットへのインド文化の発信地はネパールであり、ここから大乗仏教が伝わって、チベット土着の民間信仰と結びついて**チベット仏教**になったといわれている。

ソンツェン・ガンポとティソン・文成公主

六二九年に王となった**ソンツェン・ガンポ**は、**ラサ**を都としてチベットの諸部族を統一し、さらに吐谷渾を滅ぼして、西域オアシスの道の南西部をおさえた。ソンツェン・ガンポは唐との婚姻関係を求め、皇女の文成公主を王太子妃として迎えた。

ソンツェン・ガンポ自らはネパールからティソン妃をめとっており、インド文字をもとにして**チベット文字**をつくるなど、インド文化と親しんでいた。しかし、王太子が早逝すると文成公主を第二王妃とし、中国文化にも接するようになった。二人の王妃はそれぞれ仏教寺院を建立したという。

文成公主とティソン妃のエピソードは、チベットが中国とインドを結ぶネットワークの結節点となったことを示している。オアシスの道にも進出したことで、チベットは遊牧民ともかかわり、大陸ネットワークのなかで特異な地位を占めていくのである。

朝鮮三国時代の終焉と日本

東アジアに目を向けてみよう。南北朝を統一した隋は、混乱のつづく東アジア情勢を安定させる待望の大帝国である。さっそく日本のヤマト政権は朝貢の使者を派遣した。

ヤマト政権は天皇の権威が確立し、このころ対外的な国号としても**日本**を用いはじめたようである。聖徳太子こと厩戸《うまやと》王（皇子）は、隋にたいしても冊封ではなく対等な外交関係を求めて使節（遣隋使）を派遣した。それで「日出処の天子、日没する処の天子に…」などと書状を送り、隋の煬帝《ようだい》の激高をさそったのだが、このスタンス自体はその後の日本も変わらず受け継いだ。つまり、朝貢貿易はおこなうが、冊封は受けない（中国皇帝の臣下にはならない）ということである。隋から唐に代わっても、日本は**遣唐使**を送って、朝貢関係をつづけた。

朝鮮半島で分立していた三国は、それぞれの立場を強化する目的から、隋唐帝国にいずれも朝貢して冊封を受けていた。しかし、隋は勢力を拡大する高句麗を警戒し、冊封体制の秩序をやぶったという口実をつけて、遠征軍を派遣した。高句麗は三度にわたる隋の遠征軍を見事しりぞけ、逆に隋は滅亡へと追いやられた。

ついで太宗・高宗の時代に安定期を迎えた唐帝国は、対外的に積極策をとり、唐と国境を接する諸民族にたいしては領土に組み込んで羈縻政策を適用する方針であった。唐は本格的に朝鮮半島に対する軍事行動を開始し、**新羅**と同盟を組んだ。

日本は百済と結んで、朝鮮半島への影響力の維持をはかったが、百済は六六〇年に唐と新羅によって滅ぼされた。百済を救援すべく派兵した日本は、六六三年に白村江《はくすきのえ》の戦いで敗北する。日本は唐の九州侵攻を恐れて防備を固め、朝鮮半島からは撤退した。朝鮮半島への日本の進出は、いったん阻まれたのである。

その後、六六八年に高句麗も唐・新羅連合軍によって滅ぼされ、平壌に**安東都護府**が設置される。唐は朝鮮半島を羈縻体制に組み込んだのであった。

羈縻政策の破綻——新羅、東突厥、渤海

朝鮮半島北部を支配する安東都護府にたいして、新羅は統一戦争を挑んだ。新羅は唐との敵対関係のなかで、日本に接近した。新羅は日本に使節を送ったが、日本側は新羅を日本への朝貢国とみなしていた。

これは中国の伝統的国際関係をまねた、日本の朝貢体制ともいうべきものである。日本は東北部の蝦夷《えみし》や南九州の隼人《はやと》にたいしても服属を要求し、朝貢関係を結んだ。同様の感覚で、朝鮮半島の新羅に対しても朝貢関係を結ばせたのである。このとき一時的に日本と新羅の関係は密接になり、新羅の仏教文化が日本にも伝わった。

オルホン川流域で発見された
キョル・テギン碑文

六七六年、新羅は唐の勢力を追放し、朝鮮半島を統一した（統一新羅）。安東都護府は北に遷された。朝鮮半島における羈縻政策は失敗したのである。

北方における羈縻政策の後退は連鎖する。六八二年には東突厥が再建され、安北都護府も南にしりぞいた。草原の道は遊牧国家の手に戻ったのである。東突厥では西方のアラム文字をもとにして、史上初の遊牧民独自の文字である**突厥文字**がつくられた。

これは中国の漢字文化に対抗して、遊牧民独自の文化をもっているのだということを示すためのものであった。

突厥文字が刻まれた碑文は、モンゴル各地に残っているが、とくに有名なのがオルホン川流域にたてられたオルホン碑文という石碑群である。そのなかのキョル・テギン碑文は、三面に突厥文字の文章が彫られていて、もう一面には唐の玄宗がおくった漢文が書かれている。

東突厥は唐に朝貢せず、攻勢を強めた。その結果、唐は吐蕃と同じように皇女を降嫁させて、姻戚関係をつくることで和睦した。東突厥は唐と同等の**家人の礼**をとり結ぶ関係になったのである。

六九八年には東北部で**渤海**が自立した。ツングース系靺鞨《まっかつ》人の大祚栄《だいそえい》が高句麗の移民とともに建国したこの国は、新羅と国境を接するまでに成長し、唐帝国はその勢いをおさえることができなかった。

建国以来、圧倒的な国力によってユーラシア大陸ネットワークの東方を制圧するかにみえた唐帝国であったが、七世紀末には陰りがみえ、草原の道と東方の領土を東突厥、渤海、新羅によって奪い返されてしまった。周辺諸民族を自治によって支配するという羈縻政策は、これらの地域については破綻したのである。

冊封体制による東アジア秩序の回復

そこで、羈縻政策にかわる国際秩序として、冊封体制が復活する。八世紀の玄宗の時代になると、唐帝国はそれまでの対立関係から一転して、渤海や新羅の領土を認める方針を打ち出した。これらの国々の朝貢を受け入れ、国王として冊封したのである。

渤海は新羅と国境を接したために、唐と和睦する必要があったし、新羅は日本との関係が悪化したために自身の立場を強めなければならなかった。東アジア情勢の変容によって、各国は唐帝国に**君臣の礼**をとってでも、冊封関係を結ぶことにメリットをみいだしたのだった。

文化的にも唐の影響力は増した。新羅は律令体制を取りいれ、渤海は新都上京竜泉府《じょうけいりゅうせんふ》（東京城《とうけい》）を長安風の都城制にし、唐との関係を基礎に「海東の盛国」とよばれるほどの繁栄を築くことになった。

雲南地方で自立していたビルマ・チベット系の南詔《なんしょう》は、吐蕃に服属していたが、玄宗期に唐の冊封を受けることになった。南詔もまた中国文化を積極的に導入し、東南アジアの内陸ネットワークでさかえていく。

日本もまたこうした流れに乗り遅れるわけにはいかなかった。律令体制を整え、藤原京や平城京などの都城制の都に遷都し、遣唐使を活性化させた。七一七年に入唐した留学生阿倍仲麻呂は、科挙に合格して官僚となり、ベトナムの安南節度使に任命されるほど出世した。

インドと安南都護府を結ぶ内陸ルート

阿倍仲麻呂が赴任したベトナム方面では、あいかわらず南海交易が活発であった。羈縻政策としては交州（ハノイ）に安南都護府が設置されていた。この都護府はもちろん、南海交易の管理のために機能していた。

この当時の海の道では、マラッカ海峡ルートが主導権を握り、マレー地峡ルートは衰退していた。このため主要ルートからはずれた扶南が衰退し、かわってチャンパー（林邑）が南シナ海交易を主宰し、南アジアや東南アジアの物産を唐帝国へと運ぶ主体となった。この交易の利益を確立するべく、チャンパーは唐に朝貢した。

カンボジアのメコン川流域では、衰退した扶南をのみこんで、「真臘《しんろう》」とよばれるクメール人の都市連合が台頭した。彼らはインドのベンガル地方からインド式農業技術（牛に犂《すき》をひかせて耕起し、種もみをやや多めにまくなど）を取りいれ、農業生産力を上げていった。さらに唐に朝貢し、内陸ルートで安南都護府とも結びついていた。

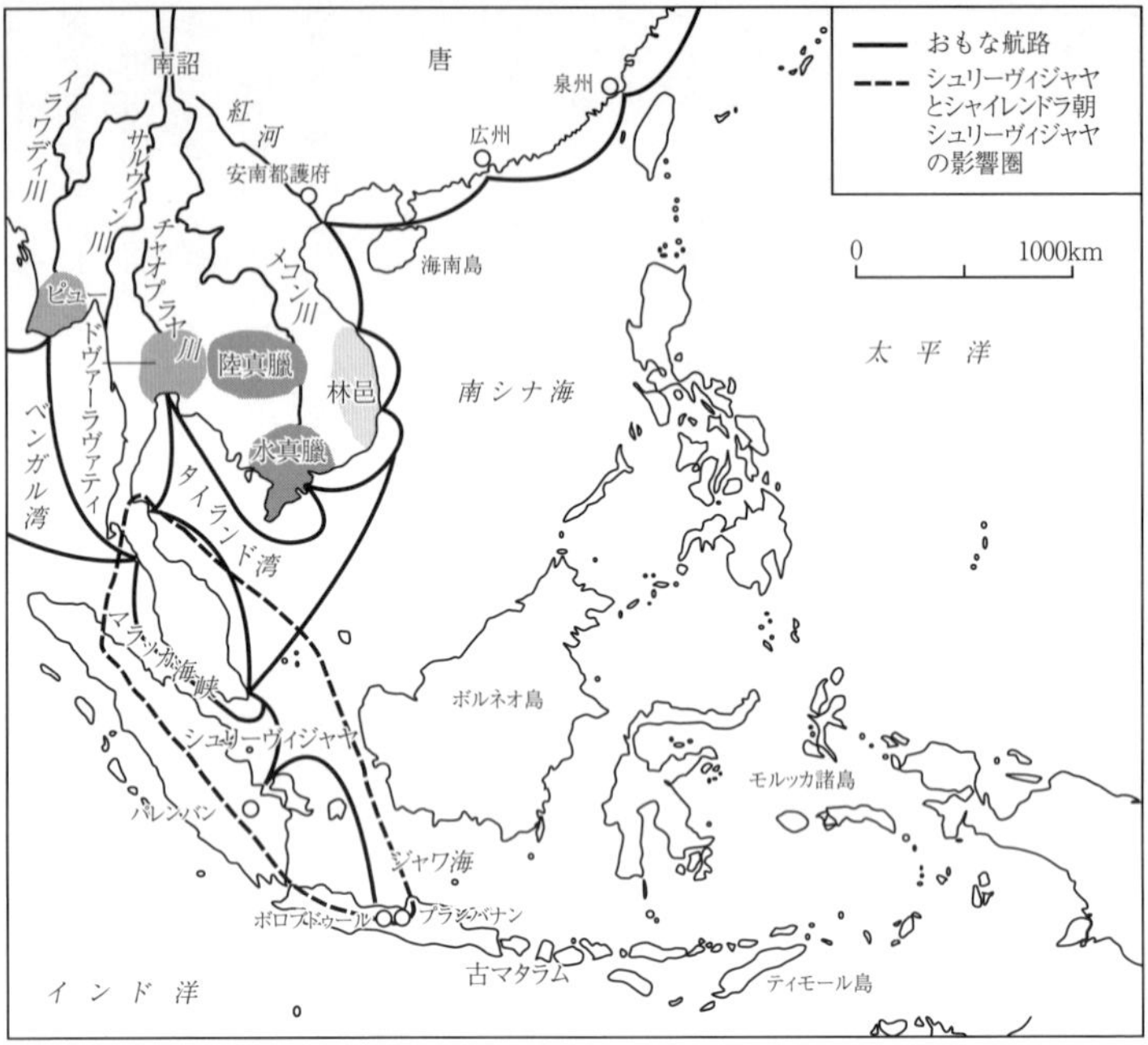

7～8世紀の東南アジア

真臘の強みは、内陸の農業地域と海岸の港市を結びつけ、生産基盤をもった港市国家をつくりあげたことであった。しかしこの強みは逆効果ともなり、八世紀には内陸部の陸真臘、沿岸部の水真臘へと分裂し、八世紀末に再統一するなど、分断もおこった。

さらにビルマのピューはベンガル湾と安南都護府を内陸ルートで結びつけ、タイのドヴァーラヴァティもそのルートで利益を得た。このように、インドシナ半島では安南都護府を中心とする内陸ネットワークが構築されていた。

シュリーヴィジャヤ王国と義浄の道

他方で、メインルートになったマラッカ海峡では、**マレー人**の港市国家が交易を管理すべくスマトラ島の**パレンバン**を中心に連合して、**シュリーヴィジャヤ**王国（室利仏逝）をつくった。マレー人はジャワ島北部にも進出し、クローヴやナツメグなど貴重な香辛料の産地であるモルッカ諸島との交易を支配した。

シュリーヴィジャヤは唐にも朝貢し、インドと中国を結ぶ中継交易の担い手として大いに発展する。またこの国では、インドから伝わった大乗仏教が熱心に信仰されており、大乗仏教学のセンターとなっていた。七世紀末、唐の求法僧義浄がシュリーヴィジャヤを経由して、ベンガル湾を渡り、北インドに行った。このとき北インドではヴァルダナ朝が滅亡し、プラティパーラ朝とパーラ朝、デカン高原のラーシュトラクータ朝が、インドの覇権をめぐって三つ巴の抗争をくりひろげていた。仏教は衰退期にあり、諸国はヒンドゥー教を奉じていたが、ナーランダー僧院を中心に仏教を保護する国もあった。

こうして義浄は、玄奘が学んだナーランダー僧院で学んだ。しかし仏教の衰退とインドの混乱は明らかであった。義浄はインドに見切りをつけ、シュリーヴィジャヤに戻ると、パレンバンに六八七年から七年間滞在し、教典の翻訳に従事した。パレンバンでの滞在はよほど充実していたのか、彼はそこで『南海寄帰内法伝』を執筆している。

シュリーヴィジャヤ・マレー様式の黄金の仏像

このように、七世紀ごろまでに成立した東南アジアの諸国は、チャンパー、真臘、シュリーヴィジャヤなどが唐に朝貢していたように、中国との交易によって発展したが、他方で海と陸の両面からインド文化を摂取しており、サンスクリット語や仏教、ヒンドゥー教などが支配層に浸透して「インド化」していった。

しかしこの時期のインドは、義浄がみたように混乱していた。南インドもまた同様で、デカン高原のチャールキヤ朝、東海岸のパッラヴァ朝、そして南部のチョーラ朝が、それぞれインド・東南アジア間交易で栄え、南インドの覇権争いをしていたのである。

2　イスラーム・ネットワークの拡大

イスラームの衝撃

七世紀、西アジアでは世界史を大きく変える動きが始まった。**イスラーム**の登場である。メッカのアラブ人有力家系クライシュ族の一員として誕生した**ムハンマド**は、アッラーの一神教イスラームを説き、メディナを拠点として勢力を拡大した。

このころ西アジアの覇者ササン朝ペルシアでは、ホスロー一世が結んだ東ローマ帝国との和議が崩れ、再び国境紛争が多発していた。ムハンマドが登場したメッカとメディナは、大国の戦乱を避けてつくられたイエメンからシリアまでの隊商路上に位置し、イスラームはこのネットワークを掌握したのである。

ムハンマドの後継者たるカリフたちは、東ローマ帝国からシリア・エジプトを奪い、ササン朝を六五一年に滅ぼした。これによってユーラシア大陸の西方の勢力図は一変した。祖国を失ったペルシア人たちはイスラームに服するか、オアシスの道を東へと進み、唐へと亡命した。これによりゾロアスター教（祆教）・マニ教・ネストリウス派キリスト教（景教）などの西方宗教が中国に広まり、またポロ競技や胡楽などのイラン文化・風俗が長安などで大流行していった。

一方、東ローマ帝国はこれまでの東地中海から紅海への海上覇権を失い、ただギリシア・アナトリアを中心とする地域だけを支配する国に縮小していた。ギリシア語が公用語とされ、ギリシア文化をよりどころとするようになった七世紀以降の東ローマ帝国は、**ビザンツ帝国**とよばれる。

ビザンツ帝国は、かつてのユスティニアヌス時代の影響力を失ったものの、依然として首都コンスタンティノープルは東西交易路の要衝として機能しつづけていた。ソリドゥス金貨を受け継いだ純度の高い**ノミスマ金貨**は、地中海商業の基軸通貨として流通し、ビザンツ帝国は東地中海の経済覇権を維持した。

イスラームはさらに西方へと拡大し、**ウマイヤ朝**の時代にはモロッコへと進出し、ジブラルタル海峡をこえて、イベリア半島に上陸し、この地を征服する。イスラームに征服されたイベリア半島を「アンダルス」という。ウマイヤ朝の進撃は七三二年のトゥール・ポワティエ間の戦いでようやくストップしたが、この時点でウマイヤ朝は、北はシル川流域、東はインダス川、西はイベリア半島にいたる空前の大帝国をつくりあげていた。

七五〇年、イラン東北部のホラーサーン地方で挙兵した**アッバース朝**によって、ウマイヤ朝は滅ぼされた。

バグダードの繁栄

そもそもアラブ人は隊商交易をおこなう遊牧商業民族で、ムハンマドは交易で巨利をなした一族の家系であった。キリスト教世界とことなり、イスラームでは商業活動が肯定されており、アラブ人は商業や交易の担い手として、広大なイスラーム・ネットワークを舞台に活躍していく。アッバース朝の第二代カリフ、マンスールは、ティグリス川中流域に新都**バグダード**を建設した。

七六二年から四年かけて造営された世界帝国の首都バグダードからは、王宮とモスクを中心とする円形都

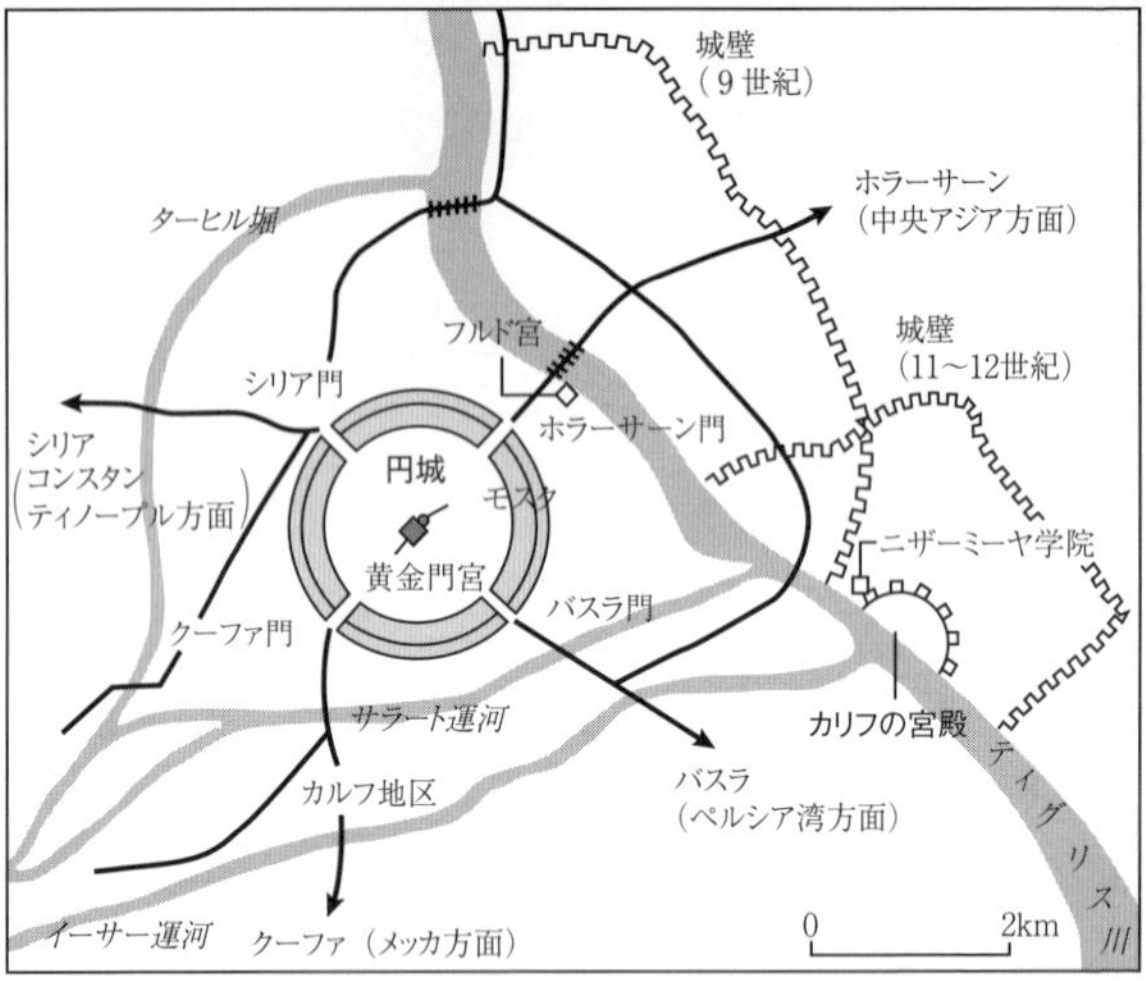

バグダード

市にひらかれた四つの門から、帝国の四方へと幹線道がのびていた。北東の門からは「**ホラーサーン道**」が、東のオアシスの道につうじた。北西からの道は「**シリア道**」で、ダマスクスから地中海交易圏へと、オアシスの道をヨーロッパ・エジプトにつなげた。南西は「**クーファ道**」で、代表的な軍営都市（ミスル）であるクーファにつうじ、さらに聖地メッカへの巡礼の道へとつづく。南東には「**バスラ道**」がつうじ、メソポタミア南部の軍営都市バスラを経てペルシア湾の海の道へとつながった。

マンスールは四つの門からつながる四つの道を、帝国の幹線道路として整備し、駅伝制にもとづく交通ネットワークをつくりあげた。

つまりバグダードは、中央アジアからイラン高原を経てシリア・エジプトにいたる東西交易の道と、ティグリス・ユーフラテス両大河によって地中海とペルシア湾をつなぐ南北の水上交易路が交差するポイントに位置し、イスラーム・ネットワークがフルに活用される国際交易都市となるように設計されたのである。

これで繁栄しないはずがない。バグダードには東南アジアやインドなどからも特産品がもたらされる、国際商業の一大中心地となり、「マディーナ・アッサラーム（平安の都）」とたたえられ、最盛期には人口一〇〇万人をこえる大都市となった。

さらに、都市部で増大する人口をまかなうべく、メソポタミア南部が再開発されて穀倉地帯となった。またこの地域では**サトウキビ**の栽培がおこなわれ、砂糖が西アジアの重要な特産品となっていく。この砂糖は、やがて世界史を動かす国際商品の一つとなる。

タラス河畔の戦いと製紙法の西伝

ホラーサーン道はイラン高原を抜け、中央アジアのオアシスの道につうじている。このときオアシスの道は唐帝国とアッバース朝という、東西の二大帝国によって管理されていた。大国の保護下におかれたオアシスの道は、当然活性化する。ここでの主役は依然としてソグド人であった。

二大帝国が国境を接したとき、七五一年に**タラス河畔の戦い**で衝突した。これによってアッバース朝はアム川以北のオアシス都市へと支配を拡大する。

ところで、よく知られているように、この戦いで敗北した唐軍の捕虜の中に製紙技術者がおり、**製紙法が西伝**した。これ以前に製紙法は知られていたという説もあるが、いずれにせよこの直後にバグダードに製紙工場がつくられ、薄くて丈夫で書きやすい紙は、イスラーム世界にまたたくまに普及した。

紙の普及は学問の発展とセットであった。紙をもちいることで研究が容易になり、バグダードの知恵の館では、学者たちがアリストテレスの著作を次々とアラビア語に翻訳していき、イスラーム神学の発展に寄与していくのである。

ムスリム商人の海

バスラ道、つまりバグダードとペルシア湾を結ぶ交易路が整備された結果、八世紀の西方海の道では、**ペルシア湾ルート**が主流となり、インド洋の西半分は**ムスリム商人**の海となる。ペルシア湾からアフリカにいたる航路も開拓され、アフリカ東海岸地帯が徐々にイスラーム化していくことになった。

ムスリム商人は**ダウ船**とよばれる三角帆の縫合帆船をもちいて、縦横無尽に季節風にのって航行した。ダウ船は遠距離交易に適し、陶磁器や鉱物、木材などの重くてかさばる商品を持ち運ぶことが可能だった。ムスリム商人は、早ければ一年もかからずに、バグダードからペルシア湾を経て、インド・東南アジアにいたり、さらに中国へと到達したという。

ダウ船

八世紀、ムスリム商人の台頭によって、アッバース朝と唐帝国という東西の二大帝国が海洋ネットワークでも結びついた。アラビア系・イラン系のムスリム商人が西方の物産をもたらして交易を活性化させたことに対応して、唐帝国もまた海上交易を管理するために**市舶司**を設置することになった。

市舶司とは、国家が海上交易を管理し、徴税するための役所で、**広州**にはじめて開設された。広州には蕃《ばん》坊《ぼう》とよばれる外国人居留区もつくられ、アラブ系の人々の蕃坊も存在していた。さらにムスリム商人やマレー商人は、アフリカから連れてきた**黒人奴隷**の売買も中国でおこなっていた。この黒人奴隷は崑崙奴《こんろんど》とよばれ、貴族や富豪に所有されていた。奴隷貿易というのは近世ヨーロッパ人の専売特許ではなく、ムスリム商人によってすでに手広くおこなわれていたのである。

こうして八世紀の**長安**は、西域からはオアシスの道をつうじてソグド人、イラン人が交易し、南海から海の道を経てアラブ人、マレー人らが来航し、世界最大の国際商業都市になった。長安とバグダードという、東西の国際商業都市をつなぐネットワークが成立していたのである。

3　東西帝国の衰退

ウイグルと安史の乱

八世紀のユーラシア・ネットワークでは、このように活発な経済的・文化的交流がおこなわれたが、政治的には非常に緊張した情勢が続いていた。北方では東突厥が内部分裂をくりかえして衰え、七四四年にトルコ系の**ウイグル**によって滅ぼされた。

北方の新たな覇者となったウイグルは、商業利益をねらって唐進出の機をうかがっていた。唐は北方の防備をかためるため、安禄山がこの地域の三節度使を兼ねる大勢力となった。安禄山はソグド人の父と突厥人の母をもつ武官で、まさにこの地域の安定をはかるのにうってつけの人材であった。ところが七五五年、安禄山は玄宗の宮廷と対立し、部下の史思明とともに反乱を起こした。**安史の乱**の勃発である。この反乱は中国のみならず、東アジアの国際秩序を揺るがした。

足かけ七年間におよぶこの大反乱を鎮圧したのが、ウイグルのトルコ騎馬軍団である。ウイグルは唐を屈服させ、モンゴル高原から南下して西域のオアシス地帯を支配した。そこでウイグルはソグド人を取り込み、商業国家に変貌する。ソグド文字をもとに**ウイグル文字**を開発し、遊牧民なのにモンゴル高原に城塞都市を建設し、草原の道を商業ルートとして開拓しようとした。

ウイグルは唐に絹馬交易を強制した。圧倒的な軍事力を前に唐はこれに従わざるをえなかった。ウイグルは草原の馬を唐の絹と有利な条件で交換し、この絹をオアシスの道をつうじて西方のアッバース朝との交易でもちいた。ウイグルは大陸ネットワーク東方の覇権を握ったのである。

安史の乱の混乱によって成長したもう一つの国が、吐蕃である。吐蕃はこの機に乗じて甘粛地方やタリム盆地を奪い、オアシスの道をウイグルと二分するようになった。さらに吐蕃は長安を一時的に占領し、唐はなすすべを知らなかった。

安史の乱がウイグル軍によって鎮圧されたとき、唐帝国のユーラシア覇権はおわっていた。草原の道はウイグルが制し、オアシスの道はウイグルと吐蕃、そしてアッバース朝によって三分された。これ以後、ウイグルは唐を事実上従属させたとする教科書もある。唐の内部でも藩鎮という地方軍閥が自立してゆき、中央政府の権威は低下していく。

ハールーン・アッラシードとカール大帝

ウイグルがつないだ大陸ネットワークの西方に目を向けると、アッバース朝は、七八六年に即位した第五代目のカリフ、ハールーン・アッラシードの時代に最盛期を迎えていた。彼はみずから兵をひきいてビザンツ帝国に勝利し、講和条約を結んで国境を安定化させた。

一方ビザンツの西方では、フランク王国のカール一世（大帝）が西ヨーロッパの統一にむけて大征服事業を展開していた。カールは、南はランゴバルド王国を征服して北イタリアを安定化させ、西はイベリア半島の後ウマイヤ朝と戦ってスペイン辺境領を設置し、東はパンノニア平原に大帝国を築いた遊牧民アヴァール人をうち、北は異教徒のザクセン人を征服した。

とりわけビザンツ帝国を圧迫していたアヴァール人をやぶったことは、カールの帝国がビザンツ帝国と境を接し、ユーラシア・ネットワークの西端に接触したことを意味する。カールの帝国はビザンツ帝国とならぶ大国として認知された。

八〇〇年、カールはローマ教皇レオ三世から**西ローマ帝国の帝冠**を授けられ、名実ともにビザンツ帝国に対抗する存在になった。カールが帝都アーヘンにつくった動物園には、西ヨーロッパに君臨する王者にふさわしくライオンがいたが、戴冠式を前にさらに人々を圧倒する巨大な珍獣、象を得たいと考えていた。

カール大帝はアッバース朝のハールーン・アッラシードに使者を送り、友好関係を結んだ。そのときフランク王国にもたらされた膨大な贈り物のなかに、カールの希望通りのみごとな白象があった。アッバース朝初代カリフにちなみ「アーブルアッバス」と名づけられたこの象は、カール大帝とハールーン・アッラシードという巨人たちが交わした、ヨーロッパとイスラームを結ぶ最初の交流をしめす象徴であった。

ユーラシア中央部の「トルコ化」

唐帝国衰退後もウイグルとアッバース朝の二大勢力によって安定していた大陸ネットワークであったが、九世紀にはいるとこの安定も崩壊し、変容していく。

まず、八四〇年、草原の覇者であったウイグルが、同じトルコ系の**キルギス**の反乱によって滅んだ。ウイグルの一部はタリム盆地のオアシス都市にはいりこんで定住していった。従来この地にはソグド人をはじめとするイラン系の人々が住んでいたのだが、次第に**トルコ化**していった。やがてタリム盆地のオアシス地帯、中国でいう西域は、**東トルキスタン**とよばれるようになる。

オアシスの道を実質上支配した吐蕃も、内紛によって瓦解した。

マムルークを描いたミニアチュール

また、アッバース朝では、ハールーン・アッラシードの死後、二人の息子のあいだでカリフ位をめぐる争いがおこり、国際都市バグダードが炎上・崩壊した。アッバース朝の権威は低下し、帝国内の地方政権が自立していく。

八七五年、中央アジアでイラン系の**サーマーン朝**が自立した。ブハラを都に定め、サマルカンドなどソグディアナの主要なオアシス都市を支配した彼らは、ちょうどトルコ化が進行していたオアシスの住民を吸収した。九世紀のオアシス地域は、東からのトルコ化と、西からのイスラーム化という、大きな波に飲み込まれていく。

サーマーン朝は、トルコ人の少年奴隷を軍人として育成し、強力な**マムルーク**（奴隷軍人）軍団を編成してアフガニスタンなどに侵攻した。マムルークとよばれるトルコ系奴隷兵士は八世紀からアッバース朝で広まったもので、最強の騎馬軍団としてカリフの親衛隊となった。これ以後のイスラーム諸王朝もトルコ系のマムルークを購入していった。

このようにトルコ人の世界は、ウイグル滅亡後にも中央アジアの住民として、オアシス交易の商人として、そしてイスラーム世界の兵士として、ユーラシア大陸に染みわたるように広がっていったのである。

シャイレンドラ朝、ボロブドゥール遺跡にある帆船のレリーフ

海洋ネットワークの興亡——シャイレンドラ朝とチョーラ朝

安史の乱以後の混乱は、海の道でも世代交代を引き起こした。唐の朝貢国であるシュリーヴィジャヤ王国が衰退したのである。この時期、南インド最南端の**チョーラ朝**がインド洋東半分の海上覇権をにぎり、マレー半島へと進出し一時的に占領した。チョーラ朝はやがて南インド全域を統一する。

さらに、ジャワ島のマレー人勢力が自立して、**シャイレンドラ朝**を建設した。シャイレンドラ朝は強力な海軍力を誇り、マレー半島を支配して、シュリーヴィジャヤの正統な後継者であることを名のった（シャイレンドラ朝シュリーヴィジャヤ王国）。

シャイレンドラ朝はさらに半島部に進出、真臘（カンボジア）を属国とし、チャンパーを攻撃した。これらの勢力はいずれも唐に朝貢していた国で、安史の乱以後の宗主国の弱体化に連動するように、朝貢国の勢いもなくなったのであった。

さらに、安南都護府もシャイレンドラ朝によって占領される。安南都護府は消滅したわけではないが、以後南海を管理する機能を失った。南方でも羈縻政策は終焉したのである。

東南アジア全域の覇者となったシャイレンドラ朝は、熱心な大乗仏教の国で、九世紀に世界最大の仏教寺院となる**ボロブドゥール**をジャワ島に建造した。曼荼羅の世界を建築であらわしたこの寺院は、まさに当時のシャイレンドラ朝の栄華を象徴するものであった。

しかし九世紀なかばには、ジャワ島のヒンドゥー教国である**古マ**

古マタラム王国がのこしたプランバナン寺院群

タラム王国が、シャイレンドラ朝をジャワ島から追い出してジャワ統一を果たした。彼らは、仏教寺院ボロブドゥールに対抗するように、壮麗なヒンドゥー教寺院である**プランバナン寺院**をジャワ中部に建設した。

大帝国から自由な海の繁栄へ

そのころ中国人は、**ジャンク船**を開発し、さかんに南洋へと展開していった。ジャンク船は自在に展開できる折りたたみ式の帆をもち、船腹に多くの荷物を積むことができる。それまでおもに海洋ネットワークの受け入れ先でしかなかった**中国商人**が、ようやく海洋民の主要なメンバーになったのである。

唐では八七五年に黄巣の乱が起こった。唐は財政を維持するために厳しい塩の専売をおこなっていたが、これに反発する商人による密売が横行した。塩の密売商人である黄巣は、経済の中心地である華中・華南にも地下ネットワークをもっており、反乱は中国全土に広がった。かつての大帝国は見る影もなく、滅亡は目前であった。

黄巣の乱のさなか、唐代最大の港市であった広州が破壊された。広州に拠点をもっていたムスリム商人は、中国から撤退してマレー半島の**クダ**に拠点を移した。ムスリム商人が撤退したことで、中国のジャンク船商人が南シナ海に進出する。帝国の混迷とは裏腹に、海の道は民間交易によって活況を呈していくのである。大陸の大帝国の興亡が、必ずしも海の道の盛衰と連動するわけではないというのは、興味深い現象である。唐帝国は海上交易を管理・統制しようとしたが、朝貢諸国が衰退し、安南都護府も広州の市舶司も崩壊した。これによって国家の統制から自由になった中国商人が南シナ海でネットワークを広げたといえる。

同様の現象は、東アジア海域でも起こった。九世紀、中国の民間ジャンク船が日本にやってきて、日本人商人も中国沿岸で自由に取引するようになった。また八世紀後半に日本が送った**遣渤海使**をきっかけに、日本と渤海、のちには新羅をも交えた経済的・文化的交流がすすみ、環日本海のネットワークが構築されていった。もはや唐帝国に朝貢しなくとも、海上交易は機能していたのである。

中国のジャンク船

こうして遣唐使の意味はなくなり、八九四年に日本では菅原道真が遣唐使派遣の中止を建議した。唐帝国とアッバース朝という東西の大帝国を中心に形成されたネットワークが衰退するなかで、その最東端の国が離れた。これは一つの時代の終焉を象徴する出来事だったが、同時に新しい時代の始まりも意味した。国家政策としての交易から、自由な海で活発に民間交易がくりひろげられる時代の幕がおろされたのである。

第4章　海洋の発展と大陸の分裂——一〇〜一二世紀

東西の大帝国が崩壊したのちのネットワークは、どのように変容するのだろうか。ひとつは、海洋ネットワークが帝国の統制から離れて自由に発展するということである。人々は朝貢ではなく商業のために中国をおとずれ、海洋ネットワークは中国商人のジャンク船が主役になる。

もうひとつは、大陸ネットワークが中心を失って不安定になるということである。宋は契丹や西夏に圧迫され、中央アジアではトルコ人の諸王朝が覇を競いあった。セルジューク朝の西進によって、十字軍遠征が誘発され、いよいよヨーロッパもユーラシア・ネットワークに加わる。「大モンゴル以前」の三〇〇年間を追ってみよう。

10世紀	このころ、マレー半島・スマトラ島でジャーヴァカ（三仏斉）とよばれる港市国家群が登場。 中国商人のジャンク船が海域アジアに進出。
916年	契丹の耶律阿保機が即位し、モンゴル高原を支配。
923年	突厥の後唐が後梁を滅ぼし、華北を支配。以後突厥王朝つづく。
929年	後ウマイヤ朝のアブド・アッラフマーン３世がカリフを称し、コルドバが繁栄。
936年	後晋が契丹に燕雲十六州を譲渡。
960年	北宋が成立し、五代十国時代終わる。
969年	ファーティマ朝が新都カイロを建設。
999年	トルコ系カラ・ハン朝がサーマーン朝を滅ぼし、西トルキスタンを支配。
11世紀初	チョーラ朝がスリランカを征服。 トルコ系ガズナ朝がアフガニスタンからイラン東部を支配。インドに侵入。
1038年	タングートの首長李元昊が西夏（大夏）を建国し、甘粛・陝西を支配。
1055年	トルコ系セルジューク朝のトゥグリル・ベクがバグダードにはいり、スルタンとなる。
1077年	アム川下流でトルコ系ホラズム・シャー朝が自立。
1085年	カスティリャ王国によりトレド陥落。
1096年	第１回十字軍が派兵される。
1115年	女真の完顔阿骨打が契丹から自立し、金を建国。
1125年	金が契丹を滅ぼし、さらに開封を占領（靖康の変）。
1130年	ノルマン人のルッジェロ２世がシチリアを征服、両シチリア王国成立。 このころ、12世紀ルネサンスがおこる。
1160年代	日本で平氏政権が成立。日宋交易が活発化。
1169年	アイユーブ朝のサラディンがファーティマ朝を滅ぼす。

第４章に登場する諸勢力

遊牧民……契丹（キタイ・遼）　西ウイグル王国　タングート（西夏）　カラ・ハン朝　ガズナ朝　セルジューク朝　女真（金）　カラ・キタイ（西遼）　ホラズム・シャー朝

農耕民……後ウマイヤ朝　ファーティマ朝　アイユーブ朝　後唐　後晋　後漢　宋（北宋）　高麗　日本（平氏政権・鎌倉幕府）　イェルサレム王国　両シチリア王国　南宋

海洋民……チョーラ朝　三仏斉（ジャーヴァカ）　チャンパー（占城）　クディリ朝　ヴェネツィア　ジェノヴァ

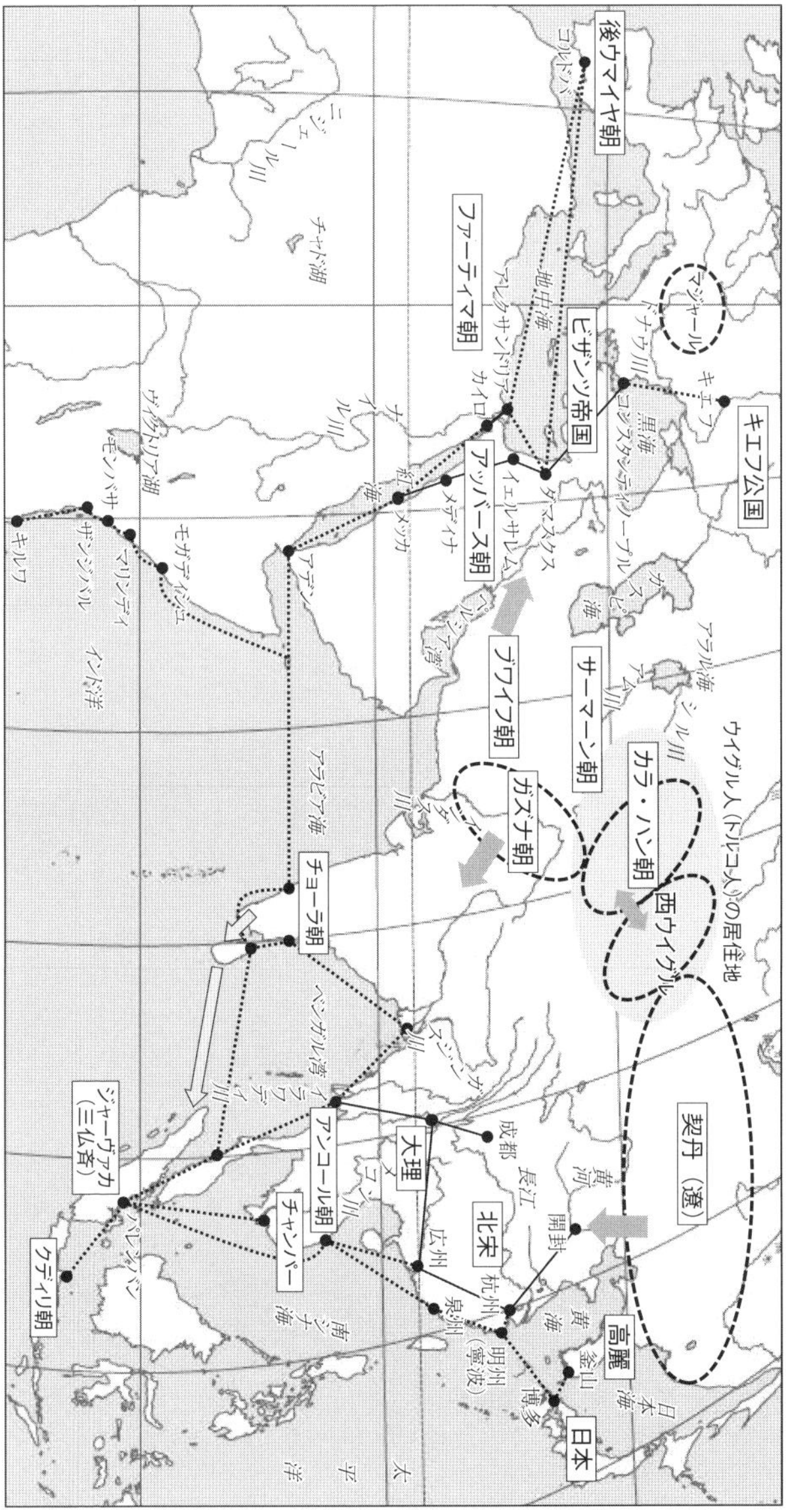

10世紀のネットワーク

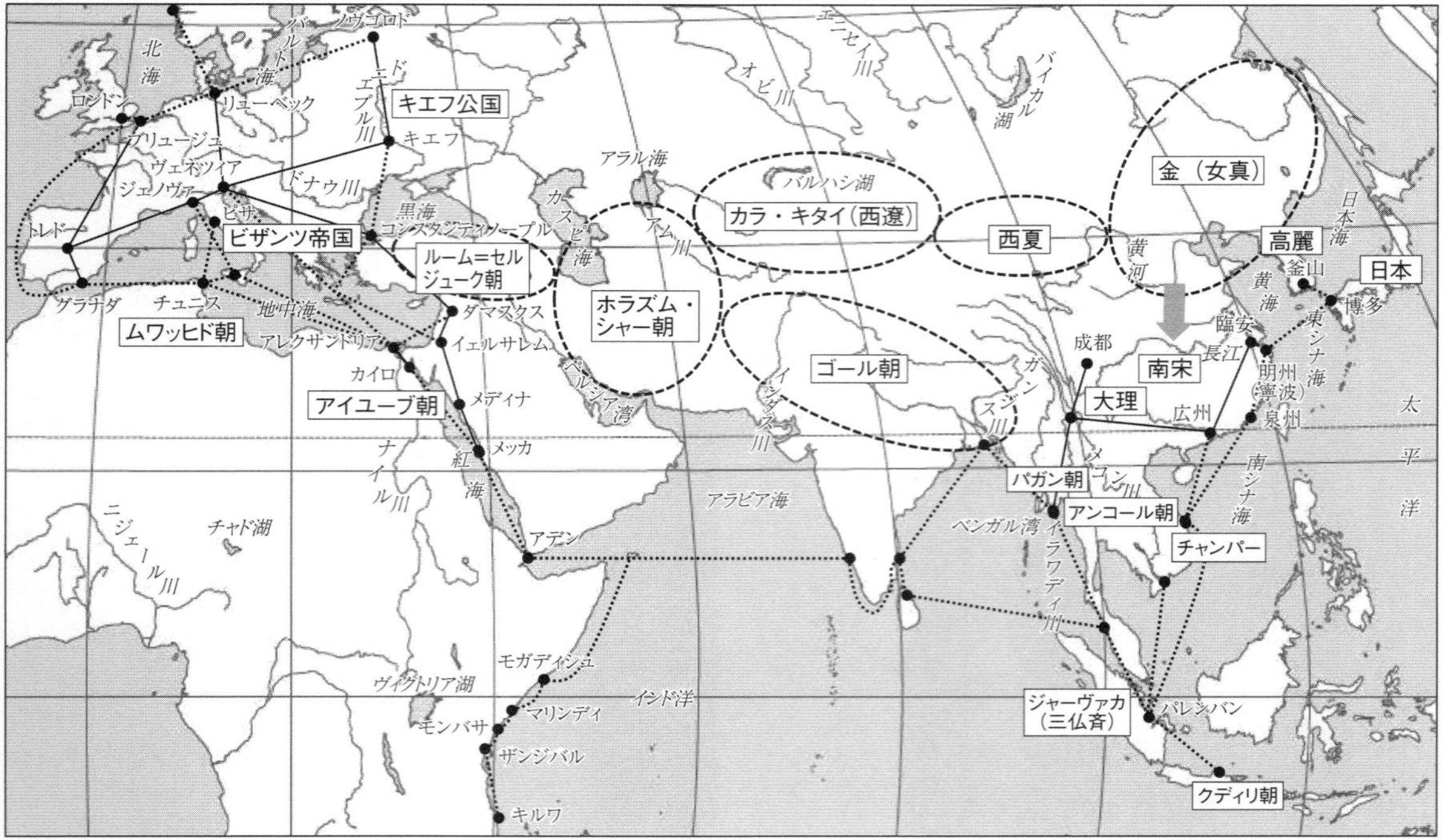

12世紀のネットワーク

1　帝国なき海の繁栄

後ウマイヤ朝の繁栄

一〇世紀以降、唐帝国とアッバース朝というユーラシア大陸の大帝国の時代がすぎて、ユーラシア大陸はどこか中心点を失ったようになった。バグダード炎上ののち西アジアの陸上交易路は衰退し、インド洋のムスリム商人もその交易範囲を縮小させた。

こうした状況のなかで、かつてのバグダードに匹敵するほどの繁栄を築いた交易センターが、ユーラシア大陸の西の果てにあった。イスラームの支配下にあったイベリア半島（アンダルス）の**後ウマイヤ朝**である。九二九年、アブド・アッラフマーン三世はカリフを称し、ファーティマ朝に対抗してマグリブ地方（西北アフリカ）の西方にも進出して最盛期を築いた。

このアンダルスとマグリブでは、西アジアの高度な農業技術が次々と導入された。運河が開削され、カナートの方式を利用して水路がはりめぐらされ、揚水車を設置するなど灌漑設備が整えられ、農業生産力が増大した。

さらにイラクからもたらされたサトウキビが栽培され、綿花の栽培や養蚕技術などがアンダルス・マグリブに導入された。このとき後ウマイヤ朝では、砂糖・綿織物・絹織物という、世界的に高く取引される国際商品が生産されていたのである。

これらの特産品は、バグダード経由の東方物産が減少するなかで、東地中海のシリアやパレスチナにも輸出され、アジアのイスラーム・ネットワークと接続された。こうして後ウマイヤ朝の首都**コルドバ**は、一〇

コルドバのメスキータ
（もとは後ウマイヤ朝時代のモスクだったが、スペイン支配のもとでキリスト教会に改修された。）

世紀以降、イスラーム最大の国際商業都市になったのである。

ファーティマ朝——ペルシア湾ルートから紅海ルートへ

一方、バグダード衰退後にイスラーム・ネットワークの中心となったのがエジプトである。この地には一〇世紀にチュニジアにおこったシーア派の**ファーティマ朝**が進出し、九六九年に新都**カイロ**をナイル・デルタの南端に建設した。

ムスリム商人は**カリカット**などのインド西岸の港市から、国際商品の胡椒などを積みこみ、これまではペルシア湾に向かっていたのが、そのまま季節風にのってアラビア海を渡り、アデンから紅海にはいった。このあとムスリム商人は、紅海の沿岸からエジプトに上陸し、ナイル川をくだってカイロ、そして地中海への入り口アレクサンドリアへと向かった。

この**紅海ルート**が、ペルシア湾ルートにかわってインドと地中海を結ぶメインルートとなり、西アジアの衰退をよそにエジプトの重要性を高めていったのである。

とはいえ、九世紀以降インド洋のムスリム商人は撤退を余儀なくされていた。一時期南シナ海まで進出していたダウ船は、ベンガル湾以東でほとんどみかけなくなった。

このころインド洋の東半分を制していたのは、南インドを統一したチョーラ朝であった。チョーラ朝は一一世紀になるとスリランカを征服し、さらにベンガル湾を渡ってスマトラ島に進出していった。

三仏斉（ジャーヴァカ）とチャンパー

一〇世紀の東南アジアの島嶼部では、シャイレンドラ朝がジャワ島での政権交代によって崩壊し、やはり中心的勢力を失っていた。マレー半島とスマトラ島の港市国家はジャーヴァカという連合を組んで、交易の安定をはかった。ジャーヴァカはアラブ人からはザーバジュ、中国人からは三仏斉《さんぶつせい》とよばれていた。

三仏斉はシュリーヴィジャヤのアラビア語なまりを音写した言い方だが、シュリーヴィジャヤの王統とは関係がなく、このころシュリーヴィジャヤ系統の国は三仏斉の一員として存続していた、ということらしい。複数の港市国家が三仏斉を名のって宋に朝貢していたのである。

南シナ海を行き交う中国商人のジャンク船は、安南都護府が解体したことで、広州など華南の諸港から海南島の東をとおり、ベトナム中部沿岸のチャンパーへと直航するようになった。これで交易ルートから外れたベトナム北部は、国際交易から孤立した。北ベトナムは中国の混乱に乗じて李朝などが独立を果たすものの、特産品のないベトナムは交易に参加することができなかった。

他方で繁栄するのがチャンパー（占城）である。マラッカ海峡と華南を結ぶ南シナ海ルートの中継港となっただけでなく、背後の山地でとれる沈香（沈丁花科の喬木が樹脂をふくんで香木になったもの）や象牙などの高級商品の輸出で利益をあげていた。

ジャワ島では中部を中心とする古マタラム王国から東部のクディリ朝へと交代した。クディリ朝は東部の穀倉地帯を基盤とする港市国家で、綿布、金属細工などの手工業品をはじめ、米や胡椒を輸出した。

こうして一〇世紀には、チョーラ朝からもたらされるインドの物産や、ジャワの胡椒・香辛料などがマラッカ海峡の三仏斉に集まり、そこからチャンパーを経由して華南へとつながる南シナ海のネットワークが成立したのである。このネットワークを担ったのが中国商人のジャンク船で、東南アジアの港市には中国人が住み着き、華僑の先駆けとなっていった。

宋の商業発展と「陶磁の道」

彼ら海洋民たちの最大の取引相手である中国は、唐滅亡後に五代十国の戦乱期を迎えていた。華南の十国諸王朝はたがいに競いあって経済発展していたが、一〇世紀末に宋（北宋）王朝によって中国が統一されると、久しぶりに統一された中国経済はおおいにわきかえった。長江下流域で開発や農業技術の改良がすすんだ結果、「蘇湖熟すれば天下足る」といわれる穀倉地帯ができ、急増する人口を支えた。

陶磁器、茶、絹など中国を代表する特産品が集中的に生産され、内外で取引された。唐のころの市制という市場制限はなくなり、都市の内部だけでなく郊外にも草市とよばれる市場が形成されていった。全国に商業ネットワークがはりめぐらされ、基本通貨である銅銭（宋銭）の年間鋳造額は、史上最大の六〇〇万貫（唐の年最高額は三二万貫）にのぼった。宋は空前の商業大国になったのである。

当然ながら、南海交易は巨大な市場をみいだして、さらなる活況を呈した。三仏斉やチャンパーなどの東南アジア港市国家は次々と宋に朝貢し、交易を拡大させた。宋代は朝貢貿易というよりも、民間交易の時代であったといえる。宋も交易を必要以上に管理しようしたわけではなく、交易の拡大に対応して次々と市舶司を設置した。唐代は広州だけだったのが、杭州（臨安）・明州（寧波）・泉州にも市舶司が設置され、おおいにジャンク船が出入りした。

とくにこのころから中国からの輸出品として歓迎されたのが、陶磁器である。宋代には景徳鎮などで**青磁**や**白磁**といった芸術性の高い陶磁器が生産され、南シナ海からインド洋、さらにはエジプトへと運ばれていった。こうして、海の道は「**陶磁の道**（セラミック・ロード）」となった。このころ宋では、遠洋航海のために**羅針盤**が開発され、重量のある陶磁器を船倉に多く積むことのできるジャンク船がインド洋までくりだしていったのである。

日宋交易と博多

東アジアの民間交易も、またさかんだった。九一八年に新羅にとってかわった**高麗**は、中央の五代王朝や宋に朝貢して冊封をうけたが、日本は遣唐使の停止以後、朝貢をおこなわなかった。日本は高麗から何度か国交を結ぶように要請されたが、これも拒否した。しかし商人や地方官は、交易や情報交換のために日朝を往来していた。

南宋期の青磁

この時代の主役は民間交易であり、東シナ海では多くの宋船・高麗船・日本船が往来した。**博多**には宋の海商が拠点をおき、**日宋交易**の一大センターとなっていた。日本船は、遣唐使のときには政治目的なので華北の長安に向かっていたが、日宋交易では**寧波**《ニンポー》（**明州**）など江南の港市へと直航し、交易をしていたのである。

北方の周辺諸国と対立していた宋は、日本から刀剣や、火薬兵器の原料となる硫黄を輸入した。

一〇世紀の海のネットワークを生みだしたのは、活発な民間交易であった。その源泉となったのは中国の自由な経済体制であったと考えられる。農業生産を増大させると同時に、市場を拡大するにまかせることで、空前の経済的繁栄をうみだし、交易の範囲もインドまで拡大していった。宋王朝は漢帝国や唐帝国にくらべると領土も軍事力も強大であったとはいえない。しかし民間の活力が弱き王朝を巨大にしたのである。

2　トルコ人の拡大と東西交易の再生

華北の突厥王朝、契丹、西夏

海の道が民間交易で繁栄を続けていたのとは逆に、ユーラシア大陸の陸上交易路は停滞していた。まずは草原の道の騎馬遊牧民の動きをみてみよう。

かつて草原の道を制したウイグルが滅びると、トルコ人はユーラシア大陸の各地へと居住地を移していた。**突厥**は華北の山西地方に移住し、唐が滅亡するとその強力な軍事力によって五代十国の戦乱時代に頭角をあらわした。彼らは、唐を滅ぼした朱全忠の後梁を倒し、唐の後継者を自任して**後唐**《こうとう》を建国した。

そのころ北方のモンゴル高原では、ウイグルを滅ぼしたキルギスが統一を維持できず、権力の空白状態があった。その隙をついて東方の遼河流域にいたモンゴル系の**契丹**《きったん》（キタイ）が、耶律阿保機《やりつあぼき》のもと急速に勢力を拡大していた。

突厥の後唐政権は、別の突厥系がつくった**後晋**《こうしん》によって滅ぼされた。後晋は契丹に軍を借り、その代償として燕雲十六州を契丹に与えた。その後晋も、突厥系の**後漢**《こうかん》にとってかわった。

漢民族の後周によって中原から突厥勢力が駆逐されてからも、後漢の一族が山西に**北漢**を建国し、最後まで大きな勢力を保っていた。五代十国のうち、華北に成立した後唐・後晋・後漢・北漢という四王朝までもが突厥系だったのである。宋の趙匡胤が登場しなければ、中国が突厥王朝によって統一される可能性は大いにあったといえよう。

それでも、宋の財政はつねに逼迫していた。北方の契丹（中国風では遼）の侵入に対する防衛費のためである。ついに宋は契丹に屈し、一〇〇四年に澶淵《せんえん》の盟を結んで、毎年多額の銀や絹を贈ることを条件に和議を結んだ。

この宋と契丹との攻防に乗じて、甘粛・陝西の地でチベット系**タングート**の反乱がおこった。タングートの首長李元昊《りげんこう》は、一〇三八年に**西夏**（**大夏**）を建国し、宋に圧迫を加えつづけた。かくして宋は西夏とも慶暦の和約を結び、毎年多額の銀・絹・茶を贈ることで合意した。

こうして中国の富は、契丹や西夏への貢納（歳幣という）によって吸いあげられていった。また、宋と契丹・西夏の国境付近には多くの交易場が設けられ、中国からの絹織物や陶磁器と、北方からの馬・毛皮・高麗人参などが取引され、通常の交易もさかんにおこなわれるようになった。

とくに西夏は、オアシスの道への出入り口をがっちりとおさえ、西方との中継交易でさかえた。歳幣や交易で手にいれた中国の物産は、西夏をつうじて中央アジアやイランに流れていったのである。

トルキスタンのトルコ人

一方、そのオアシスの道では、ウイグル滅亡後のトルコ人流入により、イラン人社会が変容して**トルコ化**（トルコ語化）していった。もともとソグド人などのイラン系住民は、ウイグルと同じく仏教やマニ教を信仰しており、またウイグル文字はソグド文字をもとにしていたので、トルコ化への抵抗は少なかったと考えられている。

東トルキスタンのカシュガルを中心とするトルコ系政権を**西ウイグル王国**とよぶ。マニ教とウイグル文字の文化で発展したこの国の存在は、西から押しよせるイスラーム化の波を押しとどめていた。

西方でイスラーム化したトルコ人は、一〇世紀なかばに**カラ・ハン朝**を建てた。マムルークとして鍛えられていた彼らは、急速に勢力を拡大し、九九九年にはサーマーン朝を滅ぼして西トルキスタンを制した。こうして一一世紀にはイスラームのカラ・ハン朝、マニ教の西ウイグルという二つの勢力が争ったが、やがてカラ・ハン朝がトルキスタンを統一することになる。

サーマーン朝からおこったもう一つのトルコ系王朝、**ガズナ朝**は、英主マフムードのもと、アフガニスタンのガズナを拠点として、イランや北インドへと侵入を繰り返していた。こちらでは、イスラーム系トルコ人がヒンドゥー教徒をのみこもうとしていたのである。

さらに一一世紀の前半にシル川下流域にいたトルコ系セルジューク族が族長トゥグリル・ベクのもとで自立し、一〇三八年にホラーサーン地方（カスピ海南方）にはいって**セルジューク朝**を建てた。セルジューク朝はイランのブワイフ朝をやぶってバグダードに入城し、シーア派ブワイフ朝の支配下にあったカリフを保護した。

バグダード炎上ののち、長らく西アジアの東西交易は不振であったが、セルジューク朝の手によって急速に復興した。セルジューク朝はさらにアナトリア（小アジア）に進出してビザンツ帝国をやぶり、シリアも領土におさめ、オアシスの道を東地中海までつなげた。

こうしてオアシスの道は、長い混乱期を経て、一一世紀にカラ・ハン朝・ガズナ朝・セルジューク朝というトルコ系イスラーム王朝によって結びつけられた。ユーラシア大陸ネットワークでは大帝国にかわってトルコ人が覇者となったのである。

十字軍・東方貿易・カーリミー商人

セルジューク朝の小アジア・シリア進出は、ビザンツ帝国のローマ教皇への救援要請、そして西ヨーロッパからの**十字軍**遠征という帰結をうみだした。一一世紀になるとヨーロッパの気候は温暖となり、農業生産も上昇して人口も増大し、封建社会が安定した。その結果、西ヨーロッパの勢力は、これまでやられっぱなしだったイスラーム勢力に大戦争を挑むだけの国力を蓄えていたのである。

一〇九六年に開始された第一回十字軍は成功して、小アジアやシリアにイェルサレム王国をはじめとする十字軍国家がつくられた。セルジューク朝は内部分裂していて、十字軍に抵抗できなかった。動機は宗教的情熱であったが、アジアの富にじかに触れると、ヨーロッパの商人たちはたちまちその魅力と利益にとりつかれた。十字軍はヨーロッパ人をユーラシア・ネットワークの一員に加えさせたのである。

衰退するビザンツ帝国にかわって東地中海の商業ネットワークを担ったのが、**ヴェネツィア**、**ジェノヴァ**、**ピサ**などの**イタリア商人**である。彼らはシリア諸港に来航して東方の物産を仕入れ、ヨーロッパで販売する**東方貿易**（**レヴァント貿易**）で巨利を築くようになった。

とくにインド産の胡椒やナツメグ・ショウガなどの東南アジアの香辛料、中国の陶磁器や絹織物は、ヨーロッパで非常に珍重された。これらの物産は海の道で運ばれてきたので、紅海ルートをとおってカイロまでやってきていた。アデンからカイロまで東方物産を運んだ紅海の商人たちを**カーリミー商人**といい、ファーティマ朝に大きな利益をもたらしていた。

イタリア商人はアレクサンドリアでこのカーリミー商人とも取引をしていた。これらの東方貿易で得た利益によってヴェネツィアやジェノヴァは海軍を強化し、十字軍を積極支援した。もちろん交易ルート確保のためである。

ヨーロッパから東方に輸出される商品は、毛織物・毛皮・木材・奴隷などであった。これらの多くを産出していたのが、北方の**北海・バルト海交易圏**である。とくに**フランドル地方**は良質の毛織物を生産し、これを求めてヨーロッパ内陸部で遠隔地交易が発展した。イタリアとフランドルを結ぶ交易ルートの中継地点にあたるシャンパーニュ地方で大市が開かれたのもこのころである。

一二世紀ルネサンス

このころ、ヨーロッパのキリスト教勢力には本当に勢いがあった。イベリア半島では着々と**レコンキスタ（国土回復運動）**がすすみ、一一世紀末にカスティリャ王国が古都**トレド**を再征服した。

そもそもアンダルスでは宗教に対して寛容で、キリスト教徒やユダヤ人も支配層のムスリムと共存していた。このため一〇世紀以降の後ウマイヤ朝の発展のなかで、アリストテレス哲学を中心とするギリシア古典やアラビアの学術書がラテン語に翻訳されていた。トレドに入ったキリスト教徒たちは、これらの文献をさらに研究し、トレドはギリシア古典研究の一大拠点となっていた。

同じような現象がシチリアでも起こった。一一三〇年にノルマン人のルッジェーロ二世が、長くイスラームに征服されていたシチリアを回復し、所領のナポリとあわせて**両シチリア王国**を建設した。ルッジェーロ二世はムスリムであっても文化的に保護し、やはりギリシア古典を基礎とする学問が隆盛した。地理学者**イドリーシー**が仕えたのもルッジェーロ二世で、彼は当時最先端の知識を総動員した世界地図を王にささげた。

このように、イスラームから回復したトレドとシチリアを拠点として、イスラームの学問を輸入すること

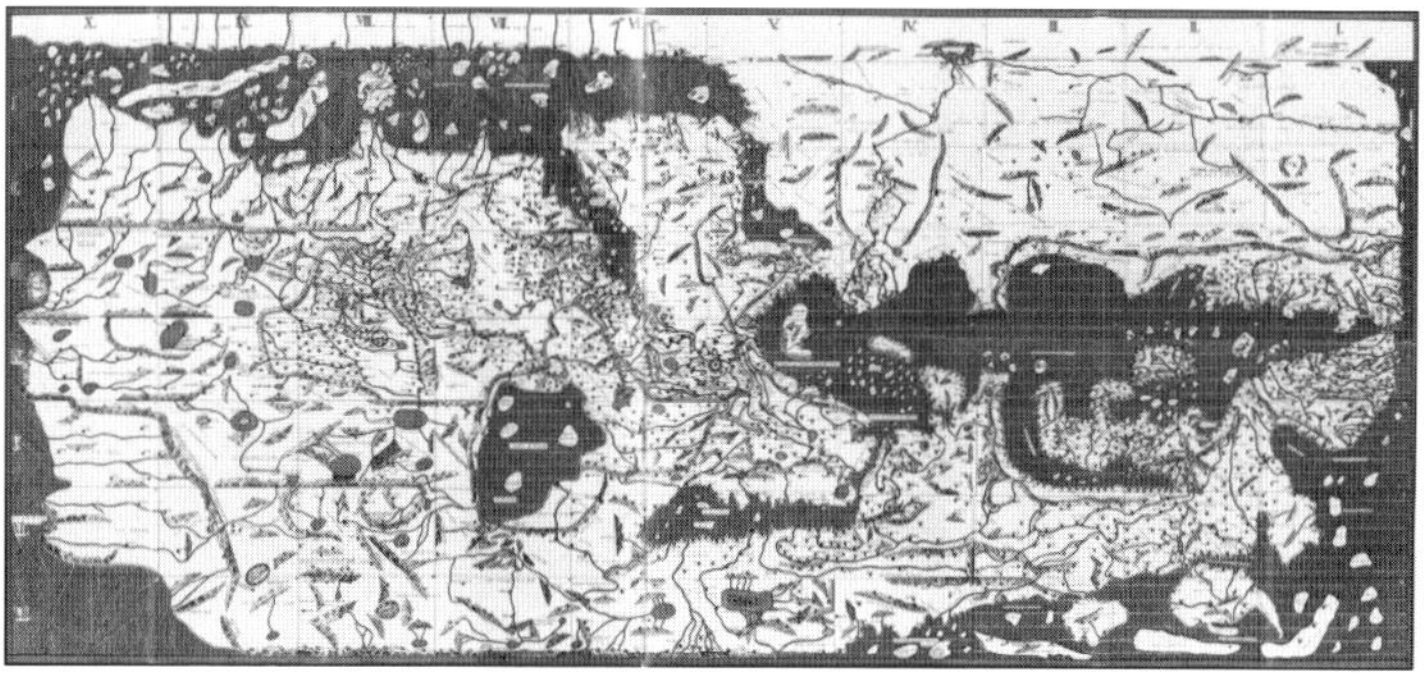

イドリーシーの世界地図（南北が逆にえがかれている。）

でギリシア古典を「再発見」した文化的ムーヴメントを、一二世紀ルネサンスとよぶ。

激動の一二世紀ユーラシア

キリスト教徒による十字軍や再征服の結果、東方の豊かな物産や優れた文化・技術がヨーロッパにもたらされ、地中海をはさんだ東西交流はますます活発になった。ただ、大陸の道を支配する諸王朝は、一二世紀にはげしい攻防をくりひろげた。

ユーラシア・ネットワークの最東端にあたる中国東北部では、契丹に服属していたツングース系の**女真**（ジュルチン）が、一一一五年に完顔《ワンヤン》阿骨打《アグダ》によって統一され、金を建国した。女真は半猟半農の生活をおくっていたが、騎射に優れ、強力な騎馬軍団をほこっていた。

金は一一二五年に契丹を滅ぼし、さらに南下して宋の都開封を奪った。宋の王族や遺臣は江南にのがれ、**南宋**を建国する。一一四二年、主戦派の岳《がく》飛《ひ》将軍が謀殺されたことで和議が成立し、南宋は金に臣下の礼をとり、かつ銀や絹を歳幣として贈ることになった。南宋は金に事実上服属したのである。

南宋の交易相手国になったのは、日本の武家政権である。一二世紀後半に成立した**平清盛**政権は、国内の経済基盤をかためるために大量の宋銭を輸入した。一二世紀末に成立した**鎌倉幕府**もまた日宋交易を活発におこない、宋銭や絹織物、それに書籍を輸入した。南宋と日本は経済的に密接に結合していた。

一方、金に滅ぼされた契丹は、耶律大石にひきいられて西進し、一一三二年にカラ・ハン朝を滅ぼしてカラ・キタイ（西遼）をつくり、東トルキスタンを支配した。

さらに西では一〇七七年にアム川下流域で自立したトルコ系の**ホラズム・シャー朝**が、セルジューク朝の内部分裂に乗じて勢力を広げ、オアシスの大都市サマルカンドを拠点として西トルキスタンを制していた。さらに一一五七年にセルジューク朝自体が滅びると、ホラズム・シャー朝はイランまで進出し、東西交易の支配者として君臨することになった。

こうして、ユーラシア・ネットワークの構成国は一二世紀に大きく様変わりした。華北の支配者は金がとってかわり、オアシスの道への出入り口はあいかわらず西夏がおさえ、東トルキスタンはモンゴル系カラ・キタイ、西トルキスタンはトルコ系ホラズム・シャー朝、それより西は分裂状態、という状況になった。

アイユーブ朝の覇権と一二世紀海洋ネットワーク

東西交易の西端であるシリアでは、十字軍国家とイスラーム勢力がはげしく争っていた。この状況を打破し、キリスト教徒をシリアから駆逐したのが、一一六九年にファーティマ朝をのっとって**アイユーブ朝**をひらいたサラーフ・アッディーン（サラディン）であった。

サラディンはイェルサレムを十字軍から奪回し、さらに第三回十字軍をひきいた英王リチャード一世と激しい攻防を重ねて、一一九二年についに和議が成立する。これによってキリスト教徒の聖地巡礼権がととのえられ、シリアはアイユーブ朝が支配することになった。

アイユーブ朝は、アデンからカイロにいたる紅海沿岸地域の支配権をファーティマ朝から受け継いでいたので、ここにカーリミー商人が運ぶ海の道と、東地中海との出入り口であるシリアとが結びついた形になる。いわば、アイユーブ朝は大陸と海洋のネットワークを西方において結びつけるセンターとなったのである。

このとき海の道では、アイユーブ朝による紅海ルートの安定化によって、アデンから南インドまでのアラビア海交易が盛り上がり、ムスリム商人のダウ船が行き交うようになった。南インド・チョーラ朝の港市には、西からやってくるダウ船と、東からやってくる中国商人のジャンク船が入りまじっていた。マラッカ海峡ルートは、ふたたび三仏斉が覇権をにぎっていた。またこのころ、インドシナ半島の内陸部を支配した**アンコール朝クメール王国**が、メコン川をつうじて南シナ海交易に進出し、ヒンドゥー教の寺院**アンコール・ワット**を建設して栄華をほこっていた。

アンコール・ワット

このように、一二世紀の海洋ネットワークは、アイユーブ朝から南宋までのルートに多数の港市国家が交易に参加して、ますます堅調な発展を示していた。その特徴は、帝国の管理がない自由な海での活発な民間交易である。

近代以前、海洋には領海の概念がなく、ポイントとなる港市の支配者はあれども、ネットワーク自体の支配者は存在しなかった。このため、自由な海は王朝の交代とは無関係に発展できたのである。

これにたいして大陸ではネットワーク自体に領域的な支配者がとも

なう。大帝国が衰退するとこのネットワークは諸国の争奪対象になった。オアシスの道の安定のためには確固たる大帝国が必要だったのである。そして次の時代、史上最大の帝国がネットワークを安定化させることになる。

第5章　大モンゴルのユーラシア――一三世紀

ユーラシア大陸はこれまで、いくつかの大帝国がネットワークをそれぞれ管理することはあっても、基本的には数多くの遊牧民や農耕国家が興亡をくりかえし、安定しなかった。しかし一三世紀、突如としてあらわれたモンゴルの大帝国（イェケ・モンゴル・ウルス）が大陸全土をおおい、ユーラシア・ネットワークを一つにした。

大モンゴルは大ハンを中心とする家族のような集団をつくり、ユーラシア大陸をジャムチという駅伝で結んだ。フビライ・ハンは中国を征服し、そのネットワークを掌握すべく海洋進出の野心をもつ。こうして大陸と海洋のネットワークは大モンゴルによって統一された。世界史上空前絶後の時代をみてみよう。

1202年	第４回十字軍により、コンスタンティノープルが陥落。
1206年	チンギス・ハン、クリルタイで大ハンとなり、大モンゴル国を建国。
1221年	チンギス、ホラズム・シャー朝を滅ぼす。 モンゴル帝国、征服地にジャムチ（駅伝制）をしく。
1227年	西夏を滅ぼす。チンギスが死去し、オゴタイ・ハン即位。
1234年	オゴタイ、金を滅ぼす。
1230年代	バトゥ、キプチャク草原を征服。
1241年	レグニツァの戦い（ワールシュタットの戦い）。
1243年	バトゥ、キプチャク・ハン国（ジュチ・ウルス）を建国。
1245年	教皇インノケンティウス４世、修道士プラノ・カルピニをモンゴルに派遣。
1250年	マムルーク朝がアイユーブ朝を滅ぼし、エジプトを支配。
13世紀半ば	このころ、ハンザ同盟が成立。
1252年	フビライ、チベットを征服。モンゴル人がチベット仏教に傾倒。
1253年	フランス王ルイ９世、修道士ルブルクをモンゴルに派遣。
1258年	フラグ、バグダードを陥落させ、アッバース朝を滅ぼす。イル・ハン国（フラグ・ウルス）成立。
13世紀後半	このころ、マムルーク朝の紅海交易覇権が確立。
1260年	フビライが即位。アリクブケの乱。
1266年	ハイドゥの乱がおこる。
1271年	フビライ、国号を大元ウルスとし、皇帝として即位。 マルコ・ポーロ、ヴェネツィアから出発。
1273年	朝鮮の三別抄が元軍に降伏。
1274年	元の第１次日本遠征（文永の役）。
1279年	厓山の戦いで宋軍が全滅し、南宋滅亡。
1281年	元の第２次日本遠征（弘安の役）。
1288年	陳朝ベトナム、元軍の第３次遠征を撃退。
1291年	マムルーク朝によって十字軍最後の拠点アッコンが陥落。
1292年	元、ジャワ遠征をおこなうも、失敗。
1295年	イル・ハン国でガザン・ハンが即位。イスラームを国教とする。

第５章に登場する諸勢力

遊牧民……大モンゴル国　ナイマン部　ホラズム・シャー朝　チャガタイ・ハン国（チャガタイ・ウルス）　キプチャク・ハン国（ジュチ・ウルス）　イル・ハン国（フラグ・ウルス）　大元ウルス（元）

農耕民……西夏　金　キエフ公国　アイユーブ朝　マムルーク朝　ルーム・セルジューク朝　フランス王国　チベット　大理　スコータイ朝　高麗　南宋　日本（鎌倉幕府）　陳朝ベトナム　パガン朝

海洋民……ヴェネツィア　チャンパー　ペグー朝　三仏斉（ジャーヴァカ）　シンガサリ朝　マジャパヒト王国　サムドゥラ・パサイ

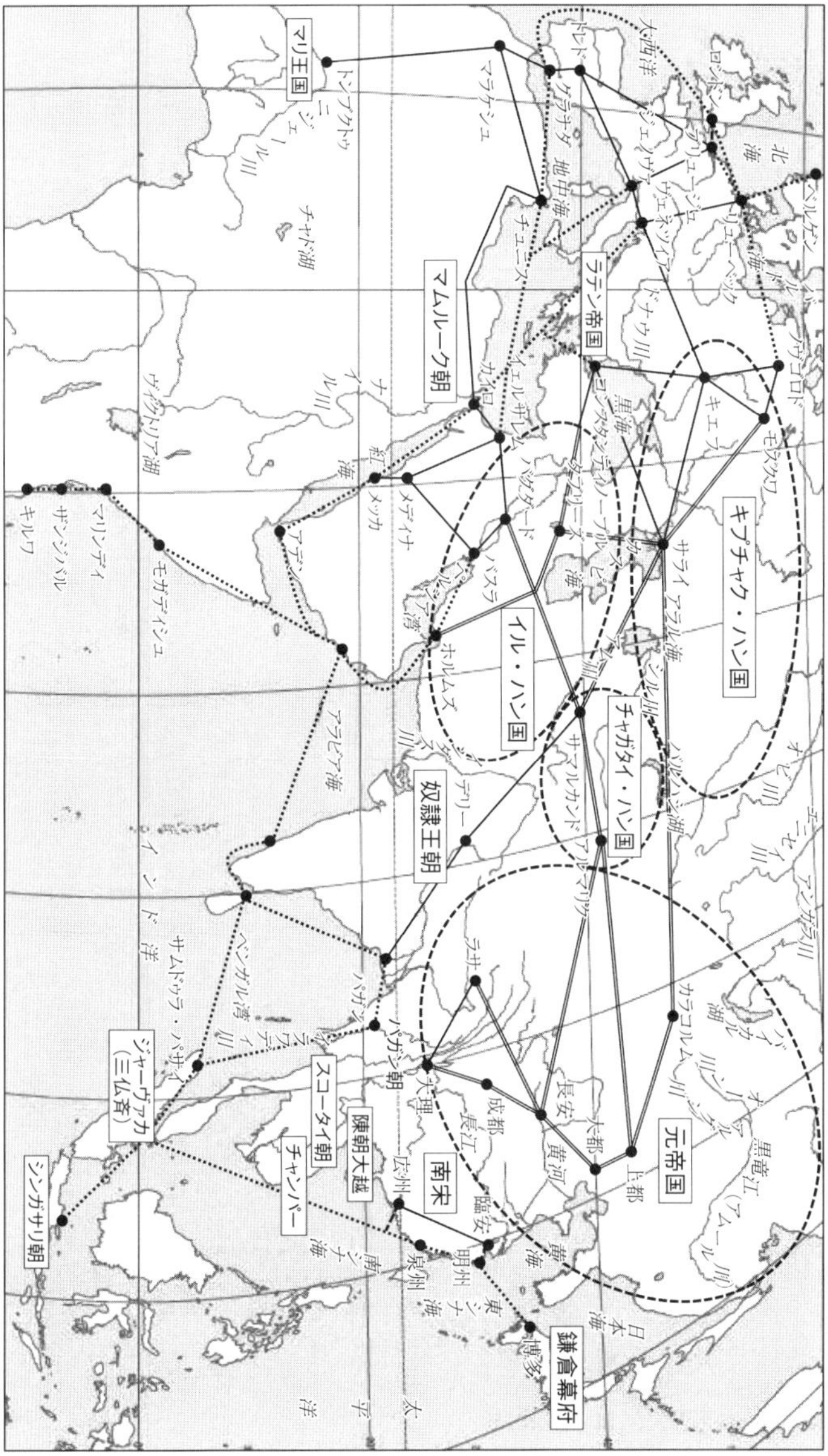

13世紀半ばのネットワーク（二重線はジャムチのネットワーク）

1　モンゴルの大征服

チンギス・ハン、草原とオアシスの道を制する

ウイグルが滅亡してのちの草原の道には、とくに支配的勢力はなく、開放された空間に多くのモンゴル系・トルコ系の民族が遊牧生活を送っていた。彼らは契丹に服属していたが、契丹が滅亡するとまとまりを失い、群雄割拠の様相を呈してきた。

モンゴル高原中央にいた**モンゴル部**（もとは一部族の名前だった）の族長テムジンは、周囲のケレイト部、タタール部、オングート部、そして西部のトルコ系ナイマン部などを次々と倒し、モンゴル高原を統一した。彼は一二〇六年に、諸部族の会議クリルタイで「**大ハン**」（遊牧民の王号カガンに由来する諸族をすべる帝王の称号）に選出され、**チンギス・ハン**と称した。

彼は国号を**大モンゴル国**（イェケ・モンゴル・ウルス）と定めた。**ウルス**とはモンゴル語で「くに、くにたみ」といった意味で、領土そのものではなく、人間集団とそれによってつくられる領域をさす言葉である。

チンギスは驚くべき快進撃をつづけ、一二一八年にカラ・キタイをのっとったナイマン部の残党を討ち、さらに西進して一二二一年にサマルカンドを攻略してホラズム・シャー朝を滅ぼし、一二二七年には東に転じて西夏を征服し、その年に死去した。大モンゴルの支配領域は、モンゴル高原・東西トルキスタン・イランにおよんだ。

わずか二〇年間で大陸ネットワークのほとんどを征服してしまったというのは、本書をこれまで読んできた読者であれば、それがどれほど途方もない大事業であったのかということが、よくわかるであろう。

ジャムチ——交通・情報ネットワークの安定

しかもチンギスは、大陸の東西ネットワークを一体化させることに、非常に熱心であった。彼は征服地の道路を整備し、ジャムチとよばれる駅伝制をしいていき、駅付近の住民に馬やまぐさ、食料などを提供させた。駅には宿舎も用意され、大モンゴルが発行する牌符（身分に応じて金牌・銀牌など複数の種類があった）という通行証さえもっていれば、馬や食料が提供された。

ジャムチにはモンゴル騎馬軍団の移動を効率的にするという、軍事的な目的も確かにあったが、平時でも大帝国の管理に必要な情報伝達のスピードを飛躍的に向上させた。それに、確かに牌符は誰でも手にできたわけではないが、ジャムチの恩恵で主要道路の安全が確保されたことは非常に大きなメリットであった。

チンギスはオアシスの道を手にすると、イラン系ムスリム商人やウイグル商人といった隊商を保護し、東西交易を意識的に活発化させた。また彼らは色目人（さまざまな種類の人という意味）とよばれ、大モンゴルを財務的にささえる官僚として積極的に登用された。

チンギス・ハン

交通・情報ネットワークを管理するにあたり、文字が重要であったのは、これまでの歴史からも明らかである。チンギスは、当時のオアシス商業文字だったウイグル文字をもとに定めたモンゴル文字でモンゴル語を表記するようにした。これもまたユーラシア大陸の覇者たるにふさわしい優れた政策である。

これまで多くの王国が争い、不安定だった草原・オアシスの道が、強大な遊牧帝国によって統一され、国家間の通行税もなくなり、交易路の安全性と利便性が保障され、オアシス商人は政府ぐ

大モンゴルが発行した牌符
（形や文字もさまざまなものがある。）

るみで保護されたのである。ユーラシア大陸ネットワークは急速に安定化した。

オゴタイ・ハン、華北を制する

チンギス死後、クリルタイが開かれ、息子の**オゴタイ**（**オゴデイ**）**・ハン**が大ハンに選ばれた。オゴタイはオアシスの道を征服したチンギスから一転して、中国の農耕民の征服にとりかかった。交易ネットワークだけでなく、生産地や市場の支配へとステップをすすめたのである。

一方、トルキスタンのオアシス地帯は兄のチャガタイに分封され、**チャガタイ・ハン国**（**チャガタイ・ウルス**）が成立した。大モンゴルがこれまでの遊牧帝国と異なるのは、部族中心の国家にしなかったことである。支配者はチンギスの一族であり、部族ではなかったのだ。モンゴルでは出自・宗教・言語にかかわらず、さまざまな集団が実力で登用され、支配層に加わったものはすべて「モンゴル」とされた。このため、チンギスの子孫たちが国をつくっても部族で分立することはなく、どの子孫のルーツであるかをしめす名前がウルスにつけられたのである。

さて、オゴタイはモンゴル高原の**カラコルム**に都をさだめ、金への攻撃を本格化させた。金は燕京（北京）から撤退して開封に都をうつし、徹底抗戦したが、南宋に挟撃されたために、ついに一二三四年に滅亡した。華北の住民は漢人とよばれ、やはり実力主義で「モンゴル」に組みこまれていった。

オゴタイはチンギスの政策を継承して、ジャムチを制度化し、草原・オアシス・中国へと広がるジャムチのネットワークを、カラコルムを中心に整備していった。さらに金の制度をひきついで銀と兌換可能な紙幣である**交鈔**を発行した。大モンゴル全体では**銀**がおもな決済手段だったが、紙幣は高額な遠距離交易では便利なので、広大なユーラシア・ネットワークの補助的通貨として活用されたのである。

バトゥ、大草原を制する

オゴタイはさらに、草原の道全体の支配をもくろみ、早逝した長兄ジュチ（ジョチ）の息子**バトゥ**を西征させた。現在のカザフスタンからウクライナにかけて広がる南ロシアの大草原を、当時は**キプチャク草原**とよび、そこで遊牧するトルコ系騎馬遊牧民を**キプチャク**といった。バトゥはキプチャクを配下に組みこんでいき、草原地帯のほとんどすべてが「モンゴル」意識をもつにいたった。

バトゥは草原を制したのち、キエフ公国などロシア諸国を征服し、さらにヨーロッパに遠征してポーランドまで進攻する。一二四一年にはレグニツァ（リーグニッツ）でポーランド・ドイツ騎士団連合軍を撃破し、キリスト教世界を震撼させた。レグニツァからは多数の死体がみつかり、のちにワールシュタット（死体の街）とよばれてヨーロッパ人のトラウマになる。

バトゥがさらにヨーロッパの中心部へと侵攻しようとしたとき、大ハンのオゴタイが死んだ。ヨーロッパにとって幸運だったことに、バトゥはクリルタイのためにキプチャク草原に撤退した。一二四二年、彼は**サライ**を都に自立し、**キプチャク・ハン国**（ジュチ・ウルス）を建国した。

2 モンゴル・ネットワークの西方拡大

ヴェネツィア商人の野望

ユーラシア大陸を大モンゴルが席巻していたころ、地中海ではあいかわらず十字軍遠征がおこなわれ、イスラームとの戦争と交流と交易で盛り上がっていた。シリアと紅海をおさえて東地中海の覇権をにぎったアイユーブ朝は、アジアからの香辛料のヨーロッパへの積み出しを独占していた。カイロやアレクサンドリアには**ヴェネツィア商人**が香辛料の買いつけに訪れ、東方貿易は安定していた。

ただ、シリアの諸都市が続々とムスリムに再征服されるなかで、自前の拠点をもたないヴェネツィアはあせっていた。一二〇二年におこされた第四回十字軍は、ヴェネツィア商人に操られるまま、東方貿易の拠点のひとつ**コンスタンティノープルを占領**した。ヴェネツィアは東地中海の諸島に拠点を築き、半世紀以上ものあいだコンスタンティノープルの交易支配権を牛耳ることになる。

ヴェネツィアがこれほどまでに手段を選ばぬ情熱をそそぐほどに、東方貿易から得られる利益には大変なものがあった。イタリア商人を中心とする東方貿易が活性化するごとに、対価としてのヨーロッパの特産品を生産する北方の交易圏も繁栄した。

ハンザ同盟のネットワーク

ガンやブリュージュなど、フランドル地方の諸都市で生産される毛織物、さらにバルト海沿岸の木材や毛皮が、ヨーロッパ内陸の遠隔地商業でイタリアへと運ばれた。つまり、東方貿易の利益は**北海・バルト海交**

易圏によって支えられていたのである。そしてこの北海・バルト海交易圏を牛耳っていたのが北ドイツの**ハンザ同盟**であった。

ハンザ同盟は一三世紀に始まり、**リューベック**を盟主として、ハンブルクやブレーメンなど百以上の都市が加盟することになる商業同盟である。このハンザ同盟は北海・バルト海沿岸一帯に勢力を広げ、イングランドにロンドン、フランドルにブリュージュ、スカンディナヴィアにベルゲン、そしてロシアに**ノヴゴロド**という、いわゆる四大在外商館をもっていた。

これらの在外商館はハンザ同盟のネットワークの広さを示している。とくに注目すべきはノヴゴロドで、そこからは南方に**キエフ**、そして黒海をわたってコンスタンティノープルへの交易路がつながっていた。

キプチャク・ハン国はキエフまでを直接支配し、ノヴゴロドを服属させた。ノヴゴロド公アレクサンドル・ネフスキーは、キプチャク・ハン国に貢納するかわりに独立を維持した。**モスクワ**まではジャムチがとおっている。

つまり、大モンゴルの大陸ネットワークがロシアの通商圏に、そしてノヴゴロドからハンザ同盟のバルト海交易圏へと結びついたのである。南ロシアはコンスタンティノープルとも結びついており、ヴェネツィア商人が支配していた。モンゴルの草原の道とヨーロッパとのあいだにネットワークが築かれたのである。

ハンザ都市リューベックの象徴、ホルステン門

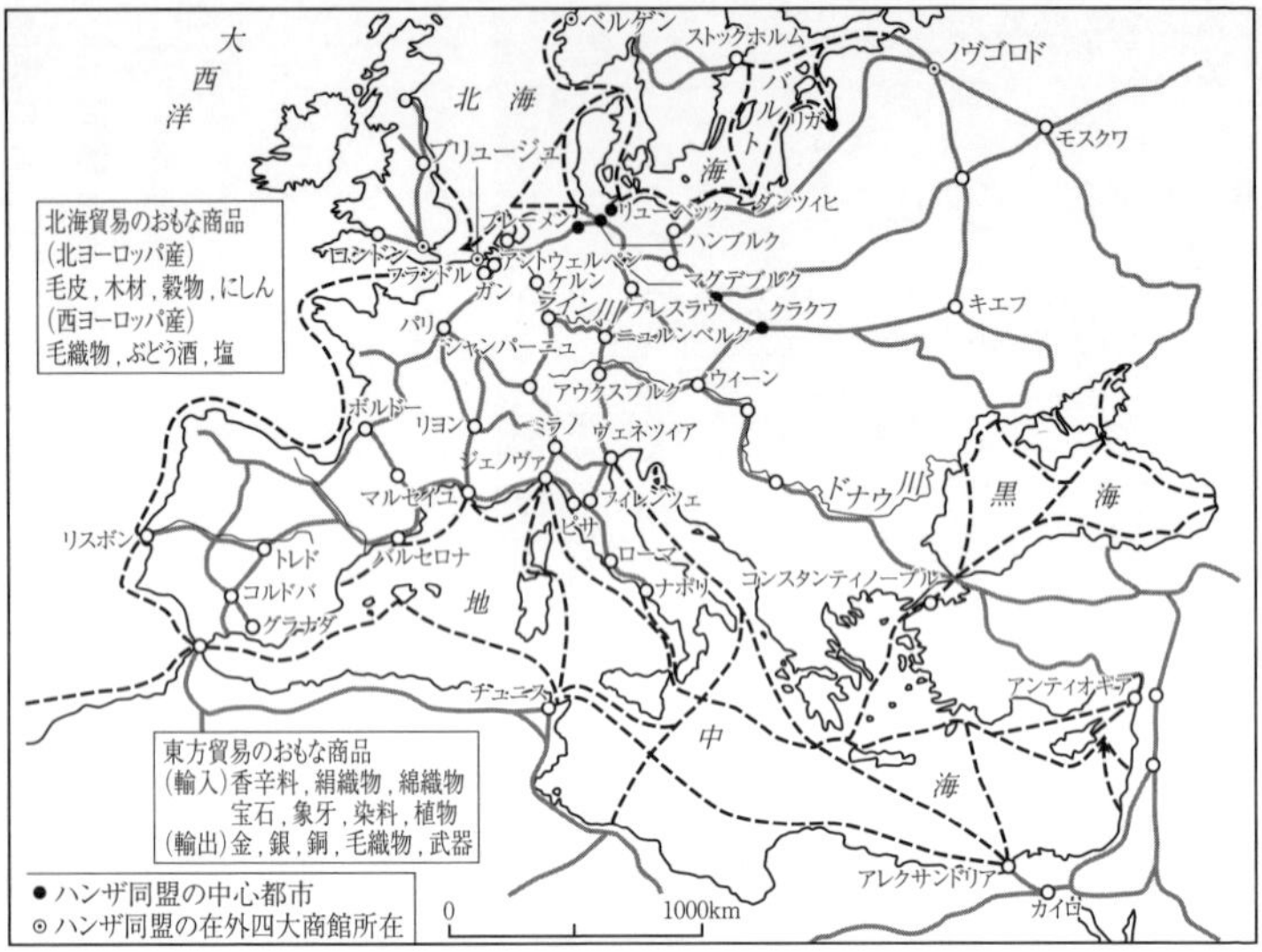

中世ヨーロッパのネットワーク

プラノ・カルピニとルブルク

大モンゴルの襲来は、ヨーロッパに恐怖を与えただけでなく、希望ももたらした。十字軍で戦っているイスラームをモンゴルと挟み撃ちにできないかと考えたのである。ローマ教皇インノケンティウス四世は、一二四五年に修道士**プラノ・カルピニ**をモンゴルに派遣し、その様子を偵察させた。

プラノ・カルピニは、まさにキプチャク・ハン国によって整備された草原の道をまっすぐにとおって、帝都カラコルムに到着している。彼はグユク・ハンに教皇の親書をわたし、使命を果たした。

また、「聖王」とも称されるフランス王ルイ九世も、軍事同盟を打診するために、修道士**ルブルク**（ルブルック）を派遣した。彼はヴェネツィアからコンスタンティノープルまで海路をすすんだのち、やはりキプチャク草原にはいってから、カラコルムにいたっている。一三世紀なかばにヨーロッパと草原の道が安定的につながっていたことを物語るものだ。

第三代ハンのグユクの治世は短く、一二五四年にルブルクが謁見したのは次のモンケ・ハンであった。モンケはチンギスの末子トゥルイの息子で、以後トゥルイ家は大きな力をもつようになった。ところでこのとき、ルブルクと謁見したものの、モンケはすでに弟フラグ（フレグ）に西アジア遠征を命じていた。ルイ九世のもくろみは結果的には成功していたことになる。

フラグの西征とマムルーク朝の繁栄

フラグはイラン・イラクの諸都市を征服しつつ、一二五八年にバグダードを占領し、カリフを廃位した。五〇〇年間続いたアッバース朝はここに滅亡した。あれほど強大であったイスラーム・ネットワークは、大モンゴルのネットワークにとってかわられた。ユーラシア大陸に残されたイスラーム王朝は、北インド、小アジア、シリアのみとなった。

イラン・イラクを支配したフラグは、カスピ海南方のタブリーズに都をおき、イル・ハン国（フラグ・ウルス）をつくった。大陸ネットワークの西方を支配した形になったが、アナトリアやシリアまで支配しなければ、ネットワークは完成しない。イル・ハン国はさらに西征してアナトリアのルーム・セルジューク朝と戦い、さらにシリアに侵攻した。

このときエジプト・シリアを支配していたのは、一二五〇年にアイユーブ朝からとってかわったマムルーク朝であった。イル・ハン国にとって、分裂状態が続いていた西アジアよりも、こちらのほうがはるかに手ごわい相手であった。マムルーク朝の将軍バイバルスは、シリアでイル・ハン国軍を撃退し、アッバース朝の一族を保護して、カイロでカ

フラグによるバグダード攻略戦

リフとして擁立した。

一二六〇年にマムルーク朝のスルタンとなったバイバルスは、メッカとメディナの聖地管理権を掌握し、イスラームの盟主として君臨した。さらにシリアから十字軍を駆逐し、紅海ルートの安定も確保してカーリミー商人を保護した。

また、モンゴル軍の侵略によって多くのムスリム商人が西方にのがれたが、マムルーク朝は彼らをカイロに住まわせて、交易に従事させた。宗教的にも経済的にも、カイロは荒廃したバグダードにかわるイスラームの中心都市になったのである。

3　大モンゴルの内乱と海洋進出

フビライの南征

モンケ・ハンはトゥルイ家の兄弟たちを重用し、フラグには西征させ、同じく弟の**フビライ**（クビライ）には南征を命じた。**チベット**にはオゴタイのころから遠征していたが、一二五二年についにフビライが征服した。

ただ、チベットは他の領土と違ってかなり特別な扱いとなった。モンゴル人のあいだでは仏教徒が多く、モンゴル王族たちはチベットに入ると、続々とチベット仏教に帰依したのである。

当時のチベット仏教界では、密教奥義を重んじる**サキャ派**が有力だった。サキャ派の第四代教主サキャ・パンディタは教義を固め、モンゴル人たちからも崇敬されていた。その結果、チベットはサキャ派に支配権が委ねられる形で、大モンゴルに併合されることになった。

チベットの征服者フビライもまたチベット仏教に帰依し、サキャ派の高僧**パスパ**を文化・宗教政策の国師としてそばにおいた。大モンゴルには国教こそなかったが、チベット仏教は遊牧民のあいだで急速に広まった。モンゴルとチベット仏教との出会いは、今後のユーラシア大陸に大きな影響を与える。

チベットは大陸ネットワークの中央に位置し、そこからネパールや雲南、ミャンマーへと結びついている。フビライはチベットから南下し、一二五四年に雲南の**大理**を滅ぼした。大理はビルマやカンボジアとの内陸交易でさかえた国で、フビライの征服により東南アジアへの道がひらかれることになった。大理が滅びると、住民のタイ人（シャム人）はチャオプラヤ川中流域に移住し、一二五七年に**スコータイ朝**をつくった。

また、この時期に大モンゴルは鴨緑江をこえて高麗を攻め続けていたが、一二五九年についに高麗の武臣政権が大モンゴルに降伏した。しかし正規軍の**三別抄**は徹底抗戦をとなえて降伏に応じず、南部で転戦を続けた。

フビライの即位とハイドゥの乱

一二五九年、モンケ・ハンが急死し、クリルタイがひらかれ、翌年**フビライ・ハン**が大ハンとなった。ところが弟のアリクブケがフビライの即位に異をとなえて反乱をおこす。彼の背後にはトゥルイ家の大ハン世襲に反発する勢力、とくにオゴタイ家の**ハイドゥ**（**カイドゥ**）の支援があった。

アリクブケがやぶれると、一二六六年についにハイドゥが反乱をおこした。これはチャガタイ・ハン国などもまきこんだ大反乱となった。このためオアシスの道は寸断され、せっかく大モンゴルによって統一された大陸ネットワークも、この内乱によって不安定になった。

ハイドゥら反フビライ勢力の地盤は中央アジアのトルキスタンであった。大ハンたるフビライは、自らの

フビライ・ハン

地盤である東方に大モンゴルの重心を移し、**大都**（カンバリク）に都をおいた。大都はかつての金の都燕京だが、大規模な都市拡張により現在の北京の原型となる。

一二七一年には国号を中国風に**大元ウルス**（元）とし、中国皇帝としても君臨することになった。大帝国の東半分を支配する大元ウルスが諸ウルス（チンギスの子孫の分封地）の上位にたつ宗主国の地位にあり、ゆるやかな連合を維持するという体制となった。ハイドゥの乱の最中ではあったが、基本的に諸ウルスは大ハンの権威を認めていた。

また、大都の北方、内モンゴルには夏の首都である**上都**を建設し、両都はジャムチで結びつけられ、フビライは大都と上都を往復した。フビライはこのようにして、遊牧民の大ハンにして中国皇帝という二つの世界の統治者となったのである。

マルコ・ポーロの出発

同じ一二七一年、ヴェネツィア商人の息子**マルコ・ポーロ**が、フビライが治める大元ウルスをめざし、父親らとともにヴェネツィアを出発している。彼らはシリアに上陸するとバグダードからバスラ道を南下し、ペルシア湾のホルムズによってから、ふたたび上陸してイランに入った。

イル・ハン国の領土からオアシスの道に入ると、まっすぐに中国を目指した。マルコ一行は上都に到着し、フビライに謁見した。フビライはマルコを気に入り、そばにおいて重用したという。

フビライはマルコをともなって大都に戻った。のちに口述筆記されたマルコの記録『世界の記述』（東方見聞録）』によれば、大都について、「都城内には壮麗な宮殿、瀟洒《しょうしゃ》な旅館、立派な邸宅が数多く立ちならび、目ぬき通りには、各種の店舗がならんでいる。都城内はすべて将棋盤のように方形に区画されており、その美しさ、巧みな配置は筆舌に尽くしがたい」とたたえられている。

ちなみに、フビライの重臣になったわりには、中国側の資料にマルコらしき名前がみあたらないために、マルコ・ポーロは実在せず、複数のアジア旅行者の記録をまとめたものではないかという説があるが、ここでは一応いたということにして話をすすめたいと思う。

東アジア征服の野望

そのころ、フビライのユーラシア構想はいかなるものだったのであろうか。ユーラシア・ネットワークはハイドゥの乱によって分断されていた。マルコ・ポーロのような旅行者にとっては、通行上問題はなかったのかもしれないが、政治的には分裂していた。フビライはハイドゥに勝利するために、自身の地盤である東アジア支配を確固たるものにする必要があった。

こうしてフビライは、南宋への攻勢を強めつつ、日本に使者をたびたび送り、元への朝貢を求めたのである。日本の鎌倉幕府は決断をせまられていた。

さらに高麗を冊封し、元帝室と婚姻関係を結ばせた。これまでの冊封体制とことなり、高麗は内政的にも軍事的にも元の命令に従わなければならず、事実上の併合であった。元軍は高麗軍とともに、依然南部で抵抗を続ける三別抄をうち、一二七三年に最後の拠点済州《チェジュ》島を攻略した。これで高麗は完全に元に服したのである。

こうして、日本遠征への道がつくられた。新たに執権となった北条時宗は元の使者を斬り、対馬や大宰府

蒙古軍と戦う竹崎季長（「蒙古襲来絵詞」より）

から追放した。一二七四年、元は高麗とあわせて約三万の軍勢で、対馬・壱岐を攻め、九州北部に押しよせた。鎌倉幕府は御家人を結集して防衛にあたり、大きな犠牲を払いつつも、元軍の準備不足もあって撤退させることに成功した（文永の役）。

モンゴル海軍の編成と第二次日本遠征

フビライは日本への再遠征をいったん留保し、南宋への全面攻撃をおこなった。一二七六年に臨安の政府は降伏し、南宋はついに滅亡した。宋の残存勢力は南の沿岸地帯にのがれ、なおも絶望的な抵抗を続けていく。

これまで騎馬遊牧民のモンゴル軍は、陸上では圧倒的な強さを発揮したが、海上覇権についてはまったく縁がなかった。しかし、フビライは華中・華南の港市をおさえ、その造船・航海技術や海洋知識を吸収し、強力な海軍を手に入れた。一二七九年、この海軍によって厓山《がいざん》の戦いで宋の残党勢力を滅ぼし、中国全土を平定する。

中国海軍を手にしたフビライは、いよいよ日本征服にとりかかった。一二八一年、フビライはふたたび日本遠征軍をおこした。今度は高麗方面軍と中国江南方面軍の二方面から、総勢一四万人の大軍である。鎌倉幕府は防塁や御家人の動員など、万全の防衛態勢をととのえており、博多上陸を阻止した。さらに暴風雨や元軍の統制不足もあって、またしても元軍は敗退したのである（弘安の役）。

二度にわたる元寇を、日本は撃退した。フビライはなおも第三次の遠征を考えていたといわれている。

海洋帝国への挑戦と挫折

しかしそのころ、フビライは南方で**ベトナム遠征**をおこなっていた。しかし、チャンパーへの二度の遠征はいずれも失敗し、陳朝ベトナムも陸と海両面から攻められながら、紅河デルタ農村でゲリラ戦を展開して、三度にわたる元寇を撃退した。

一二八七年には**ビルマ遠征**をおこない、パガン朝を服属させた。パガン朝衰退後、南部のベンガル湾岸の港市では、モン人がペグー朝をつくって自立した。アンコール朝には遠征軍は送られていない。しかし大理滅亡後に南下したタイ人が建てたスコータイ朝によって、アンコール朝は内陸部の領土を奪われている。

フビライは南宋でさかえていた南海交易の直接支配をもくろんでいたようだ。南シナ海交易の覇権は、マレー半島・スマトラ島の三仏斉とジャワ島のシンガサリ朝で争っており、このころはシンガサリ朝がスマトラ島まで勢力を拡大していた。フビライは交易拡大のため、シンガサリ朝に朝貢をうながしたが、一二九二年、これが拒否されると**ジャワ遠征**を開始した。

シンガサリ朝は元にたいする対応をめぐって内紛がおこり、滅亡したが、ジャワ軍は元軍を撃退し、その指導者が**マジャパヒト王国**を建国した。マジャパヒト王国はやがて現在のインドネシア全域を支配する大国に成長する。

このように、フビライは大陸を制覇したのち、日本、ベトナム、チャンパー、ジャワという、海洋ネットワークの主要国家を服属させようとしたが、ことごとく失敗した。モンゴル海洋帝国への野望は、ここについえたのである。以後、フビライは武力による海洋支配を断念し、平和的体制による交易の拡大へと路線転換する。

4　大モンゴルのユーラシア・ネットワーク

元帝国の経済政策

南宋征服後、元はこれまでの経済政策を江南もふくめて中国全土に適用した。元の中央政府の収入の八〇%以上は、**塩の専売**利益によるもので、残りの大半は商品の売却地で徴税される商税であった。これまで都市・港湾・関所で徴収されていた取引税は撤廃され、遠隔地商業が活性化することになった。

また、元は金征服以後、そして中国統一後も、銀と兌換可能な交鈔を流通させていたが、あくまでも銀の補助的な役割であった。宋代に大量に流通してだぶついた銅銭は用いられず、銅銭は日本などへの輸出品になった。

ここで興味深いのは、確かに元帝国内では交鈔が流通し、遠隔地交易に用いられたらしいのだが、実は高額取引では交鈔は信用が低いのか敬遠され、**塩引**《えんいん》という、塩税の銀納にかわる取引券が高額貨幣として扱われ、優先されたというのである。

交鈔が現実的でないとなれば、元帝国の財政を支える塩税そのもののほうに信用がもたれたというのはおもしろい。やはり交鈔はどこか危なっかしいところがあったわけだ。

南人支配の実像

しばしば元は漢民族、特に旧南宋出身の南人を差別したといわれる。しかし実際のところ、フビライは漢人でも南人でも、有能な人材であれば、他の民族とわけへだてなく登用しようとした。いわゆる「モンゴル人第一主義」は当初モンゴル人を最上位におく身分制としてみられただけで、人材登用において民族差別はなかったというのが、現在の教科書で採用されている見解である。

しかし、その登用基準は支配に有用な家柄や実務能力によるもので、科挙は実施されず、儒学の教養はほとんど考慮されなかったので、宋代の儒学エリート層は不利な立場におかれた。つまり民族差別というよりは、元帝国に必要とされる教養の体系がこれまでと違ったので、結果として南人が冷遇されるかたちになったのである。

漢人ではあるが、郭守敬《かくしゅけい》などは、中国人でも有能な人材なら重用された最たる例であろう。彼はフビライに仕えて大都の中までつながる運河の設計を担当し、のちにはイスラーム天文学の技術を学んで観測をおこない、**授時暦**という史上最も完成された太陰太陽暦をつくった。

大運河の新設と海運の整備

郭守敬が開削した大都への運河は、内陸部にある大都を中国の水運ネットワークに直接結びつけようという、壮大なプロジェクトの一部であった。大都からは渤海湾に面する直沽《ちょくこ》（現在の天津）まで水運でつながり、ここが大都の外港になった。

隋の煬帝がひらいた大運河は、江南から長安方面に結びつけるために、大きく西にむかい汴梁《べんりょう》（開封）で黄河に合流する。しかしそれだと大都までは遠回りになるので、徐州から直沽までほとんどまっすぐに新しい運河をひらくことにした。徐州から杭州（南宋の臨安）まではすでに隋代の運河がある。こうして、東シナ海の大港市杭州から大元ウルスの帝都大都までが、大運河によって直結したのである。

さらにフビライは、東シナ海沿岸の港市から大都までの**海運を整備**し、杭州から北上して山東半島をまわ

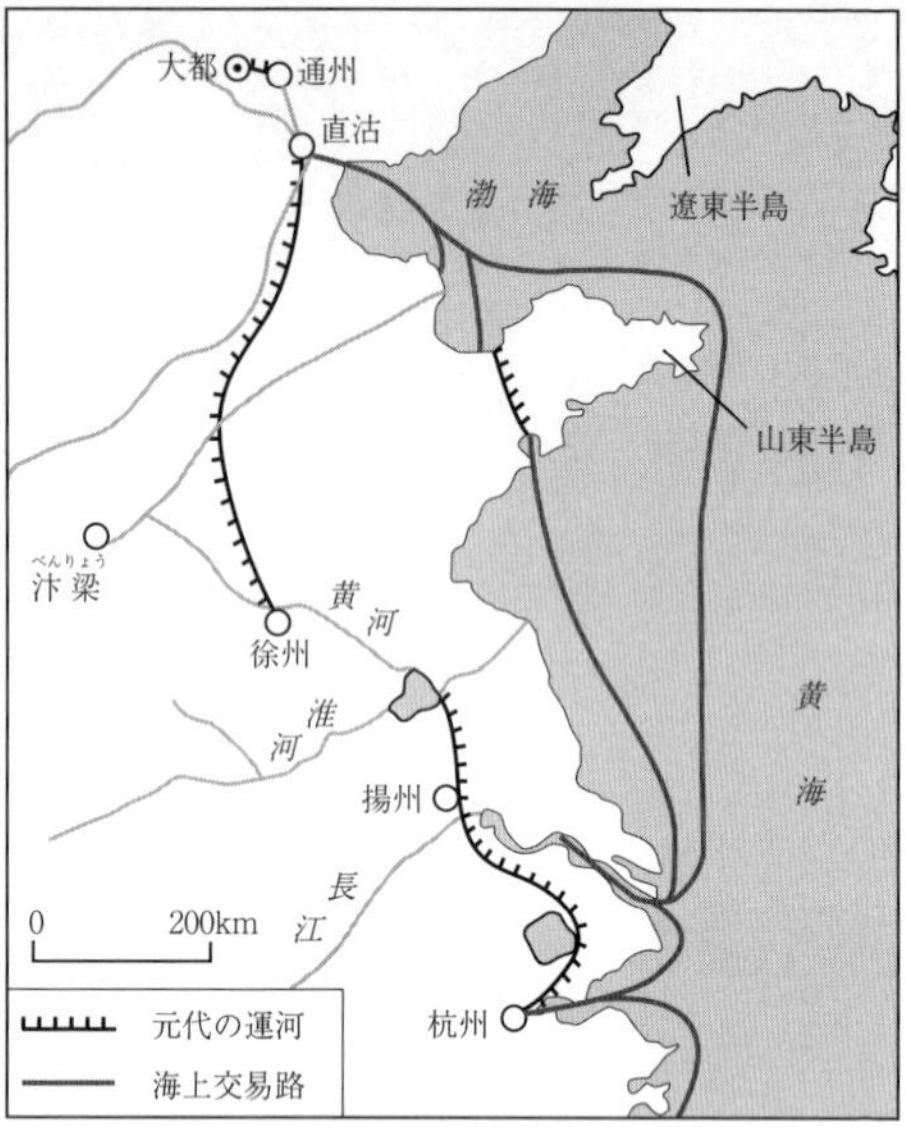

モンゴルの水上路

り、直沽にいたる海上ルートを開拓した。しかも、山東半島を縦断する運河も新設し、黄海から最短で渤海へとぬけるルートもつくられた。

これにより、大運河に入らずとも、海路のみで大都へとつながるネットワークが整備された。フビライは、大運河と海運という二重のネットワークで江南の豊かな物産を大都に結びつけようとしたのである。

南宋の繁栄は、華中華南の経済と海洋ネットワークに支えられたもので、中国全体からみればやはり局地的なものだった。しかしこのネットワークが大都までつながれば、そこから華北の経済および、ジャムチの大陸ネットワークにつながる。

フビライのねらいは、江南で完結しがちだった中国の富を、ユーラシア大陸にまたがる大モンゴル全体の繁栄に結びつけることだったのである。

大交易の到来

これだけの海運・水運を整え、港湾での取引税も撤廃され、とくに海上交易での規制もないとなれば、海洋ネットワークは当然活性化する。

ここで興味深い現象が生じた。元寇をうけて政治的に敵対関係となった国々の商人が、続々と元との取引をはじめたのである。日本の鎌倉幕府は、その後も元に朝貢することはなく、国交を結ばなかったが、それにもかかわらず**博多商人**は積極的に元と交易をした。

この**日元交易**で、絹や陶磁器、そして大量の銅銭が宋代にひき続いて日本に輸入され、日本での貨幣経済と商業の発展をうながした。また禅僧もさかんに往来して、新しい学問や文化がもたらされた。

東南アジア諸国も、次々に元と交易関係を結んだ。とくにチャンパーやマジャパヒト王国などは、元寇をうけたにもかかわらず、なぜ元との交易を望んだのだろうか。ある教科書は次のように説明している。フビライの東南アジアへの遠征は、もともと征服ではなく通商の拡大と交易路の確保が目的だったので、遠征後にはほとんどの地域が元との海洋ネットワークを強めたというのだ。

本書で述べてきたこれまでの海洋ネットワークの歴史からみれば、次のようにもいえるのではないだろうか。過去数百年間にわたり、帝国の支配に入らない自由な海の繁栄を享受してきた国々は、元帝国の海洋支配にたいしてはげしく反発し、海洋の自由を守りきったのである。自由な海が守られ、フビライもそれを容認したので、彼らはもとのように自由な海で活発に交易をおこなうようになったわけだ。

こうして一二九〇年代半ばには、大量の南海物産が、広州・泉州・杭州などの港市に押しよせた。そこに集積された商品は海運や大運河で大都や中国内陸部に流通し、ますます多くの需要が生まれる。各地で決済された銀は、オアシスの道で交易をするムスリム商人やウイグル商人との取引に用いられる。こうして、ユーラシア大陸全体を大市場とする大交易の循環が生まれた。教科書によっては、一三世紀末から「第一次大交易時代」がはじまったと位置づけるものもある。

ムスリム商人の海、ふたたび

ただし、大モンゴルがユーラシア・ネットワークを支配した結果として、海洋ネットワークの担い手にも変化がもたらされた。大モンゴルでは全体としてイスラーム教徒の色目人を重用し、中国人はモンゴルの攻勢にあって不利な立場におかれていたので、ダウ船をあやつるムスリム商人がまきかえしたのである。

また一二九一年、マムルーク朝によってシリアに残った最後の十字軍拠点アッコンが陥落し、ヨーロッパは東方貿易の拠点を失った。ヴェネツィア商人は、マムルーク朝との結びつきを確保して、東方貿易をつづけることになる。マムルーク朝は、シリア・エジプト・紅海のネットワークを掌握した。

さらに、このころイル・ハン国では、一二九五年に即位した**ガザン・ハン**が、宰相**ラシード・アッディーン**の献策をいれて、イスラーム国家となっている。

こうしてユーラシア大陸の西方は、ますますイスラームの勢力が強くなり、ムスリム商人の活動も活発化する。こうしてインド洋はふたたびムスリム商人の海となり、さらに南シナ海にも進出するのである。

ムスリム商人たちは東南アジアの港市に定住するようになり、東南アジア島嶼部のイスラーム化も、このころ始まった。マラッカ海峡北部にあるクダは、以前からムスリム商人の拠点となっていたが、その対岸、スマトラ島の北端にある**サムドゥラ・パサイ**が、東南アジア初のイスラーム国家だといわれている。

さらに南シナ海ネットワークの要であるマレー半島や、ジャワ島・ボルネオ島・スラウェシ島、そしてモルッカ諸島といった、重要な国際商品である香辛料の産地にも、イスラーム化の波が押しよせていった。

マルコ・ポーロの帰還

モンゴルによって一体化したユーラシア・ネットワークを旅した二人の人物をみてみよう。まずは、すで

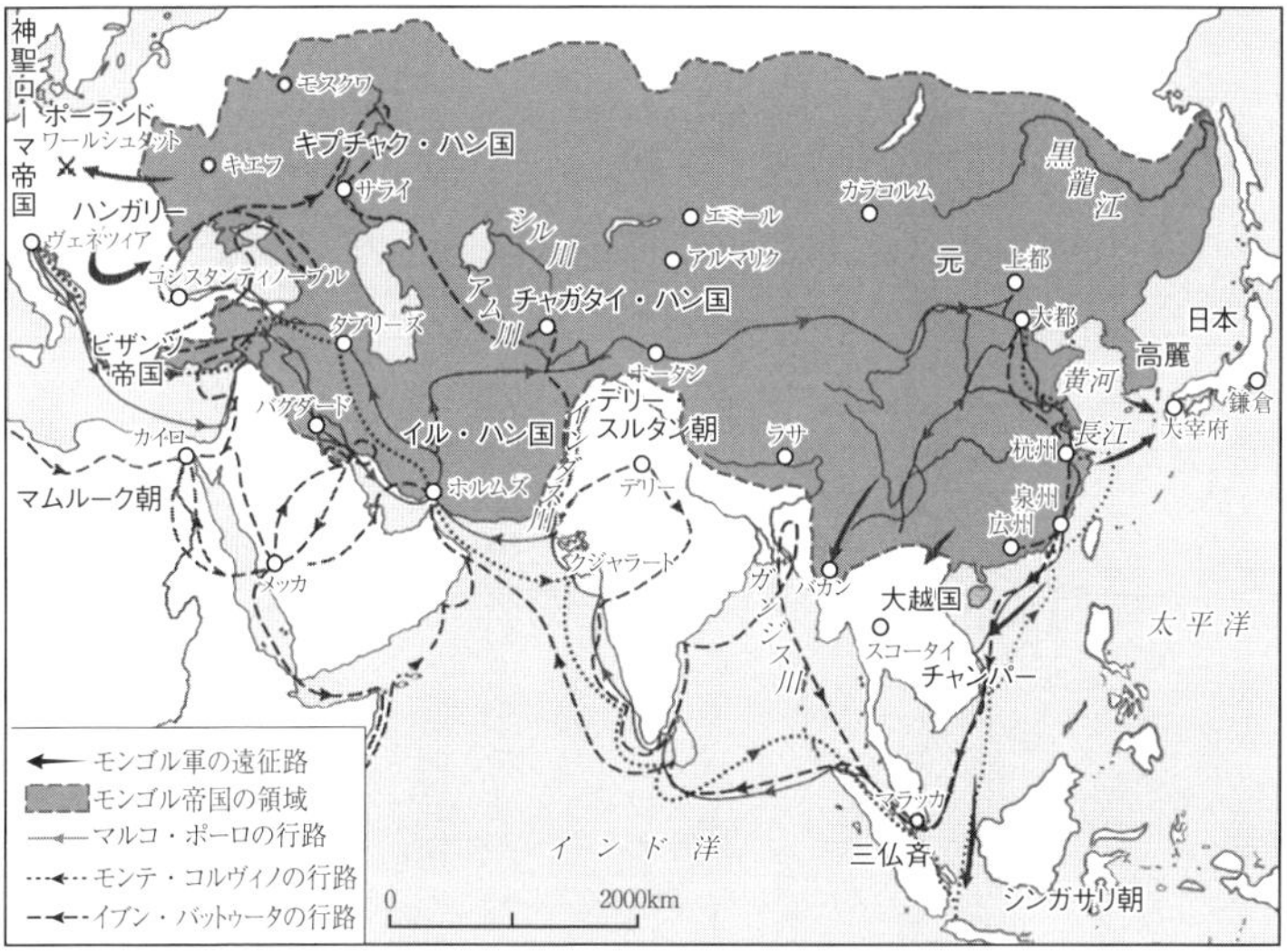

大モンゴル帝国とマルコ＝ポーロ

に登場したマルコ・ポーロである。

長期にわたって中国に滞在したマルコはヴェネツィアに帰りたかったのだが、フビライはなかなか許可しなかった。結局、イル・ハン国に嫁ぐモンゴル皇女を送り届ける役割を引き受けることで、ようやく帰国することになった。いまだハイドゥとの戦いが続く中央アジアをさけ、マルコ一行は海路で西方に向かうことになった。

彼は大都から大運河をとおって杭州（キンザイ）までいった。杭州での物資についても詳しいレポートを残しているが、マルコをとくに驚かせたのは**泉州**（ザイトン）のにぎわいであった。マルコは『世界の記述』にこう記している。

「インド洋から奢侈品、高価な宝石、大粒の真珠などをどっさり積み込んだ船が続々やってくる。……アレクサンドリアやその他の港に胡椒を積んだ一隻の船が入港するとすれば、この港にはまさにその百倍にあたる百隻の船が入港する。その貿易額からいって、ここは世界最大をほこる二大海港のひとつである」

つまり、インドや東南アジア産の胡椒・香辛料などの南海物産が、アレクサンドリア、つまり地中海向けの東方貿易とは比較にならない規模で取引されていた、ということである。

マルコは泉州を出てチャンパーまで航海し、さらにマラッカ海峡にいたった。マラッカ海峡ルートでベンガル湾を渡り、スリランカ、南インドに来た。このころ、チョーラ朝は衰退し、南インドはふたたび戦乱の時代になっていたが、マルコはここで興味深い観察をしている。

マルコは、この地の王が税金の大半を費やして、ペルシアやアラブの商人から年間三〇〇〇頭もの馬を購入していると述べている。南インドのヒンドゥー教国は、北方からのイスラーム勢力、いわゆる**デリー・スルタン朝**とはげしく戦っていた。大モンゴルと同時代に建国された奴隷王朝以来、デリー・スルタン朝はトルコ系マムルークの強力な騎馬軍団を擁していたので、これに対抗するヒンドゥー教国も、馬を手に入れる必要があったのである。

それにしてもペルシア方面のムスリム商人が、イスラーム教徒のマムルークと戦うための馬をヒンドゥー教徒に売るというのは、ムスリム商人の功利主義がみえて興味深い。

マルコはインド西北のグジャラート地方から季節風でホルムズに渡り、イル・ハン国に上陸して使命を果たした。その後小アジアまですすみ、コンスタンティノープル（このころはすでにビザンツ帝国の首都に戻っている）、そして一二九五年に故郷ヴェネツィアについた。青年時にヴェネツィアを出発してから、二五年の月日がたっていた。

モンテ・コルヴィノの使命

大モンゴルの西方を支配するイル・ハン国は、当初ネストリウス派キリスト教を保護していた。同じキリスト教徒ということで、ネストリウス派をつうじてヨーロッパのカトリック教国やローマ教皇庁と使節を交換していた。大都からやってきたネストリウス派司祭ラバン・ソーマはその一人で、ローマ教皇やフランス国王と謁見した。

こうしてイル・ハン国のルートから大モンゴルの事情がローマ・カトリックに伝わったのである。ローマ教皇は**モンテ・コルヴィノ**を派遣して、元帝国でのカトリック布教をおこなわせた。モンテ・コルヴィノは一二九四年に大都に到着し、フビライから歓迎され、大都のカトリック大司教となった。モンテ・コルヴィノは大都での布教に生涯をささげ、ついにヨーロッパに戻らなかった。

モンテ・コルヴィノが大都までいったルートというのは、ちょうど同じ時期に帰国の道にあったマルコ・ポーロの復路とほとんど同じものであった。つまり、イル・ハン国と海洋をとおる道が、一三世紀における最も安定した東西経路であったということである。

このとき、フビライはなおもハイドゥの乱を鎮圧することはできていなかった。フビライは一二九四年に死去し、ハイドゥとの決着は次世代にもちこされる。

ユーラシア・ネットワークの円環

チンギス・ハンから三世代をへて、大モンゴルの支配はユーラシア大陸全体をおおった。その結果、遊牧民と農耕民の争いの場であった大陸のネットワークが、史上はじめて統合された。

その内実は、銀をおもな決済手段とするムスリム商人とウイグル商人のネットワークで、従来とそれほど変わったものではないが、幹線道、ジャムチ、通行税撤廃などの政策によって一体性が強まったところが、画期的であった。

これにたいし、大モンゴルの支配に抵抗して自由を維持した海洋ネットワークは、統一された大陸ネットワークに接続することで大交易を実現した。東方ではフビライが水運と海運で、海洋ネットワークを大陸ネットワークに直接結びつけた。

西方では大モンゴルの支配は確立されていなかった。インドからイル・ハン国を経由して大陸ネットワークにつながるのであればペルシア湾ルートで、マルコ・ポーロやモンテ・コルヴィノはこのルートをとおった。

ペルシア湾から上陸するとコンスタンティノープルまでつながり、そこから西へは地中海交易圏、黒海をわたり北上するとキエフ、そこはキプチャク・ハン国が支配する草原の道の最終地点であり、ノヴゴロドというバルト海交易圏の入り口にネットワークがつながる。

他方で、海上交易のメインはエジプトのマムルーク朝が支配する紅海ルートで、シリアとカイロ・アレクサンドリアが地中海交易圏との結節点になった。

このように、西方の海洋と大陸のネットワークについては、諸国が複雑にからみあっていたが、随所で大モンゴルの大陸ネットワークとつながり、大交易の利益を享受していた。このネットワークの担い手はおもにムスリム商人であり、彼らこそがユーラシア・ネットワークの真の覇者であった。

一三世紀末に、草原の道、オアシスの道、海の道が有機的に結びつき、ネットワークの円環が実現された。大モンゴルのユーラシアとは、大帝国によって統合された大陸と、その恩恵を享受して繁栄する自由な海との理想的な結合だったのである。

第6章　ユーラシア・ネットワークの危機——一四世紀

一三〇一年、大モンゴルを約三五年間にわたり分断してきたハイドゥの乱が終息した。これにより、ユーラシア・ネットワークの海洋と大陸との円環が、真の意味で完成した。大都までつながる海の道、カラコルムからキエフまでつながる草原の道、大都からタブリーズまでつながるオアシスの道、これらは地中海交易圏のネットワークと連結し、さらにインド洋・南シナ海のムスリム商人の海へとつながった。

しかし、この大モンゴルの時代は、半世紀ほどで崩壊する。「一四世紀の危機」の到来である。いったんネットワークによって結びつけられた世界では、カタストロフもまた同時多発的に襲いかかった。北半球は寒冷化し、ペストが猛威をふるい、大モンゴルは崩壊した。海上では海賊集団が跋扈した。世界がはじめて経験するグローバルな危機の時代である。

1301年	ハイドゥの乱が終息。
1310年ごろ	「14世紀の危機」はじまる。ユーラシア大陸の寒冷化。
14世紀初	このころ、倭寇が朝鮮半島・中国沿岸を襲う（前期倭寇)。
1324年	マリ王国のマンサ・ムーサ王がメッカ巡礼。
1325年	イブン・バットゥータ、モロッコから巡礼の旅にでる。
1335年	中国でペスト（黒死病）が発生。
1336年	南インドにヴィジャヤナガル王国が成立、交易でさかえる。
1339年	百年戦争はじまる。
1347年	シリア、エジプトでペストが発生。
1348年	ヨーロッパにおけるペスト大流行がはじまる。
14世紀半ば	ボッカチオ『デカメロン』執筆。
1355年	イブン・バットゥータ、『大旅行記』を執筆。
1368年	朱元璋が明を建国し、元を滅ぼす。海禁＝朝貢体制をしく。
1370年	ティムール帝国が西チャガタイ・ハン国から自立。
1388年	北元でフビライの直系がたえ、チンギス家の別系統がハンをつぐ(タタール)。
1392年	倭寇討伐で名をあげた李成桂が朝鮮王朝を樹立。 室町幕府の足利義満が南北朝を統一。

第6章に登場する諸勢力

遊牧民……元(大元ウルス)　イル・ハン国　キプチャク・ハン国　チャガタイ・ハン国　北元　韃靼(タタール)　オイラト　東チャガタイ・ハン国　西チャガタイ・ハン国　ティムール帝国

農耕民……マリーン朝　マムルーク朝　ジンバブウェ　トゥグルク朝　ヴィジャヤナガル王国　ナスル朝　マリ王国　明　日本(鎌倉幕府・室町幕府)　高麗　李氏朝鮮

海洋民……マリンディ　モンバサ　ザンジバル　キルワ　ソファーラ　サムドゥラ・パサイ　マジャパヒト王国　ヴェネツィア

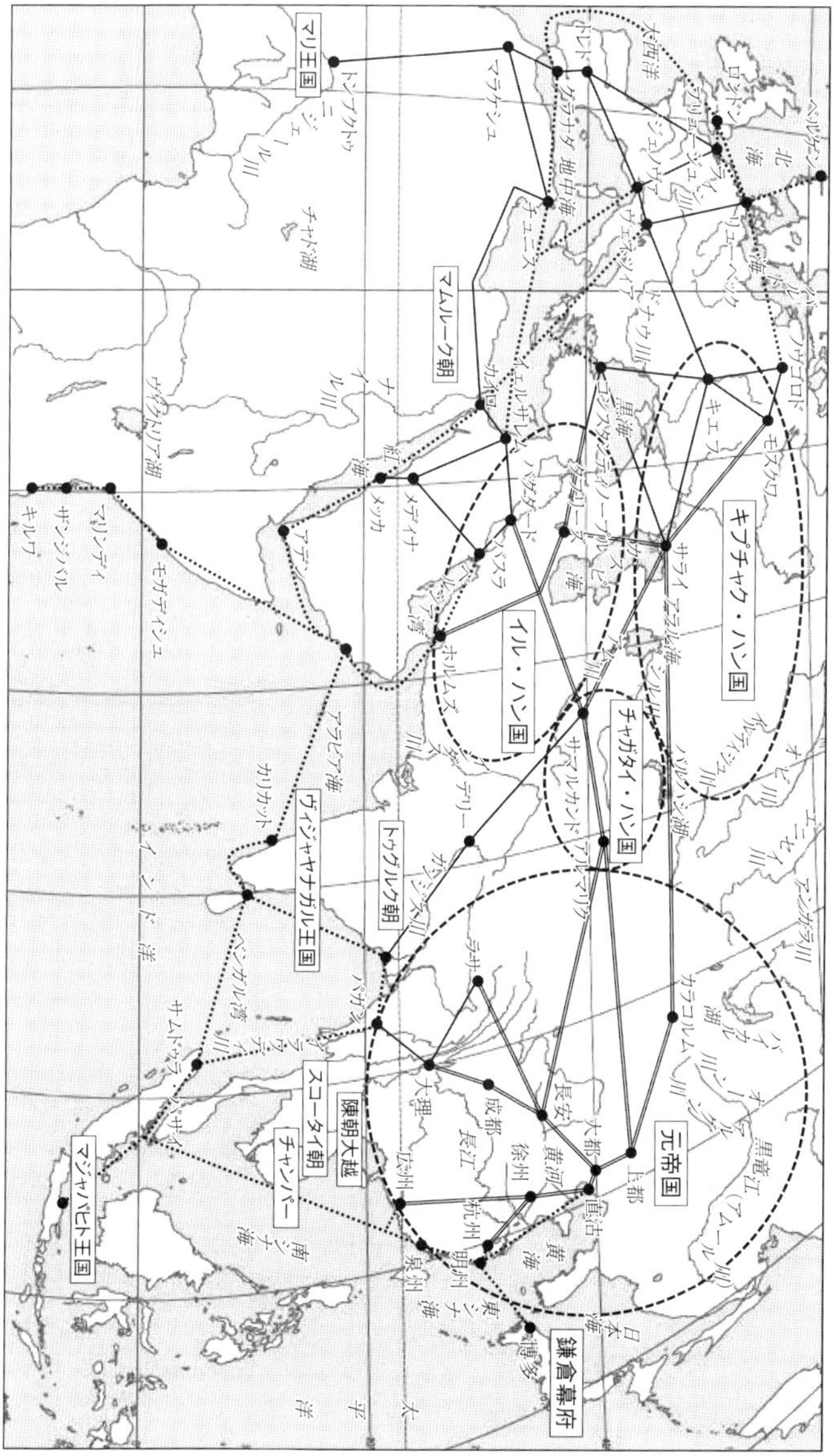

14世紀前半のネットワーク（二重線はジャムチのネットワーク）

1 イブン・バットゥータがみた世界

イブン・バットゥータの旅立ち

一四世紀前半のネットワークは、大旅行家**イブン・バットゥータ**が体現したといっても過言ではない。彼は一三〇四年、**モロッコ**のタンジールに生まれた。西北アフリカ一帯をマグリブといい、イスラーム化した**ベルベル人**の諸王朝が繁栄していた。

ベルベル人の王朝はイベリア半島まで進出したが、キリスト教勢力のレコンキスタ（国土回復運動）によって領土を奪われ、一三世紀にはムワッヒド朝が滅亡、一四世紀のモロッコはマリーン朝という王朝が支配していた。

およそ三〇年間にわたるイブン・バットゥータの旅程は、地球三周分にあたる一万二〇〇〇キロにおよぶ。そのまさにグローバルな大旅行は、帰国後にマリーン朝スルタンの命によって口述筆記された『**大旅行記（三大陸周遊記）**』に記録された。以下、彼の大旅行をたどりながら、一四世紀のネットワークを見てみよう。

イブン・バットゥータは一三二五年、二一歳でメッカ巡礼に旅立った。メッカまでの道のりは陸路で、マムルーク朝が支配していた。カイロをへてダマスクスから南下し、メディナ、そしてメッカに着いた。

メッカ巡礼を果たしたのち、スーフィー聖者の予言がきっかけで、世界中を旅することを決意する。彼はアラビア半島最南端の港市アデンまで南下して、そこから船でアフリカ東海岸に行った。

ムスリム商人の海の西端

アフリカ東海岸はアラビア湾から季節風が吹き、インド洋交易圏に組み込まれていた。この地からは象牙・金・奴隷などが輸出されており、ムスリム商人は大きな利益をあげていた。

一二世紀にはマリンディ、モンバサ、ザンジバル、キルワなどにムスリム商人の居留地ができ、一三世紀にかけて現地のバントゥー系文化とイスラーム文化の融合した**スワヒリ文化**が形成されていった。アラビア語とバントゥー語が融合したスワヒリ語は、商業言語としてアフリカ東海岸一帯の共通語になった。

イブン・バットゥータがたちよった**ザンジバル**は、古代から交易でさかえた天然の良港で、アラビア語のザンジュ（奴隷）が語源である。彼はさらにスワヒリ最南部の**キルワ**まで行き、「世界で最もよくつくられた都市」と称賛している。

イブン・バットゥータ
（19世紀の挿絵）

このころムスリム商人は、キルワよりもさらに南にも交易を広げ、ザンベジ川そばの**ソファーラ**まで来ていた。ソファーラは内陸部にある大都市ジンバブウェとの交易拠点としてさかえていた。現在、見事な石造建築群がのこる大ジンバブウェ遺跡からは、イランや中国製の陶器が発見されており、この地が大交易時代の「ムスリム商人の海」の最西端であったことをしめしている。

インドの綿馬交易

キルワから海路北上したイブン・バットゥータは、

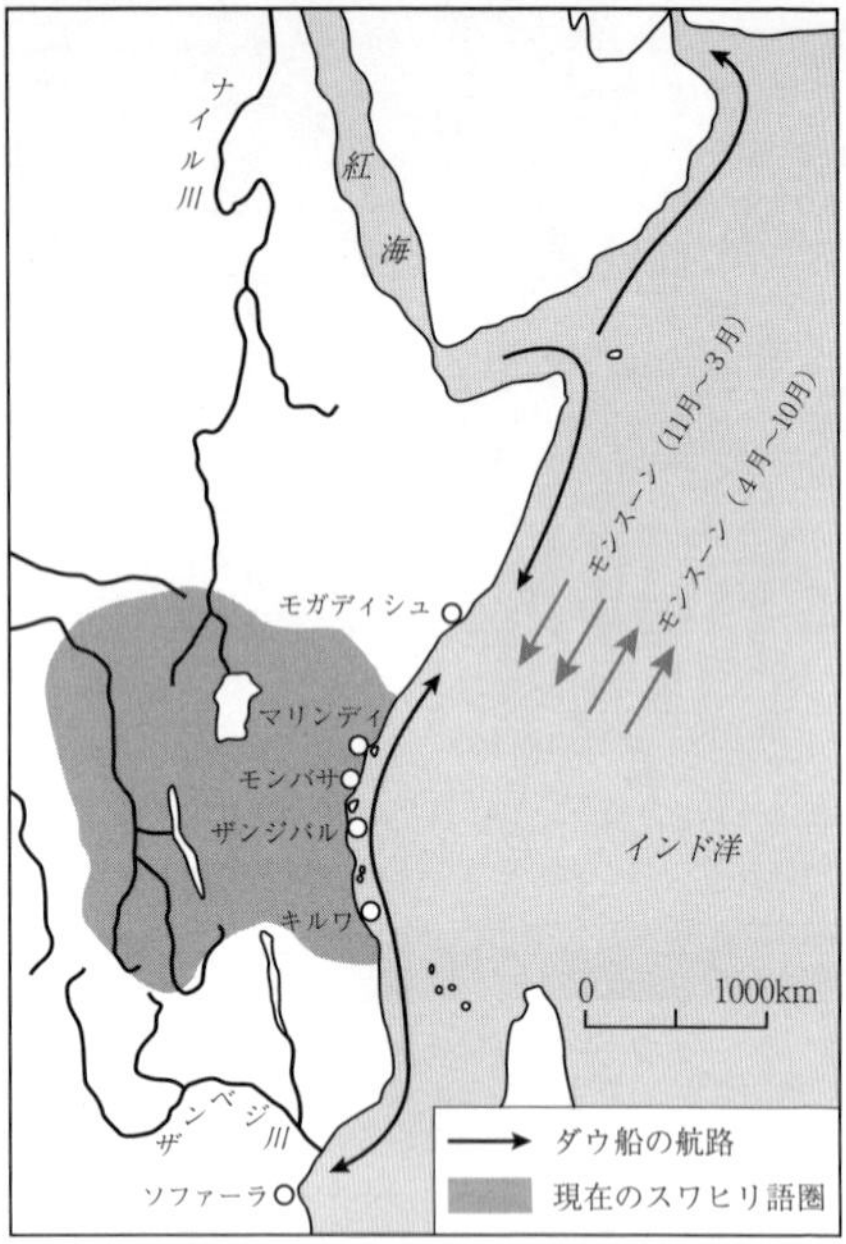

アフリカ東海岸の諸港市

今度はペルシア湾に入り、ホルムズからイランに上陸した。ペルシア湾ルートを支配するのはイル・ハン国である。彼はそこからアラビア半島を横断してふたたびメッカ入りし、北上してビザンツ帝国の都コンスタンティノープルに入った。

そこから黒海を渡り、草原の道へ。キプチャク・ハン国の都サライを経由して、今度はチャガタイ・ハン国が支配するオアシスの道に入り、サマルカンドまで来た。大モンゴルの三ハン国を渡り歩いているが、これはモンゴル・ネットワークのたまものだといえよう。

イブン・バットゥータはさらに南下してカイバル峠をこえ、インドに入った。彼はそこで、**デリー**に都をおく**トゥグルク朝**のスルタンによって雇われ、数年をすごした。

北インドのイスラーム政権は、ヒンドゥー教徒にイスラーム信仰を強要したわけではなく、彼らと共存していた。しかしムスリム商人が陸海から交易をさかんにすると、次第にイスラームがインドに受容されていき、百年のあいだに一般民衆にも改宗する者が増えていった。

北部イスラーム国家の拡大に、南部の交易でさかえるヒンドゥー諸国も対抗し、はげしく争った。南インドでは、このころチョーラ朝が滅亡すると、新たにヴィジャヤナガル王国が有力となり、急速に勢力をのばしていった。

ヴィジャヤナガル王国はデカン高原におこり、マラバール海岸に進出してカリカットやクイロンなどの港市を支配した。彼らはそこから、ペルシア湾ルートで大量の軍馬を購入した。

北方のイスラーム政権が強力な騎馬軍団を有していたため、それまでインドで主流だった象と歩兵の戦闘が騎馬に変化したのである。この時代の変化に敏感に対応したヴィジャヤナガル王国は、いち早くペルシア馬やアラブ馬を大量輸入して軍事力を強大化し、南インドを制したのである。

さらにインドではこのころ糸車が導入されて綿布の生産量が増え、重要な国際商品となった。ヴィジャヤナガル王国はホルムズなどの港市に、軍馬の対価として綿布や米を輸出した。イブン・バットゥータも、旅の途中で立ち寄ったアラビア半島南部の港市ザファールで、「純血種の馬がインドに輸出され」、「主食のコメをインドから輸入」し、「衣料もインドの綿布」だったと記録している。

トゥグルク朝を出たイブン・バットゥータは、海路中国をめざした。マラバール海岸の港市カリカットには、「中国・スマトラ・セイロン・モルディヴ・イエメン・イランの人々」があつまり、大変な活況を呈していた。この港市は一四世紀「世界最大の寄港地のひとつ」だったのである。

イブン・バットゥータの帰還

スリランカからベンガル湾の沿岸に沿ってすすみ、スマトラ島北岸のサムドゥラ・パサイへ。ここはそのころ東南アジア唯一のイスラーム国家である。当時マラッカ海峡を制していたのは、ジャワ島のマジャパヒト王国であったが、イブン・バットゥータはそちらには寄らずに、南シナ海を北上して、いよいよ元帝国の

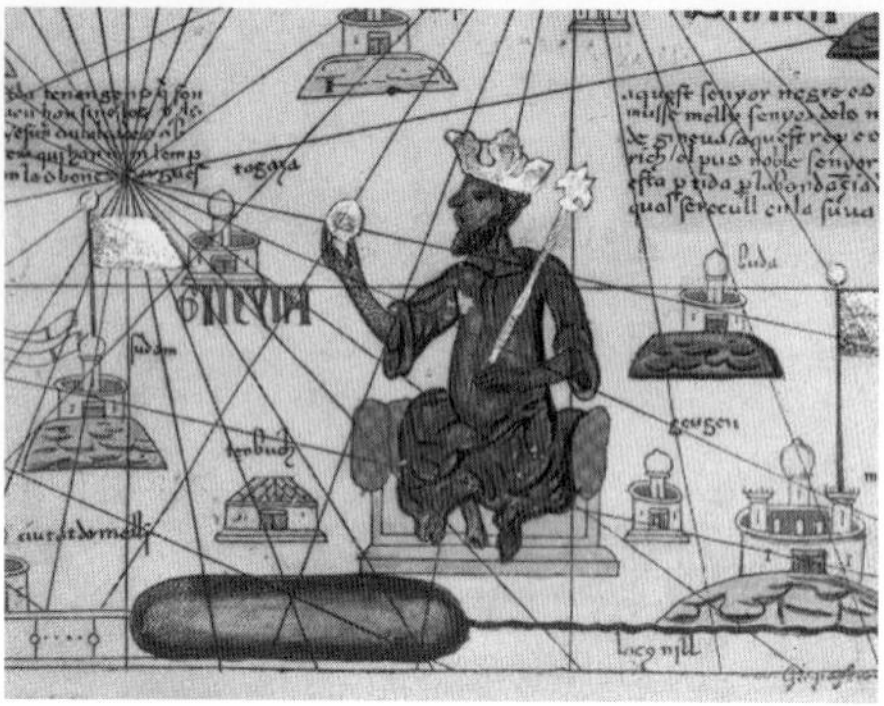

金塊を手にするマンサ・ムーサ王

支配する中国に到着した。

泉州では、マルコ・ポーロと同じくその巨大な取引量と交易船の数の多さに圧倒された。ここではとくに陶磁器が多く取引されていた。このころ、元の東西ネットワークをつうじてイランのコバルト顔料が中国に伝わり、白磁にコバルトで彩色する**染付**の陶磁器が、景徳鎮などの窯業都市でつくられていき、さかんに輸出されていたのである。

そこから陸路で杭州、そして大運河で大都までむかったと考えられている。あとはもときた海路を戻って、四度目のメッカ巡礼をはたし、おもに地中海航路で故郷タンジールに帰った。最初のメッカ巡礼に旅立ってから、二五年の年月がたっていた。

実はイブン・バットゥータの旅はまだ続く。彼はそれからイベリア半島の**グラナダ**（**ナスル朝**）に行ってキリスト教徒との戦いを目撃し、そしてモロッコから南下し、サハラ砂漠を渡って**マリ王国**にむかった。

マグリブ地方は、昔からこの地でとれる岩塩とニジェール川流域の黄金を交換する、サハラ砂漠をはさんだ**塩金交易**でさかえていた。ムスリム商人の影響でこの地もイスラーム化し、中心都市**トンブクトゥ**はイスラーム学問のセンターとなっていた。

マリ王国最盛期の国王**マンサ・ムーサ**は、イブン・バットゥータが大旅行を始める少し前にメッカに巡礼し、その道中で膨大な黄金を使用したため、エジプトやメッカの金相場が大暴落したという伝説をもっている。この伝説的国王をしのびながら、イブン・バットゥータはまたモロッコに戻り、旅行記の口述筆記にとりかかった。

イブン・バットゥータの旅は、もっぱら海路でおこなわれた。これはインド洋がムスリム商人の海であり、スマトラ島まではムスリムとしての学識が通用したためである。そのことは、大モンゴルの実現によって活性化したムスリム商人のネットワークが、一四世紀の海の道を非常に安定させていた、ということを意味している。

2　大陸ネットワークの危機

「一四世紀の危機」

一方、ユーラシア大陸にとって一四世紀は、おそるべき苦難の時代となった。その根底となる背景は気候要因であった。一三一〇年ごろから約六〇年間という長期にわたり、北半球の**気候が寒冷化**したのである。

大モンゴルのネットワークは大きな商業利益を生み出し、ユーラシア大陸の主要な都市では人口が急速に増加していた。しかし都市人口の増大は、彼らをまかなう食料需要の増大も引き起こす。中国をはじめ各地で過度な森林伐採や無理な開発が強行され、環境の破壊は自然災害をまねいた。

そこに寒冷化が襲いかかり、農業生産力は減退し、不作が続いた。それでも都市の需要は増え続けるので、農村部はたちまち食料不足におちいり、世界各地で大飢饉が農民たちを襲った。おそらく人類がはじめて経験するグローバル・リスクの顕在化である。これを「**一四世紀の危機**」という。

ペストの猛威

一三三五年、不作によって栄養不足におちいった中国の人々を、謎の疫病が襲った。黒いあざができ、それが猛烈な痛みとともに全身に広がると、高い確率で死にいたった。**ペスト**（**黒死病**）である。ペストの発生源については諸説あるが、最近ではチベット北方の青海地方という説が有力である。ペストは大モンゴル帝国のユーラシア・ネットワークにのって西に伝わった。ペスト菌を媒介するネズミやノミが遠方の都市に到達することは、従来ありえなかったが、モンゴルのつくったジャムチは、ペスト菌の遠隔移動を可能にした。

一四世紀なかばにはサマルカンド、そしてイランを経由して一三四七年、シリアのダマスクスへと流行した。ペストはシリアを支配するマムルーク朝の首都カイロにも襲いかかった。

マムルーク朝ではイクター制を採用しており、軍人たちは俸給ではなく土地の徴税権を与えられていた。税は小麦などの穀物で徴収していたので、マムルーク軍人たちは税収として得た穀物をカイロの穀物市場で売っていた。このため全国から軍人や商人たちがカイロに年中集まっていた。ペストは、このカイロのネットワークをつうじて全エジプトに広まり、膨大な死者を出した。

さらにマムルーク朝は、モンゴルによってバグダードなどを追われたムスリム商人をカイロに住まわせ、またユダヤ商人も拠点を構えていた。ペストによってカイロの商業機能はマヒし、これはアラビア海全体の交易を縮小させた。

カイロやアレクサンドリアには、東方物産を求めるヴェネツィア商人らがひっきりなしにやってくる。ペストは彼らの船で地中海を渡り、イタリアに上陸した。ヨーロッパの遠隔地商業はこのころ非常に発達していたので、そのネットワークにのって、ペストは西ヨーロッパで猛威をふるっていく。

ヨーロッパでも天候不順で凶作や飢饉にみまわれ、栄養状態が悪化しており、さらに百年戦争が始まって戦乱状態にあった。衛生環境も悪く、ペストは一三四八年から一三五〇年にかけて大流行した。この結果、ヨーロッパの全人口の三分の一が死亡したと推定されている。ペストはユーラシア・ネットワークにのって、すさまじいスピードで西方世界に広がったのである。

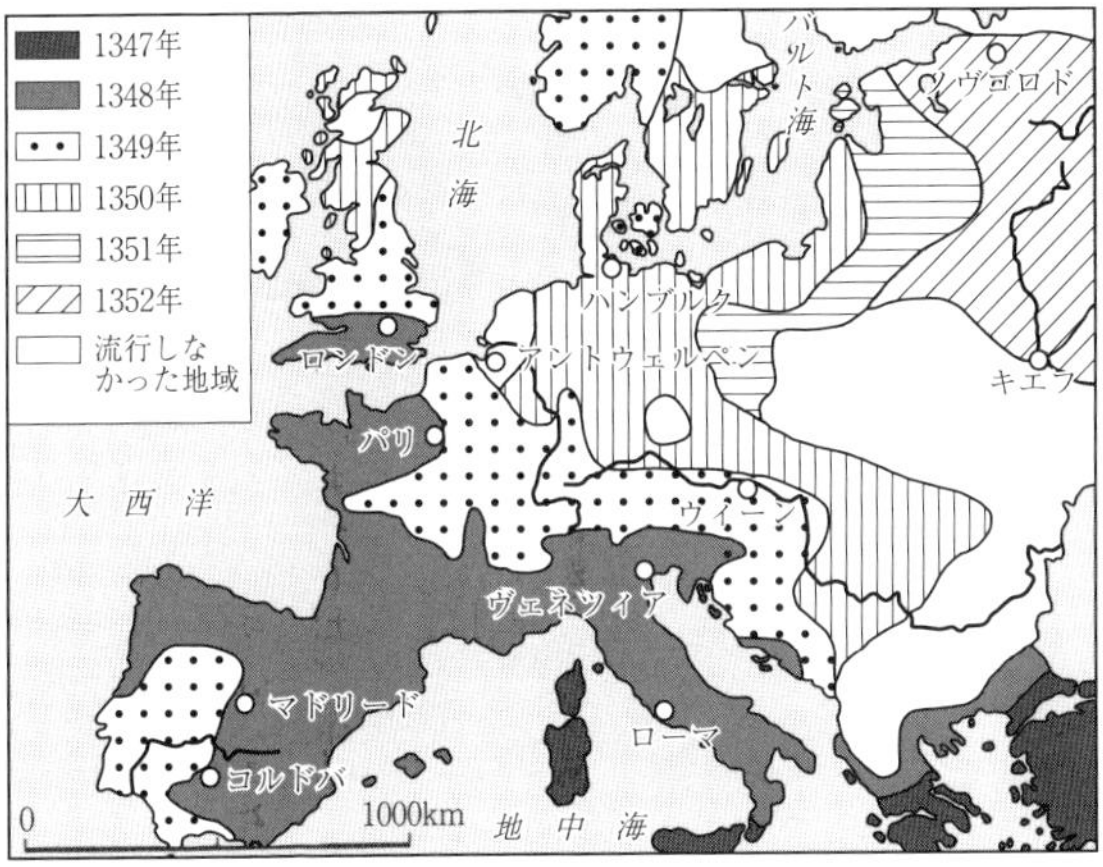

ヨーロッパにおけるペストの流行

大量死とルネサンス

「一四世紀の危機」は、ヨーロッパを社会不安で覆いつくした。飢饉・戦乱・疫病が頻発し、人々の生活は死と隣りあわせであった。一四世紀のユーラシア・ネットワークは、西端のヨーロッパに「**死の文化**」をもたらした。

大量死の要因のひとつは**火薬**の伝来である。宋代に中国で発明された火薬はモンゴルによって兵器として実用化され、モンゴル・ネットワークによりヨーロッパにもたらされると、ドイツで大砲や鉄砲などの火器へと改良された。火器は騎士を没落させ、戦争の様相を一変させた。火器によって戦争による死者は増大していく。

もうひとつの要因であるペストは、東方貿易と同じエジプトからのネットワークでイタリアにやってきた。東方貿易はまずイタリアに富をもたらし、そして死の病をもたらしたの

「死の舞踏」

である。芸術家は苦悶するキリストをつくり、画家は「死の舞踏」を好んで題材にした。

一四世紀、ヨーロッパの人々は、死が身近になったからこそ、人が生きるとはどういうことなのかを正面から考えはじめた。それが**ルネサンス**の精神であった。一四世紀フィレンツェの人文主義者ボッカチオが書いた『デカメロン』は、ペストが流行するなかでの人間の欲望や偽善をえがいたものである。

大モンゴルの崩壊

中国では、「一四世紀の危機」による寒冷化や疫病などの天災に加えて、元朝政府の失政が問題となった。飢饉が続くなかで、帝室は**チベット仏教**に莫大な金をつぎ込み、財政悪化を交鈔の濫発や塩専売の強化でおぎなおうとして経済混乱をまねき、一三五一年に白蓮教徒を中心とする紅巾の乱がおこった。

一三六八年、この混乱のなかで頭角をあらわした朱元璋《しゅげんしょう》が**明**を建国し、大都を陥落させて元を滅ぼす。あれほどの勢力をほこった大元ウルスが、あっけなく崩壊したのである。その後の遊牧民社会はどのように変容するのであろうか。

まず、中国を失ったからといって元帝国のすべての領土が失われたわけではなく、元の帝室はモンゴル高原に根拠地を移した。これを**北元**という。しかしフビライの直系が一三八八年に絶えると、それ以外のチンギス家の王族が即位し、北元を継承した。中国人は彼らを韃靼《だったん》（タタール）とよんだが、つまりチンギス家の支配が草原の道については存続していたのである。

さらにモンゴル高原の西方、バイカル湖のあたりでは**オイラト**（瓦剌）が遊牧国家をつくったが、彼らはチンギス家ではないのでハンは名のらず、そのかわりチンギス家との婚姻関係をつうじて勢力を拡大した。

オアシスの道を支配するチャガタイ・ハン国は、一四世紀なかばに内紛で東西に分裂した。**東チャガタイ・ハン国**はモンゴル人としての伝統を守って遊牧生活をいとなみ、**西チャガタイ・ハン国**はオアシス都市を中心にイスラーム化を強め、トルコ人の勢力が大きくなった。

さらに同じころ、イル・ハン国はフラグ系統のハンが絶えて滅亡し、分裂した。キプチャク・ハン国でもキリスト教徒に西方の領土を奪われるなど、衰退がみられた。このように一四世紀のなかばに、たて続けに諸ウルスが滅亡、分裂、衰退し、大モンゴルは崩壊した。大陸ネットワークは危機におちいっていく。

大モンゴルの後継者、ティムール

一三七〇年、西チャガタイ・ハン国から**ティムール帝国**が自立し、サマルカンドを拠点として西トルキスタンを支配した。**ティムール**は詳しくいえばトルコ・イスラーム化したモンゴル部族の出身だが、チンギス家とは関係がなかった。このためティムールは、チンギス家の人物をハンとして即位させ、みずからはアミールを名のった。遊牧民をまとめるために、チンギス家は必要な要素だったのである。

ティムールは大モンゴルの復活をかかげ、チンギス・ハンのごとく次々と諸国を征服した。イル・ハン国なきあとのイラン・イラクの諸国を併合し、北方はキプチャク・ハン国にも遠征した。

一四世紀後半、大元ウルスの崩壊をうけて、ユーラシア大陸に多くの遊牧国家が成立したが、どの勢力も

「チンギス家」とのつながりをかかげ、はげしい闘争をくりひろげた。そのなかで、ティムール帝国という、チンギスの直系ではない勢力が大陸ネットワークの危機を克服させるのだが、その覇道はまだ道なかばであった。

3　海洋ネットワークの混乱

倭寇の登場

元寇以来、民間交易による日中の交流はさかんであったが、鎌倉幕府にあたえたダメージには深刻なものがあった。幕府の統制力がおとろえると、民間交易の担い手であった商人や、武士団などの地方勢力が独自の行動をとるようになり、海上や沿岸での襲撃・略奪行為が頻発していった。これが**倭寇**である。

一三三三年、鎌倉幕府は滅亡し、さらに南北朝の動乱がつづいた。新たに成立した**室町幕府**には、自立化した地方勢力をおさえる力はなかった。しかも時は元末の動乱期にあたり、生活にあえぐ中国や朝鮮半島の海洋民たちも、倭寇にくわわった。

元の政府は倭寇の跳梁をとめることができない。また当時、高麗では元の衰退を受けて親元派と反元派で国内が分裂していた。「一四世紀の危機」による困窮と、日中朝における政治的なアナーキーが、海洋のアナーキーをもつくりだしたのである。

一三世紀後半に登場し一四世紀に隆盛をきわめた、日本人を中心として中国人や朝鮮人もくわわった武装海洋民を、一六世紀のそれと区別して「**前期倭寇**」とよぶ。彼らは主に朝鮮半島の沿岸部と、山東半島など華北の沿岸部一帯を荒らしまわった。一三世紀末に活況を呈した東シナ海交易は、みるも無残な状態となったのである。

明の海禁＝朝貢体制

一三六八年に明を建国した洪武帝こと朱元璋は、海洋秩序の乱れをおさめるために、倭寇をとりしまるとともに、きびしい海上統制（海禁）をしいた。海禁とは、民間交易を禁止し、さらに中国人の海外渡航を禁じるものである。

明の官船と戦う倭寇（「倭寇図巻」より）

宋や元の海上管理はある意味非常にルーズなものであった。それは自由な海の繁栄を生んだが、反面巨大な経済の波によって中国国内の経済が影響を受けることにもなる。洪武帝は経済の秩序を回復させるために、海上の自由を制限し、国家の管理下においたのである。

交易は朝貢貿易とそれに付随する商人の取引に限定されることになった。洪武帝は大モンゴル支配のもとで屈辱的な扱いを受けた漢民族の威信をとりもどすため、冊封体制を国際秩序として復活させた。

冊封体制とは、第1章で述べたように、中国皇帝の徳をしたって周辺諸国が貢物をもって臣下の礼をとり、皇帝が彼らに国王などの称号と返礼品（回賜）を贈るという、中華思想にもとづく伝統的な国際秩序のことである。

明は朝貢し冊封をうけた国にたいして**勘合**という貿易許可状を与え、勘合のある船だけに交易を限定した。朝貢使が貢物を皇帝に届けているあいだ、使節団にまじった商人たちが、指定された港で中国商人と交易できる。ただし、朝貢貿易の回数や使節団の人数、経路、商人などは規制されていた。

唐の冊封体制の場合、直接支配をあきらめた渤海や朝鮮に王号をあたえて交流するという消極策の側面があった。このため、日本や東南アジア諸国のように、朝貢使だけおくって冊封は受けないという選択肢も可能であった。

しかし明は、冊封を受けなければ交易（朝貢貿易）を許可しないというかたちをとることで、すべての周辺諸国にこの儀礼的関係を強要しようとした。一度完成したユーラシア・ネットワークに組みこまれた諸国の経済は、中国との交易なしには成り立ちえなかったので、彼らは次々と朝貢してきた。

このように、明における徹底した海上統制は、朝貢貿易と表裏の関係にあった。もし自由な取引や移動を認めれば、朝貢国が皇帝からたまわる回賜や交易という恩恵の意義がうすれるので、これらは徹底してとりしまったのである。これを**海禁＝朝貢体制**という。

明とモンゴルの交易

こうした交易・移動のきびしい管理は、北元や韃靼といったモンゴル勢力や女真との交易でも同じようにおこなわれた。交易はすべて朝貢貿易の形式を取らせ、経路・人数・回数に制限が設けられていた。

皇帝からの回賜は大きな恩恵を与えるものなので、かなり規模が大きく、朝貢国の一方的な利益になると同時に、明の負担にもなった。韃靼やオイラトは、朝貢の規模をごまかす一方、回数制限に不満をもって、たびたび中国に侵入してきたので、明は防衛費の負担にも苦しむことになった。

他方で明は、モンゴルで信仰のあついチベット仏教への影響力を強めるために、一四世紀末に四川や雲南でチベット産の馬と中国の茶を取引する、**茶馬互市**とよばれる交易をおこなっていた。また**チベット**の高僧や有力者に朝貢を呼びかけ、かかわりを深めようとしている。

このとき、明との経済的な交流によって世俗化が進み、チベット仏教が腐敗していると批判して、信者の支持をあつめていったのが、**ツォンカパ**である。彼はチベット仏教の宗教改革をおこなった。ツォンカパは**ゲルク派**（**黄帽派**）とよばれる宗派を開き、最大勢力となっていった。

明の海洋秩序への挑戦

東アジアでは、琉球諸島で勢力争いをしていた北山・中山・南山の三王国が、それぞれ明に朝貢し、冊封を受けていた。また高麗もまっさきに朝貢し、琉球と朝鮮は皇帝に礼儀をつくす模範的な朝貢国として、他国よりも優遇されることになる。

しかし、朝鮮半島の沿岸は倭寇によって荒らされていた。そこに李成桂が登場し、倭寇をうちやぶったのである。彼の名声は高まっていき、一三九二年にクーデターで高麗を滅ぼし、**朝鮮王朝**（**李氏朝鮮**）を建国した。

同じ年、日本でも室町幕府三代将軍**足利義満**が南北朝を統一した。これによって日本にも久しぶりに安定した時代が到来し、義満はその勢力を西国へとのばしていった。前期倭寇の発生要因であった政治のアナーキーが解消されていったのである。一四世紀末、次第に倭寇は沈静化し、東シナ海は平穏をとりもどしはじめた。

一四世紀、ユーラシア・ネットワークは大モンゴルの支配下で一種の完成をみた。ところが半世紀のうちにネットワークは瓦解し、危機の時代が到来する。大陸では遊牧国家が分立し、西方ではペストが猛威をふるって人口が激減した。マムルーク朝が打撃を受けたことで、インド洋交易も縮小した。東の海は倭寇によって無秩序となり、明は海上統制をおこなって自由な交易を制限した。

とくに明が交易をとじたことはネットワークの活力を奪ってしまう。それまで海の道では、民間交易による自由な海の時代が長く続いたが、東アジアで政治的な柱が同時的に失われると、自由な海洋民は暴走して海賊となった。明は失われた海洋秩序をつくりだすために、強く介入してゆく。

第7章　大交易時代の到来──一五世紀

一四世紀に危機におちいったユーラシア・ネットワークは、一五世紀に明帝国の強力な政治的介入によって急速に回復し、東西交易は大モンゴル時代の活況をとりもどした。以後一七世紀なかばまでの約二世紀半を「大交易時代」とよぶ。

モンゴル時代の大交易と異なるのは、まず中国の王朝が交易の管理統制を強力に推進していることで、これまでの歴史ではネットワークの活力を奪う要素だった。次に大陸ネットワークとの接続がなく、もっぱら海洋ネットワークの繁栄であることだ。

明の海禁＝朝貢体制による徹底した海上管理は、ほどなく限界を迎え、中国商人ではなく、琉球王国とマラッカ王国に集った世界中の商人たちが海洋ネットワークの主役になる。

1402年	アンカラの戦いでティムールがオスマン帝国をやぶる。 明で永楽帝が建文帝をたおして即位（靖難の役）。 足利義満、明に朝貢し「日本国王」として冊封をうけ、日明貿易始まる。
1405年	鄭和の南海大遠征始まる。マラッカ王国が明に朝貢。
1415年	ポルトガルがセウタを攻略。
1419年	朝鮮が対馬を襲撃（応永の外寇）。
1429年	中山王尚巴志が琉球王国を統一。明との中継交易でさかえる。
1433年	第７回の鄭和遠征が終わる。
1445年	ポルトガルのエンリケ航海王子の探検隊がアフリカ西端に到達。
15世紀半ば	このころ、マラッカ王国がムスリム化。 対馬を窓口として日朝貿易が活発化。 このころ、キプチャク・ハン国が分裂し、クリム・ハン国、アストラハン・ハン国、シビル・ハン国などが成立。
1449年	土木の変でオイラトのエセンが明軍をやぶり、北京を包囲。
1453年	オスマン帝国がコンスタンティノープル占領。ビザンツ帝国滅亡。
1467年	応仁の乱勃発。
1469年	フィレンツェのロレンツォがメディチ家当主となる。盛期ルネサンスの時代。
1480年	モスクワ大公国のイヴァン３世がモンゴルから自立。
1488年	ポルトガルのバルトロメウ・ディアス、「喜望峰」到達。
1492年	スペインがグラナダを攻略。レコンキスタ完成。 スペイン王の命によりコロンブス船団が大西洋を横断。
1498年	ポルトガルのヴァスコ・ダ・ガマ、インド西岸のカリカットに到達。
1500年	ポルトガルのカブラル、ブラジルに漂着し、領有を宣言。

第７章に登場する諸勢力

遊牧民……ティムール帝国　オイラト　キプチャク・ハン国　クリム・ハン国　アストラハン・ハン国　シビル・ハン国　ウズベク人

農耕民……日本（室町幕府）　明　李氏朝鮮　マムルーク朝　ヴィジャヤナガル王国　オスマン帝国　モスクワ大公国　ポルトガル　スペイン　ソンガイ王国

海洋民……チャンパー　マラッカ王国　アユタヤ朝　マジャパヒト王国　マリンディ　琉球王国　ルソン　ヴェネツィア　ジェノヴァ　カリカット

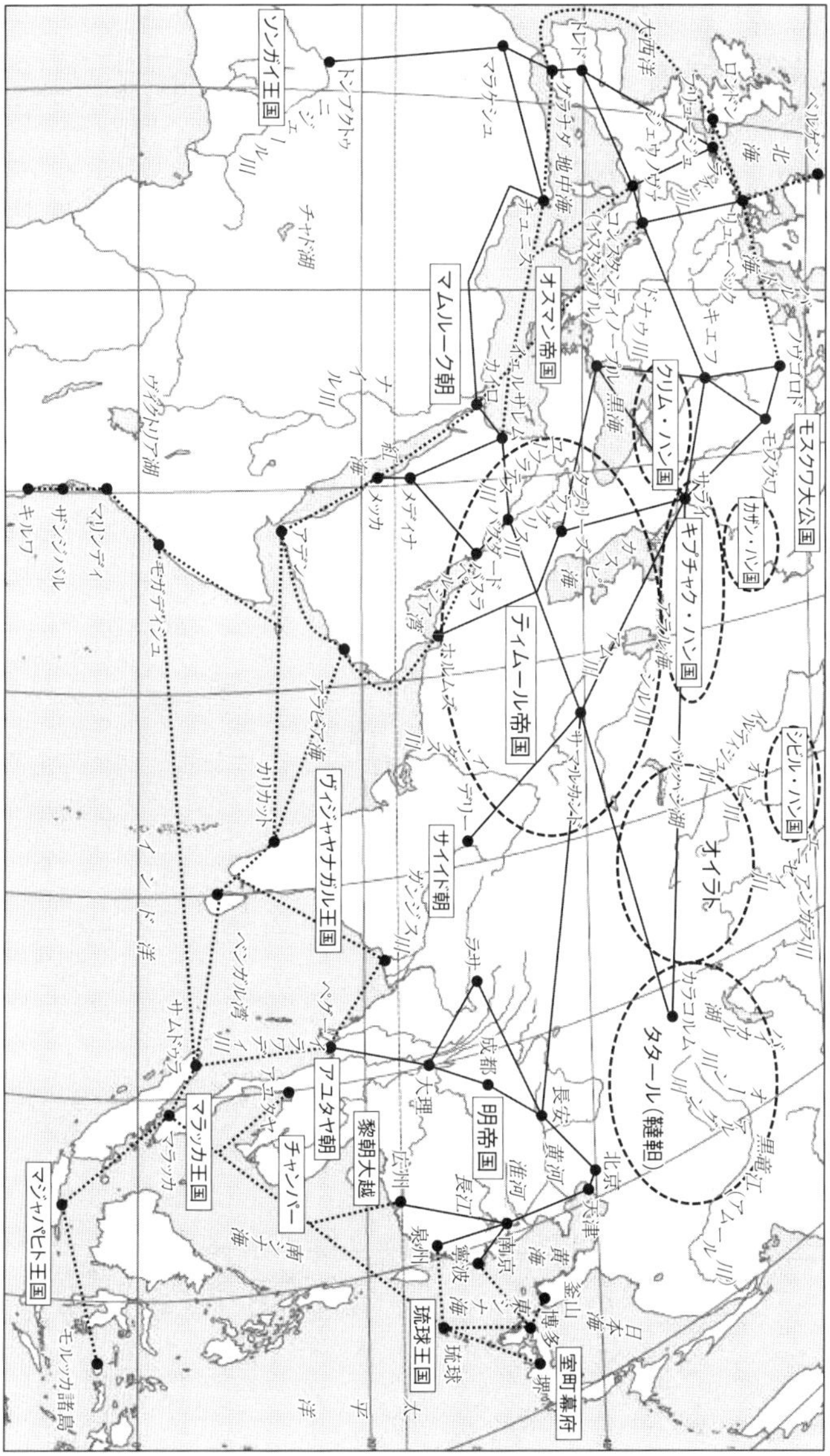

15世紀前半のネットワーク

1　明帝国の海

「日本国王」足利義満

一四〇一年、室町幕府の第三代将軍足利義満は、明に朝貢使節を派遣した。南北朝の騒乱がおわり、国内が安定したため、明と交易をおこなおうとしたのである。明の海禁＝朝貢体制のもとでは、冊封を受けて国交を結ばなければ交易できなかったので、義満もそのようにせざるをえなかったのである。

実はこれは、日本外交の大転換であった。中国から倭とよばれていたころの日本は、中国からの冊封を受けていたが、遣隋使・遣唐使は冊封なしの朝貢だったし、それ以後は民間交易が主であった。日本は「倭の五王」以来、実に約九〇〇年ぶりに中国の冊封を受けることになったのである。

このとき、明は内乱の最中だった。北方を守る燕王が、甥の建文帝にたいして軍事クーデターをおこしたのである（靖難《せいなん》の役）。一四〇二年に建文帝は殺害され、燕王が即位して**永楽帝**となった。永楽帝は、父洪武帝のすすめた海禁＝朝貢体制を完成させるべく、さらにおしすすめていった。

こうして一四〇二年に足利義満は「**日本国王**」として冊封を受け、交易の許可証（勘合）があたえられた。**日明交易**（**勘合貿易**）の始まりである。勘合貿易は、朝貢とそれにたいする回賜（皇帝からの贈り物）が基本だが、勘合をもっていれば中国の港で交易ができたので、**博多商人**や**堺商人**が朝貢使節に帯同していった。

日明交易では、日本からは銅・硫黄・刀剣などを輸出し、中国からは銅銭・絹織物・陶磁器がもたらされた。倭寇は民間交易が無秩序化して発生したものなので、日明交易が利益を生み出すようになると、前期倭寇は収束していった。

東シナ海ネットワークの再建

朝鮮半島への倭寇の襲撃はまだ続いていた。対馬島民からなる倭寇の襲撃にたいして、一五世紀初頭に李氏朝鮮は対馬を攻撃した（応永の外寇）。この征討は予想以上の犠牲を生んだため、朝鮮は懐柔策に転換し、対馬の宗氏に交易上の特権をあたえた。こうして対馬を唯一の窓口として、日朝交易が始まった。

民間交易ではない冊封の関係では、序列が面倒になる。朝鮮と日本（室町幕府）はともに明に朝貢し、皇帝から国王の称号をあたえられているので、朝鮮国王と日本の将軍は対等の関係で交易をした。一方、朝鮮は西日本の大名や商人とも交易をしていたが、この場合は、西国大名らが朝鮮国王に朝貢する形式がとられた。

こうして一五世紀なかばには東シナ海に秩序がもどった。朝鮮と日本は明から冊封を受け、それぞれが明との朝貢貿易をおこなうとともに、朝鮮と日本は対馬を介して密接に結びついた。朝鮮半島南端の港市釜山《プサン》などには日本人居留地もつくられるほどで、人的交流も活発であった。現在でも北部九州は地理的に朝鮮に近く、交流が活発だが、一五世紀にもそうした地域的特色が出ていた。博多・対馬・釜山というローカルな越境的ネットワークが形成されていたのである。

鄭和の大遠征

元末の混乱で失われた海洋ネットワークを、明帝国は徹底した海禁＝朝貢体制で再構築しようと、膨大なコストを払っていく。これからは中国と交易をしたいのであれば、かならず朝貢をおこなって冊封をうけなければならないのだ、という海洋ネットワークの構造転換を、中国とつながりうるすべての海洋勢力に知らしめ、承認させなければならなかった。

この途方もないプロジェクトを実行するだけの力が、このときの明にはあった。一四〇五年、永楽帝はムスリムの宦官**鄭和**《ていわ》に命じて、**南海大遠征**を実行させた。第一回航海では世界最大級の大型ジャンク船「宝船《ほうせん》」を筆頭に六二隻もの大艦隊、船員や兵士など二万七八〇〇人の人員が動員され、海洋民を皇帝の権威に服させようとした。

鄭和の大艦隊は南京を出航し、福州からチャンパー、そしてマラッカ海峡へと向かった。このとき鄭和は、アユタヤ朝に服属していたマレー半島南部の港市**マラッカ王国**に注目する。

南シナ海諸国に遠征するにしても、インド洋に進出するにしても、季節風を待つ必要がある。南シナ海とインド洋のちょうど中間点に位置するマラッカは、風待ち港としてうってつけで、鄭和は艦隊の拠点をマラッカに定めた。

このころ南シナ海は、アンコール朝から領土を奪いつつ海に勢力をのばす**アユタヤ朝**と、島嶼部のほとんどすべてを支配していた**マジャパヒト王国**とが、覇を競っていた。両国にはさまれたマラッカ王国は風前の灯火であった。

小国の生き残りをかけて、マラッカ王国は明への朝貢を率先しておこない、鄭和艦隊に全面的に協力した。こうして明の後ろ楯を得たマラッカは、アユタヤ朝から自立し、海洋ネットワークで最も重要な港市国家として発展することになる。

鄭和の大艦隊の中でも最大の「宝船」の再現模型

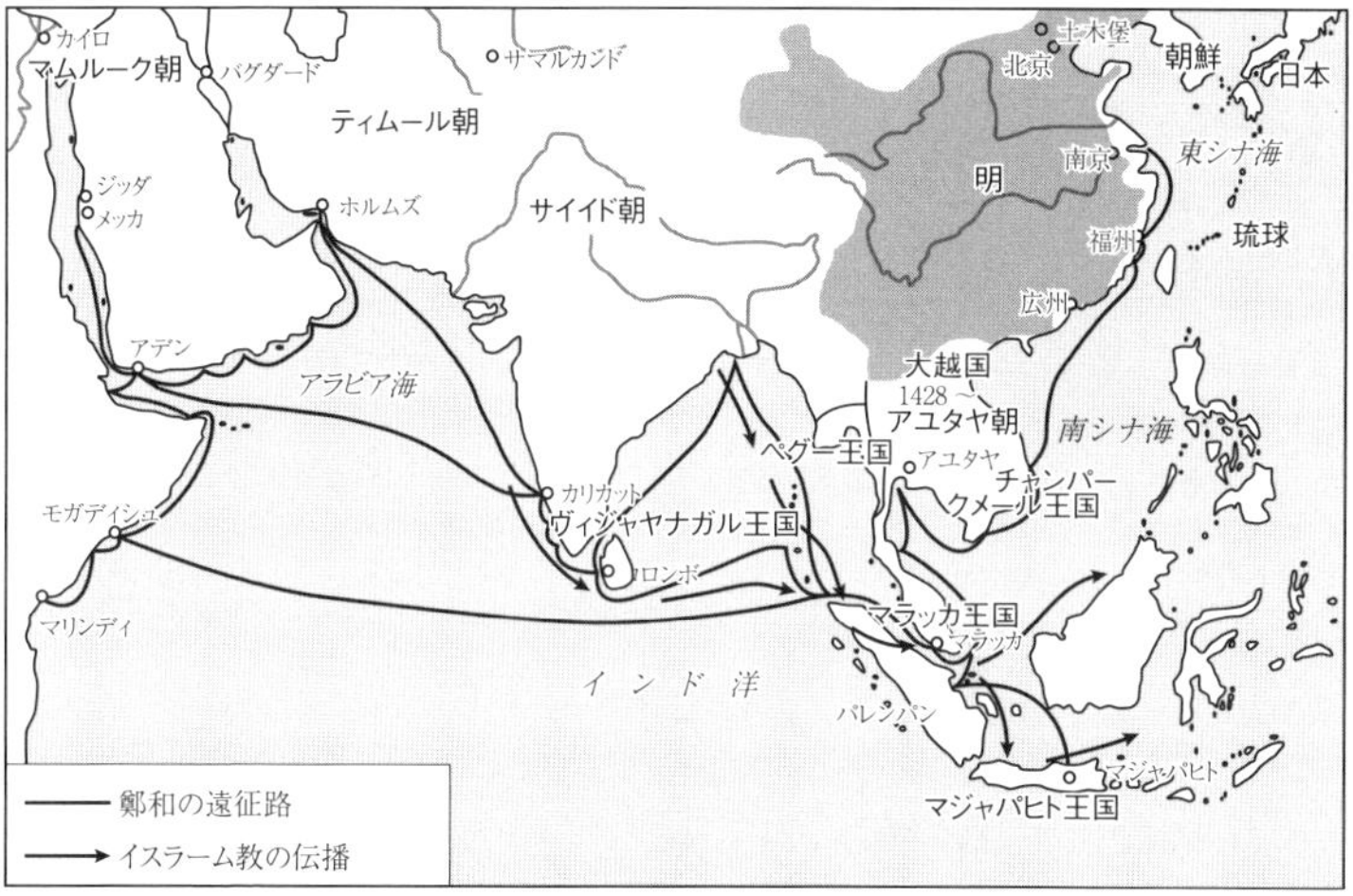

鄭和の南海大遠征

鄭和は、マラッカを拠点にして、タイのアユタヤ朝、ジャワのマジャパヒト王国を朝貢させた。さらに鄭和はインド洋に艦隊をすすめ、三度目の航海までに、ベンガル湾、スリランカ、そしてカリカットまで到達している。

海洋ネットワークをおおう朝貢体制

一四世紀まではムスリム商人の海だったインド洋に、中国の大ジャンク船艦隊が押しよせた。鄭和の第四回航海以降では、インド洋の西側にも到来した。鄭和はペルシア湾のホルムズまで行き、分遣隊がアラビア半島のアデンや、アフリカ東海岸の**マリンディ**まで到達した。

鄭和は各地で明への朝貢を求め、多数の特産品を宝船につみこんだ。そのなかにはアフリカの珍獣ジラフもあった。中国人ははじめてジラフをみて、これが瑞祥をもたらす中国の霊獣麒麟に似ていると考え、キリンと命名した。

一四三三年に終了した第七回艦隊の別動隊は、**メッカ**まで到達した。鄭和の大遠征の真の目的といわれているものに、実は生きていると思われた建文帝を探しにいったのだとか、ムスリムの鄭和がメッカ巡礼をしたかったのだとか、そういう説もある。しかし鄭和の本隊はメッカまでいっていないし、建文帝探しはフィクションめいている。やはり、明の海上支配を徹底させることが目的だったのであろう。鄭和のルートをみると、それが元の時代に中国までつながった海の道をそのままカバーしていることがわかる。元代にムスリム商人の海だった海洋ネットワークは、明帝国の海になったのだ。鄭和の遠征によって明に朝貢した国は、五〇以上にのぼったという。

本書はこれまで自由な海の繁栄をえがいてきたが、交易国のすべてを臣従させ海上管理するという海禁＝朝貢体制を、ここまで徹底させれば、帝国の海であってもさすがに活性化する。海には秩序がもどり、「**大交易時代**」が始まった。

2　琉球とマラッカが結ぶ海洋ネットワーク

琉球王国の繁栄

ところが、明帝国のほうがこの体制を維持できなくなった。朝貢国の貢物にたいする皇帝の回賜は、皇帝からの恩恵という意味があるために、貢物より多くあたえるのが通例であった。これが朝貢国にとっての利益になるのだが、五〇カ国以上の朝貢にたいする回賜は、さすがに明の財政を圧迫した。

このため、永楽帝の没後、徐々に朝貢の回数制限がきびしくされていった。しかし朝貢が制限されれば交易も縮小する。海禁＝朝貢体制を放棄することなく、交易を維持するために、明が目をつけたのが、**琉球王国**である。

長らく分立状態が続いていた琉球だったが、一四二九年に中山王の尚巴志が南山と北山を滅ぼし、明に朝貢して冊封を受け、首里を都として琉球王国を打ちたてた。琉球は朝鮮とならんで明への模範的な朝貢国とされ、朝貢回数が多めに設定されていた。琉球は明への最大の朝貢国であり、その回数は、日本や朝鮮とくらべてもケタ違いであった。

明は琉球王国にたいして異例の優遇措置をほどこした。明は琉球に大型のジャンク船を進貢船としてあたえ、さらに交易活動を実質的ににになう中国商人を、琉球に居住させた。琉球を中継交易国として育成したのである。

このため、絹や陶磁器など、多くの中国の物産が琉球に集まり、その中国商品を求めてアジア海洋諸国が琉球に押しよせた。琉球はこれらのアジア海洋諸国と積極的に交易をした。琉球自身に特産品はあまりない。朝貢貿易で仕入れる中国商品こそが、琉球の特産品となったのである。

琉球王国から明に出航する進貢船

東シナ海の日本や朝鮮のみならず、南シナ海のアユタヤ朝、ルソン、マラッカ王国などの商船が、**那覇港**をにぎわした。これらの諸国の物産は、琉球の朝貢品として進貢船に積みこまれ、福建の**福州**へと向かった。まさに琉球王国は、一五世紀の海洋ネットワークを結びつける要になったのである。

マラッカ王国のイスラーム化

明の対外消極策は、鄭和の遠征のとき一時的に中国人の海となったインド洋を、ふたたびムスリム商人の海にもどしていた。紅海はマムルーク朝が、ペルシア湾はティムール帝国が支配して

復元されたマラッカ王国の王宮

おり、南インドのヒンドゥー教国ヴィジャヤナガル王国の沿岸部にはムスリム商人が居住していた。イスラーム・ネットワークは依然健在であった。

彼らが求めるのは東南アジア、とくに**モルッカ諸島**（マルク諸島）で産するクローヴやナツメグなどの香辛料であった。これらの香辛料はインドではとれず、モルッカ諸島だけでしか手に入らない貴重品だった。このためムスリム商人はマラッカ海峡へと進出していったのである。

鄭和の大遠征の時代には拠点としてさかえたマラッカ王国だったが、明が対外消極策に転じると、後ろ盾を失ってしまった。この隙にマラッカの再征服をたくらんだのが、タイのアユタヤ朝である。一五世紀なかばに、マラッカ王は、中国にかわる巨大な後ろ盾を得るべく、イスラームに改宗した。ムスリム・ネットワークと結びついたマラッカは、アユタヤ朝の圧力をはねかえした。

マラッカ王国には、インド洋からムスリム商人がインド産香辛料・宝石・銀をもたらし、モルッカ諸島からはジャワの商人が高級香辛料をもたらし、東南アジア全域の南海物産があつまり、さらには、回数は減ったものの明への朝貢も続けていたので、中国から絹織物や陶磁器が運ばれてきた。

東アフリカ諸都市、マムルーク朝、オスマン帝国、ティムール帝国、ヴィジャヤナガル王国、マジャパヒト王国、明帝国、琉球王国といった、各地からの商人たちがマラッカを訪れ、「マラッカの港では八四種類もの言語がきかれる」といわれるほどであった。まさに一五世紀のマラッカ王国は、海洋ネットワークの中心にあったのである。

国際化する海

一五世紀の「大交易時代」はどんな特徴をもっていたのだろうか。明の海洋支配は一時的なものにおわったが、海に秩序と活気を取りもどさせた。朝貢体制のネットワークは琉球王国をつうじて開かれており、各国の明との朝貢貿易もとだえたわけではない。中国人の自由な出国は禁じられていたので、中国商人のジャンク船は外洋では減少したことであろう。

かわりに、琉球やマラッカといった中継交易国が台頭した。琉球やマラッカは小国だが、明やムスリム・ネットワークという大きな後ろ盾をもつことで、自由な海の結節点となった。明という帝国が海から退いたことで、これらの小国が国際化し、世界中の商人たちを集めたのである。

「大交易時代」とは、どこが覇権をにぎるというのではない、海の国際化・多様化・脱中心化の時代であったといえるのではないだろうか。それは明帝国が海上支配から撤退したとき、まさに本格的に始まったのである。

3　切り離されるヨーロッパ

エセンの野望

ユーラシア大陸に目を転じてみよう。朝貢貿易以外の交易は認めないという明の政策は、北方民族にたいしても同じだった。朝貢貿易は回数や規模が制限されていたので、モンゴル勢力はしばしば明に侵入してきた。このため、永楽帝は自ら親征し、モンゴルや女真を討った。

永楽帝が死ぬと、モンゴル勢はふたたび侵入を活発化させる。とくに一五世紀前半にモンゴル高原で一時的に台頭したのが、西北にあった**オイラト**の**エセン**（エセン・ハン）であった。オイラトはチンギス家の直系ではなかったので、ハンを名のることはできなかったが、東トルキスタンに侵入してオアシス交易を支配し、チンギス家のタタールの大ハンをしのぐ勢力となった。

エセンは朝貢貿易の拡大を求めていたが、明が拒絶したために軍事行動に打ってでる。一四四九年、オイラト軍は北京北方の土木堡で明軍を撃破し、正統帝を捕虜にした（**土木の変**）。エセンはさらに進軍して北京を包囲した。

モンゴルにたいして軍事的に大敗した明は、以後守勢にまわる。**万里の長城**を修理・増築して北方の侵入にそなえた。現在みられる石造りの城壁がつらなる雄大な万里の長城は、明代に何代もかけてつくられたものである。

これまで中国北方における遊牧民と農耕民の境界線はあいまいなものだった。それは北朝以降の胡漢融合国家や、金や元といったいわゆる征服王朝が続いたためだが、漢民族の国家である明が万里の長城を堅固に築いたことで、ここに明確な線が引かれた。

これ以後、長城より南は漢民族の中国という民族意識が形成されることになる。他方で長城以北でも、言語・文化・生活様式の共通性が高まって、それまで多種多様な人々の集団だったモンゴルが「民族」としてまとまるようになっていった。

オスマン帝国の台頭

モンゴル高原より西方の大陸ネットワークは、もっぱらティムール帝国が支配していた。教科書にはティムール帝国が大陸ネットワークで利益をあげたかどうか、明確な記述はない。大交易時代は海だけで、まだ大陸ネットワークの復活にはいたらなかったのか、はっきりしないのである。

さらに西方で勢力をのばしていったのが、**オスマン帝国**である。一四〇二年にアンカラの戦いでティムールにやぶれたのち、見事復興し、**メフメト二世**のとき、ついに一四五三年にコンスタンティノープルを陥落させた。メフメト二世は首都をコンスタンティノープル（**イスタンブル**）に移し、ローマ皇帝の後継者を名のった。

オスマン帝国というのはイスラームの諸王朝のなかでも、ヨーロッパ世界にこだわりをもった点で特異な存在である。メフメト二世はイスラームの覇者になりたかったのではなく、ローマ皇帝か、そうでなければアレクサンドロス大王を継ぐものになりたかったのだといわれている。

このころロシアのキプチャク・ハン国は、一五世紀なかばに分裂し、ジュチ系のモンゴル王族がそれぞれ自立し、黒海北岸には**クリム・ハン国**、カスピ海北岸には**アストラハン・ハン国**、キプチャク草原には**ウズベク人**の勢力、それよりも東のウラル山脈沿いには**シビル・ハン国**などが分立していた。

メフメト二世は、イスタンブルの交易ネットワークを確立すべく、クリム・ハン国を服属させ、黒海のネットワークを手中におさめた。オスマン帝国は、ネットワークの点でもビザンツ帝国を継承しようとしたのである。

「第三のローマ」モスクワ

コンスタンティノープルの占領によって、オスマン帝国は地理的にもネットワーク的にもビザンツ帝国を継承したが、宗教的・文化的・政治的な意味ではヨーロッパの歴史的転換をうながした。ヨーロッパは、東方の中心を失ったのである。

宗教的には、**東方教会**の中心が、はるか北方のモスクワへと移動した。**モスクワ大公国**は、一五世紀にキプチャク・ハン国の支配下でロシア諸公国の徴税をまかされたことで勢力をのばし、モスクワにキエフ主教をまねいてロシア正教を確立させた。さらに**イヴァン三世**は、おりからのキプチャク・ハン国の分裂状況に乗じて一四八〇年についに独立を果たした。

イヴァン三世はビザンツ最後の皇帝の姪と結婚して、ローマ皇帝の後継者を自認し、**ツァーリ**（皇帝）の称号を用いた。それとともにロシア正教は東方正教会の中心におさまった。宗教的・政治的にモスクワは「**第三のローマ**」となったのである。

モスクワは草原の道の西端に位置し、モンゴル時代にはジャムチ（駅伝）がつながっていた。河川交通路も充実しており、南方の黒海沿岸や西方のバルト海沿岸へのネットワークにもことかかない。モスクワはなぜ「第三のローマ」になれたのか。それは大陸ネットワークの拠点としての重要性があったからである。

さらに、イヴァン三世はノヴゴロドや他のロシア諸公国を支配し、領土を拡大していった。ノヴゴロドからはバルト海のハンザ同盟ネットワークにつながっている。モスクワ大公国は、こうして大陸ネットワークを北海・バルト海交易圏に結びつける機能をもったのである。

ビザンツ学者のイタリア流入

一方、文化的には、ビザンツ帝国の学者たちが大量にイタリアへと移住した。おりしもイタリア・ルネサンスの盛期にあたり、フィレンツェのメディチ家はプラトン・アカデミーをつくって人文主義者たちを支援していた。

アカデミーでは、プラトンら古代ギリシア思想の文献学的研究やラテン語訳がおこなわれ、ルネサンスの思想的基礎となった。このルネサンスは、一三世紀のようにイスラームを介したものではないところが重要である。ここでヨーロッパ独自の人文主義思想がめばえることになった。

ビザンツ帝国からひきついだ古典ギリシア・ローマの知の集積が、イタリア・ルネサンスを特別なものにした。一五世紀後半は、ロレンツォ・デ・メディチがメディチ家の当主となり、イタリア・ルネサンスはボッティチェリの「ヴィーナスの誕生」にみられるような華やかな成熟期を迎えた。

イタリア・ルネサンスは、ヨーロッパ遠隔地交易のネットワークにのって、ネーデルラント、イングランド、ドイツ、フランスへと広がる。こうしてビザンツ帝国の文化的遺産は、西ヨーロッパに継承されたのである。

東方貿易の衰退

イタリアの富はもっぱらヴェネツィア商人らによる東地中海沿岸での東方貿易によって支えられていた。海洋ネットワークをつうじてインドや東南アジアからもたらされる胡椒や香辛料が、同じ重さの金や銀と交換されたといわれている。

しかしオスマン帝国が台頭したことで、東方貿易のネットワークはおびやかされた。バルカン半島とギリシアの支配、そしてコンスタンティノープルの征服は、オスマン帝国の海洋支配の力点が東地中海におかれていたことを意味する。

ヴェネツィア商人が十字軍時代から築きあげてきた東地中海ネットワークは、オスマン帝国に奪われた。いまだマムルーク朝は健在とはいえ、コンスタンティノープルの喪失は東方貿易の利益を半減させた。

この結果、ヨーロッパ遠隔地交易は東方貿易ではなく、西地中海から大西洋沿岸をまわって北海・バルト海と結びつくネットワークに重心が移った。このネットワークを担ったのは**ジェノヴァ商人**であった。

こうして、一四世紀後半にオスマン帝国が旧ビザンツの領域での支配権を確立したことで、ヨーロッパはユーラシア・ネットワークから切り離され、ふたたびヨーロッパ内交易へと縮小していった。ネットワークから切り離されたヨーロッパは、東地中海にかわる新たな海洋ネットワークで、アジアと結びつかなければならなかった。**大西洋**への船出である。その困難な挑戦をおこなったのが、**ポルトガルとスペイン**であった。

ポルトガルとスペインの挑戦

ポルトガルはそのころ、西アフリカ沿岸の開拓をすすめていた。一五世紀にスペインはなおレコンキスタを続けていたが、ポルトガルはすでにジブラルタル海峡をこえて、ムスリムの拠点であったセウタを一四一五年に占領していた。

セウタ攻略にも参加したエンリケ航海王子は、その後航海術や地理の研究を支援し、アフリカ西岸航路の開拓を強力におしすすめた。このころ、アフリカの西部には**ソンガイ王国**がさかえていた。

エンリケは、ソンガイの特産品である金・象牙・奴隷を、敵対国であるモロッコを介さずに直接手に入れたいと考えた。こうしてアフリカ西海岸にネットワークを築いたポルトガルは、**奴隷貿易**に着手して利益をあげていった。

一四八一年に即位したジョアン二世は、貴族の反乱を鎮めて王権を強化し、今度はインドへの新航路を求めてアフリカ南端を探検させる。一四八八年、バルトロメウ・ディアスはついに「**喜望峰**」に到達した。ここをまわればもうインド洋である。

一方のスペインも、一四九二年にナスル朝のグラナダを陥落させ、レコンキスタを完成させた。スペイン女王イサベルは、ポルトガルがアフリカ東回りのインド航路を開拓しようとするのに対抗して、**地球球体説**にもとづき大西洋を西に直進することで、いちはやくアジアに到達しようと考えた。

こうしてイサベルの信任を受けたジェノヴァ人**コロンブス**が、大西洋を西航した。彼はカリブ海のサンサルバドル島に到達し、ここを「インド」（当時ヨーロッパではインド以東のアジアを漠然とこうよんでいた）の一部だと信じ、住民を「**インディオ**」とよんだ。**大西洋横断ルート**の開拓である。

コロンブスは火器を用いて、原住民をおどしながら略奪をした。期待されたアジアの富はなく、コロンブスが持ち込んだ疫病によって多くの原住民の命が失われた。

さて、ときのローマ教皇アレクサンデル六世は、スペインがアジアに到達したと聞いて、一四九三年、大西洋上に教皇子午線をひいた。東をポルトガル、西をスペインの勢力圏としたのである。驚いたのはポルトガルだ。ジョアン二世は猛抗議し、翌年この線を大幅に西に移動させる**トルデシリャス条約**を結び、教皇に容認させた。

この結果、一五〇〇年にカブラルが漂着した**ブラジル**はポルトガル領となり、それよりも西の新大陸はすべてスペイン領ということになったのである。

自由な海への乱入者

スペインに先を越された（と思った）ポルトガルは、インド航路の達成を急いだ。ポルトガル王の命を受けたヴァスコ・ダ・ガマの船団は、喜望峰をまわり、アフリカ東岸のマリンディでムスリムの水先案内人を雇った。そこがムスリム商人の海であり、そこからインドまでいくネットワークはすでに何百年も前から、彼らによって構築されていたからである。

かくして一四九八年、ガマはインド西岸マラバール海岸のカリカットに到達した。このころヴィジャヤナガル王国は、中央の求心力が弱まり、交易や産業育成で発展する地方政権が自立していた。カリカットもその一つで、マラッカやアラビアからやってくる商人たちでにぎわう、世界最大級の港市国家であった。ヨーロッパ人がはじめて直接目の当たりにするインドの富は、まさに目も眩まんばかりだった。ガマは多数の大砲をそなえた軍艦や鉄砲をもちいて、暴力的な取引や略奪をおこない、膨大な胡椒や財貨を獲得した。ユーラシア・ネットワークから切り離され、西の端から大西洋へとおいやられたヨーロッパは、新大陸とインド新航路というまったく新しいネットワークをつうじて、大交易時代のユーラシア・ネットワークに再接続した。

スペインとポルトガルの活動は、ネットワークの歴史に大きな変化をもたらすことになるが、ネットワークを築く方法は、これまでの海洋の歴史ではあまりみられない、非常に暴力的なものになった。その片鱗はすでにコロンブスやガマの行動にあらわれていた。彼らは、自由な海に土足でふみこむ乱入者だったのである。

第8章　世界の一体化——一六世紀

一六世紀はグローバル・ヒストリーの大転換点ともいうべき画期となる。まず、これまでユーラシア・ネットワークの西端にあって、間接的にしか東西交易に参加していなかったヨーロッパ諸国が、アフリカをまわって海洋ネットワークに直接結びつき、アジアの大交易時代に参入する。

それだけでなく、ヨーロッパ・アメリカ大陸・アフリカ西岸を結ぶ大西洋交易圏が形成され、さらに太平洋を渡る航路が開拓されることで、ユーラシア大陸とアメリカ大陸が大西洋と太平洋をこえて結びつく、新たなネットワークがつくられたのである。これは地球の主要な大陸と海洋をぐるりと一周する、まさに真の意味でのグローバル・ネットワークの成立であるといえる。

こうした意味で、一六世紀は「世界の一体化」が始まったと、ほとんどの教科書では位置づけられている。ただ、「世界の一体化」には段階がある。この一六世紀にネットワークがグローバルに結びつき、一九世紀に交通革命によって緊密度が増し、二〇世紀に世界中の人々が日常的に世界とつながるようになるのである。

1501年	サファヴィー朝ペルシアがタブリーズを都に成立。
1507年	トルコ系ウズベク人がヘラートを攻略し、ティムール帝国を滅ぼす。
16世紀初	西トルキスタンにウズベク人のブハラ・ハン国とヒヴァ・ハン国が成立。
1510年	ポルトガルがインドのゴアを占領し、総督府を設置。
1511年	ポルトガルがマラッカを占領。
1517年	オスマン帝国がマムルーク朝を滅ぼし、紅海交易圏を支配。
1521年	スペインのマゼラン船団が太平洋を横断し、フィリピンに到達。
	スペイン征服者コルテス、アステカ王国を滅ぼし、ヌエバ・エスパーニャ副王領建設。
1523年	寧波の乱により日明関係が悪化、日明貿易が衰退。
16世紀前半	中国人を主体とする倭寇が九州を拠点に東シナ海沿岸部に登場（後期倭寇）。
1526年	ジャワ島西部にバンテン王国が成立。スンダ海峡の交易でさかえる。
	北インドにティムールの子孫バーブルがムガル帝国を建国。
1533年	スペイン征服者ピサロ、インカ帝国を滅ぼし、ペルー副王領建設。
1534年	イグナティウス・ロヨラらがパリでイエズス会発足。
1543年	ポルトガル商人を乗せた倭寇の船が種子島に漂着し、日本に鉄砲を伝える。
1545年	ボリビアでポトシ銀山が発見される。
1549年	イエズス会のフランシスコ・ザビエル、日本にキリスト教を伝える。
1550年	平戸にポルトガル商館が成立し、主に日本銀を輸出する南蛮貿易はじまる。
	タタールのアルタン・ハン、明軍を撃破し北京を包囲。
1557年	ポルトガルが明からマカオに居住区をあたえられる。
1565年	メキシコからフィリピンまでの太平洋航路が発見される。
1567年	オスマン帝国がフランスにカピチュレーションをあたえる。
1569年	明が海禁を緩和。
1570年	明とタタールが和解。アルタン・ハンが明の冊封を受ける。
1571年	スペイン、フィリピンにマニラを建設。アカプルコ貿易はじまる。
	レパントの海戦で、スペイン・ヴェネツィア連合艦隊がオスマン帝国に勝利。
1578年	中部ジャワ島に新マタラム王国が成立し、穀物輸出でさかえる。
1581年	ネーデルラント連邦共和国（オランダ）がスペインから独立宣言。
1582年	ロシアのイヴァン4世、コサックのイェルマークに命じてシベリアを征服。
1588年	イギリスがスペイン無敵艦隊をやぶる。
1590年	豊臣秀吉が天下統一。日本の戦国時代おわる。
1599年	タイのアユタヤ朝がビルマのトゥングー朝を滅ぼす。

第8章に登場する諸勢力

遊牧民……サファヴィー朝　ブハラ・ハン国　ヒヴァ・ハン国　韃靼（タタール）　カザフ人　シビル・ハン国　アストラハン・ハン国　カザン・ハン国　クリム・ハン国　コサック

農耕民……ポルトガル　スペイン　オスマン帝国　ヴィジャヤナガル王国　明　日本（室町幕府・織豊政権）　チベット　イギリス　フランス　ポーランド　黎朝大越国　モスクワ大公国　ムガル帝国　オランダ

海洋民……ヴェネツィア　アチェー王国　バンテン王国　マカッサル　ジョホール　後期倭寇　広南王国　トゥングー朝　アユタヤ朝　琉球王国　マタラム王国

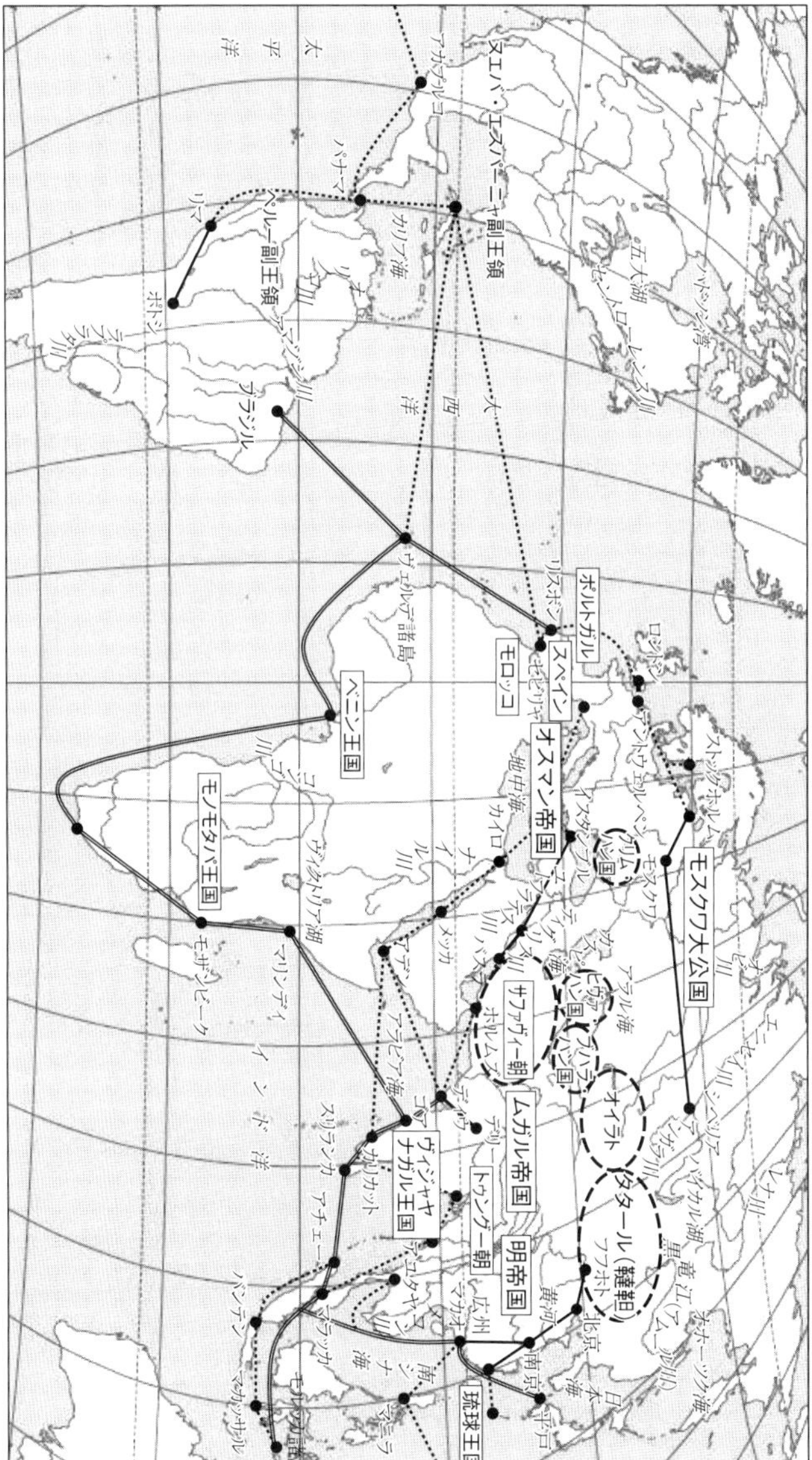

16世紀のネットワーク（二重線はポルトガルのネットワーク）

1　オスマン帝国とポルトガル

遊牧国家サファヴィー朝

まず、大陸ネットワークの変容からみてみよう。オアシスの道の西方を支配していたティムール帝国は、一六世紀に入ると崩壊を始めた。この大帝国が動揺した背景には、遊牧民の活発な活動があった。

カスピ海西南部のアゼルバイジャンに拠点をかまえていたシーア派イスラームの神秘主義教団（サファヴィー教団）は、**キジルバシュ**とよばれるトルコ系遊牧民に多くの信徒を獲得していた。その教主イスマーイール一世は、トルコ系遊牧民をひきいて挙兵し、一五〇一年に大都市タブリーズを占領、**サファヴィー朝ペルシア**を建国した。サファヴィー朝はトルコ系騎馬軍団の軍事力により、さらに東方へと領土を拡大していった。

そのころ、北方のキプチャク草原では、トルコ系遊牧民の**ウズベク人**が、ジュチ系ウルスの後継者を称して自立し、南下していった。ウズベク騎馬軍団は東西交易の拠点サマルカンドをおとし、さらに一五〇七年、ついに帝都ヘラートを陥落させ、ティムール帝国を滅ぼした。

スンナ派イスラームのウズベク人と、シーア派神秘主義教団のサファヴィー朝は、イラン高原ではげしく衝突した。その結果、ウズベク人は中央アジアまで退いた。ウズベク人は、**ブハラ・ハン国**と**ヒヴァ・ハン国**を建国してオアシスの道の中央部をおさえ、イラン・中国・インドを結ぶ東西交易によってさかえることになる。

一方のサファヴィー朝はイラン高原の支配権を確立した。イスマーイール一世は、古くからのペルシアの王号シャーを名のり、イラン系の官僚を行政や財務の要職につけるなど、イラン人の民族意識を高めようとした。

ところが、初期サファヴィー朝の実態は、遊牧民キジルバシュが実権をにぎり、主要な地域を遊牧民の長が支配する遊牧国家であった。イラン系の文人や商人たちが重んじられる社会ではなく、国家構想と実体の間にはずれがあった。

オスマン帝国の東方拡大

イラン高原の支配権を確立したサファヴィー朝は、西方のイラク方面ではオスマン帝国という大国の前に、その進撃が阻止されることになる。一五一二年に即位したオスマン帝国の**セリム一世**は、これまで西方のバルカン半島に向かっていた拡大を反転させ、東方への軍事行動を開始した。

一五一四年、オスマン帝国とサファヴィー朝の軍はチャルディラーンの戦いで激突した。サファヴィー朝の強力なキジルバシュ騎馬軍団の前に、大量の鉄砲で武装したオスマン帝国の**イェニチェリ**軍団が立ちふさがった。結果はオスマン軍の大勝利。騎馬軍団は鉄砲隊の前になすすべを知らなかった。

日本でいえば長篠の合戦にも比すべきこの戦いは、西アジアに**軍事革命**をもたらした。騎馬軍団の時代は終わりをつげ、火器で武装した歩兵隊が軍隊の中心になる。それはとりもなおさず、トルコ系マムルークの時代の終わりでもあった。

セリム一世はさらに軍をすすめ、一五一七年にエジプトのマムルーク朝を滅ぼし、メッカ・メディナ両聖地を保護下におき、カリフをイスタンブルに移してスンナ派イスラームの盟主となった。

マムルーク朝を滅ぼしてエジプトとシリアを支配したということは、海の道の西方の要である、紅海・地中海ネットワークの覇者となったことにほかならない。オスマン帝国は旧ビザンツ帝国の領土をほとんど支配し、東地中海を完全に手中におさめた。

紅海交易圏を手に入れたオスマン帝国は、東方との海上交易やメッカ巡礼ルートを確保すべく、さらにアラビア海からインド洋にいたる広大な海洋ネットワークへの関心を強めていった。そこでこの海域で敵対したのが、ポルトガルであった。

ポルトガル海洋帝国

ヴァスコ・ダ・ガマの航海によって、アフリカ南端をまわるインド航路を開拓したポルトガルは、**香辛料交易**を独占するために、すさまじいスピードでインド洋に進出する。アフリカ東海岸のモザンビークに要塞をつくり、大砲をそなえた艦隊をインド方面に派遣した。

一五〇五年、**スリランカ**に拠点をつくり、インド西北部グジャラート地方のディウをおさえ、さらに一五一〇年にインド西南部マラバール海岸の**ゴア**を占領し、総督府をおいた。これによりアフリカ東岸からインドへの季節風航路を、ポルトガルが支配することになった。ポルトガルはヴィジャヤナガル王国から胡椒を安定的に仕入れていく。

さらに一五一一年にはベンガル湾をこえて東進し、当時まさにアジア大交易ネットワークの結節点にあって繁栄していたマラッカ王国を攻撃した。ポルトガルの火器の前にマラッカは陥落、インド洋と南シナ海をつなぐマラッカ海峡の最良の拠点をおさえたことで、ポルトガルは香辛料交易の独占という野望を現実のものとした。

かくして一五一二年、ポルトガルはクローヴやナツメグといった高級香辛料の産地である**モルッカ諸島**

（香料諸島）に到達した。ガマがカリカットに到達してからわずか一四年で、香辛料交易のルートを確保したのである。

マラッカと琉球をネットワークの結節点とする海上交易は、すでに成熟期にはいっており、ポルトガルもまた目新しくはあったが、大交易へのいち参加者にすぎなかった。ところがポルトガルは、いくつかの点で、これまでの海洋ネットワークの担い手たちと大きく異なっていた。

第一に、港市を軍事占領していった点。そもそも自由な海の主体は商人であり、戦争とは無縁であった。だからこそ大陸ネットワークと違って政治変動で動揺することが少なかったのである。ところがポルトガルは火器で武装した船団で、交易ルートに必要な港市を直接支配した。

第二に、交易ルートを独占的に支配しようとしたこと。これまでの海洋ネットワークにおいて国家が支配するのは、自国の沿岸部にある港市、つまりネットワークを結ぶ点であり、線ではなかった。ポルトガルはネットワークの点を複数支配することで、ネットワークの線そのものを支配しようとしたのだといえる。

第三に、本国から遠くはなれた海域を支配しようとしたこと。ポルトガルのようにユーラシア大陸の反対側まで拠点をつくり、大西洋・インド洋・南シナ海へと、本国から続くすべての大洋を自国の拠点でつないでしまおうなどという試みは、前代未聞である。鄭和の南海大遠征ですら、占領はせずに朝貢をうながしただけだったのだ。

このように、領域の支配ではなく、海洋ネットワークの支配によって複数の世界を結ぶ海上交易の独占をはかる国家を、**海洋帝国**とよぶ。ポルトガル海洋帝国の出現によって、有史以来の平和な海は、にわかに抗争の時代にはいった。

オスマン帝国の海上覇権

一五二〇年、オスマン帝国では「大帝」とも称される**スレイマン一世**が即位した。スレイマンは大軍をひきいて西進して、ハンガリーを属国とし、一五二九年にウィーンを包囲するなど、ヨーロッパの君主たちを震えあがらせた。

スレイマンは領土を拡大するだけでなく、セリム一世の時代に確保された海上交易路をさらに確保することをめざした。彼はサファヴィー朝からイラク南部を奪い、ペルシア湾の沿岸部をおさえた。せっかくホルムズを占領していたポルトガルであったが、これでペルシア湾ルートを支配することは困難になった。

さらにアラビア半島西岸を南下し、季節風交易の風待ち港アデンのあるイエメン地方を支配した。オスマン帝国はアラビア海の交易路へと進出し、ポルトガルと衝突することになる。スレイマンは新たに大砲をそなえた強力な海軍を組織し、東地中海およびアラビア海に展開した。

東地中海では海上覇権をとりもどすべく、ヴェネツィアとスペインの連合艦隊が、オスマン海軍に挑んだ。しかし一五三八年、**プレヴェザの海戦**で大敗し、東地中海の制海権はオスマン帝国ががっちりと掌握した。

同じ一五三八年、オスマン帝国はインド北西部ディウのポルトガル要塞を攻撃する。ポルトガルはディウやホルムズから紅海・ペルシア湾に進出しようとしていたが、いずれもオスマン帝国によって阻止されたのである。

こうしてインド洋ではオスマン帝国が積極的に海上へと進出していき、ポルトガル海洋帝国のネットワークをおびやかし続けた。

2　海禁＝朝貢体制の動揺

マラッカ海峡ルートとスンダ海峡ルート

ポルトガルがマラッカを軍事占領し、この地で香辛料交易を独占しようとしたことにたいして、ムスリム商人は交易ルートの変更で対抗した。このころムスリム商人はスマトラ島やジャワ島に進出し、イスラームに改宗する者も多かったので、ヒンドゥー教のマジャパヒト王国は衰退した。

ムスリム商人はスマトラ島北部のイスラーム国家、**アチェー王国**を拠点とし、マラッカ海峡を避けて、スマトラ島の南岸をすすみ、スマトラ島とジャワ島の間の**スンダ海峡**をぬけて、ジャワ海にはいるというルートを開拓した。

スンダ海峡に面するジャワ島西部には**バンテン王国**が成立し、ムスリム商人はここからモルッカ諸島にすすむことができるようになった。ジャワ島西部は胡椒の一大生産地である。スラウェシ島の港市国家**マカッサル**もイスラーム化し、ムスリム商人は香辛料交易の**スンダ海峡ルート**を確立した。

ところで、このスンダ海峡ルートを支援したのが、オスマン帝国である。オスマン帝国はアチェー王国と直接交易関係を結び、火器を輸出して香辛料を輸入した。さらにバンテン王国もオスマン帝国から大砲などを輸入し、ポルトガル武装船団に対抗した。つまり、東南アジアにおけるポルトガルとイスラーム諸国との争いは、香辛料交易をめぐるポルトガルとオスマン帝国の争いでもあったのである。

かくしてアチェーはオスマン帝国という後ろ楯を得て、東南アジアのイスラームの中心ともなった。バンテンは、ジャワ産の胡椒やモルッカ諸島からくる高級香辛料を求めて、インド洋や南シナ海を渡ってきたア

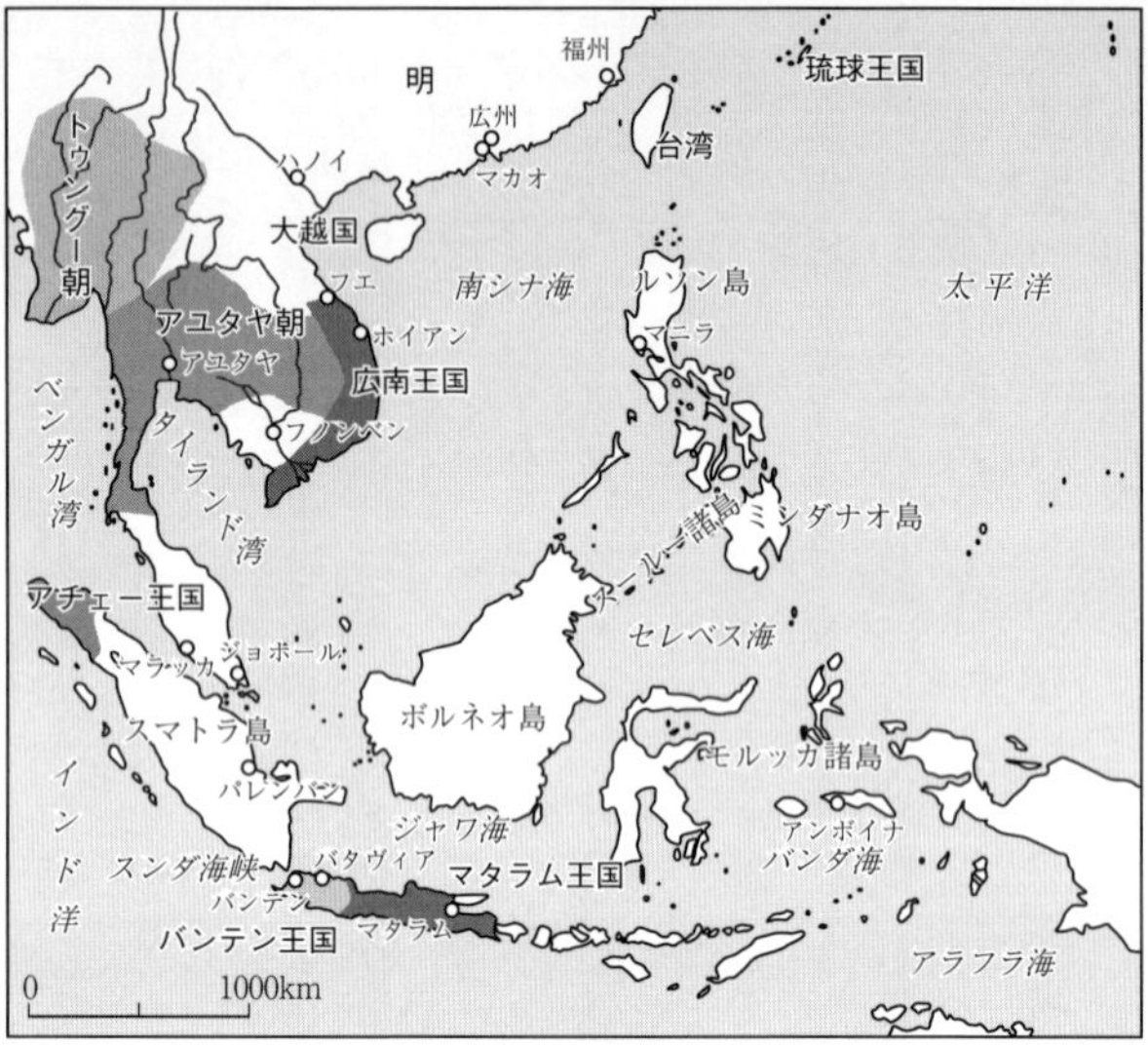

16世紀の東南アジア

ラビア人やトルコ人、インド人や中国人でにぎわった。

一方、王宮を追われたマラッカ王国の王族は、一五二八年にマレー半島南部の**ジョホール**に拠点を移して、新たな風待ち港とした。こうしてポルトガル、アチェー、ジョホールの三勢力がインド洋と南シナ海を結ぶルートをめぐり争うことになった。香辛料交易を独占するというポルトガルの野望は、失敗したのである。

後期倭寇の登場

ポルトガルはさらに明との交易を求めた。明は建国以来の**海禁＝朝貢体制**を崩すことなく、ポルトガルもまたいち朝貢国としてしか扱われなかった。一五一七年にポルトガルは広州での朝貢貿易を認められている。

このころ、明の重要な朝貢国だった日本は、政治的に非常に不安定な時代にはいっていた。室町幕府の権威は低下し、諸大名が自立して地方政権をつくり、互いに争う**戦国時代**に突入していたのである。日明交易はまだ続いていたが、その実権は北九州・中国の大内氏と、畿内・四国の細川氏などの有力大名に移っていた。大内氏の背後には博多商人が、細川氏の背後には堺商人がおり、日明交易の権限をめぐって争うようになった。

国内で争っているうちはまだよかったのだが、一五二三年に日明交易の指定港である寧波《ニンポー》で両者が衝突し（**寧波の乱**）、これをきっかけに明との関係が悪化してしまった。日明交易はやがて途絶えてしまう。

このころから、ふたたび倭寇が東シナ海や南シナ海に出没するようになった。これにはいくつかの要因があったが、第一に、室町幕府が海上管理をおこなえず、海賊を取り締まることができなくなったことがあげられる。

第二に、ポルトガルのアジア参入によって東南アジアの勢力図が崩れ、既存の朝貢体制におさまらない勢力が台頭したことである。例えば模範的朝貢国たるマラッカ王国が滅び、ポルトガルがとってかわった。

さらにはアチェー王国やバンテン王国など、明との交易を求める新興国家はますます増えていくのに、海禁のために自由に交易することができない。このことに不満をもったのは、むしろ中国側の、海上交易で生活していた福建や広東の沿岸地域の人々であった。

彼ら華南の中国商人は、禁をおかして日本やポルトガルと密貿易をおこない、武装して政府の取り締まりに対抗した。彼らは戦国時代で統制が緩んでいた日本の沿岸部を根城として海賊と化した。

一四世紀の倭寇が日本人中心の海賊で、朝鮮半島など東シナ海北部の海域で活動したのにたいして、一六世紀の倭寇は中国商人が中心で、その目的は海禁をやぶる密貿易であった。彼らの出身地は中国南部なので、その活動領域は東シナ海の南部から南シナ海となった。この密貿易勢力を**後期倭寇**という。東シナ海はふたたびアナーキーの海となった。しかしその実態は、自由な海を求める商業ネットワークの反乱であった。

モンゴルの雄アルタン・ハン

明は南方における後期倭寇の取り締まりに手を焼いた。他方で、北方のモンゴル人の侵入もはげしくなり、明は国境防衛に多大な人員と費用を投入しなければならなかった。いわゆる「北虜南倭」である。

一六世紀、モンゴル高原では韃靼（タタール）、すなわちチンギス家の末裔が大ハンとして君臨する集団がまとまりをみせ、明にとっておそるべき脅威となった。このときタタールをまとめていたのがアルタン・ハンである。彼らの要求は、海禁＝朝貢体制によって制限されていた交易の拡大であった。

実は北方でも海禁＝朝貢体制は限界を迎えていた。モンゴル勢力のなかには多くの中国人がいたといわれている。重税を逃れようとする農民、逃亡した明の兵士、弾圧をうけている白蓮教徒などであった。彼らはさまざまな事情から海禁をおかし、万里の長城をこえてモンゴルの地に入り、農耕集落を形成した。アルタン・ハンはこうした中国人を保護し、中国風の城郭都市を建設し、農耕や交易に従事させた。現在の内モンゴル自治区の中心都市フフホトは、アルタン・ハンによってこのころつくられたモンゴル都市であった。

明は大軍を北方の軍事拠点に常駐させ、タタールの侵入に対応しなければならなくなった。その費用はもっぱら銀でまかなわれた。大交易時代と国内の商業都市の発達により、すでに明では銀経済が成立していたためである。

明は全力をあげてタタールの侵入を防ごうとするが、アルタン・ハンはやすやすと万里の長城をこえ、一五五〇年に北京を包囲した。北方の防衛が長引けば長引くほど、大量の銀が北方の軍事費のためにすいあげられる。こうして中国国内では銀がいちじるしく不足してきた。

中国での銀需要の高まりをうけて、強く求められたのが日本銀の輸入である。当然中国での銀価格は高騰していたので、商人にとっては大きな利益になる。こうして後期倭寇の活動はますます活発になった。北虜と南倭は、銀需要によって密接につながっていたのである。

日本銀と南蛮貿易の開始

このころ、日本の戦国大名は国力を増大させるために鉱山の開発にはげんでいた。なかでも最大の銀山が、現島根県の**石見銀山**である。さらに朝鮮半島から灰吹き法という画期的な精錬技術が伝わったことで、日本銀の生産量は飛躍的に増大していた。

こうして後期倭寇は、中国から生糸や絹織物などを日本に輸出し、日本銀を密輸入していった。その船団にはポルトガル商人もしばしば加わっていた。

日本銀（丁銀）

平戸にたつ「倭寇王」
王直の像

倭寇の一人である**王直**は、現長崎県の五島列島を拠点として、日本人・中国人をまじえた密貿易集団をひきいる大頭目であった。一五四三年、ポルトガル商人を乗せて中国沿岸部をめざしていた王直の商船は、ルートをあやまって九州南端の種子島に漂着し、日本に**鉄**

砲を伝えたとされる。

鉄砲は戦国時代に軍事革命をもたらすとともに、ポルトガル商人との交易の有益性を知らしめた。これ以来、ポルトガル船は日本にしばしば来航するようになり、一五五〇年にポルトガルは現長崎県の**平戸**に商館をかまえ、対日交易の拠点とした。

マルコ・ポーロが伝える「黄金の国ジパング」は、ヨーロッパを大航海にむかわせた原動力のひとつだといわれている。そのあこがれの地日本に、ポルトガルは到達した。しかし日本は黄金の国ではなく、むしろ「銀の国」であった。

ポルトガルはヨーロッパ向けの香辛料や中国商品を仕入れるにあたって、国際通貨である銀を必要としていたが、後述するスペインと違って、ポルトガルは自前で銀を産出できなかった。そこで注目されたのが日本銀である。

日本では日明交易が途絶えて以来、生糸などの中国製品の需要が高まっていた。そこでポルトガルは、倭寇ネットワークにのって、中国で仕入れた生糸を平戸で日本銀と交換するという事業を開始した。これは日本側からは**南蛮貿易**とよばれ、戦国大名たちの大きな財源のひとつとなる。

ポルトガル・ネットワークと北部九州

ポルトガルは一五五七年、明に海賊の取り締まりを約束し、その代償として広州近郊の島、**マカオ**（澳門）に居住区をあたえられた。自身が倭寇とつながっているにもかかわらず、海賊取り締まりなどできるはずもないのだが、これでポルトガルは中国に交易拠点を得ることになった。

かくしてポルトガルは、平戸とマカオを拠点として、公式には通交のない日明間の交易を仲介する役割を

南蛮船の入港・荷揚げの様子（「南蛮屏風」より）

果たすようになった。この中継交易は、香辛料交易に匹敵する大きな利益をもたらすものであった。

一六世紀半ばにおけるポルトガル商人のネットワークを総覧してみよう。ポルトガルはインド産の綿布や香辛料を仕入れる拠点としてゴアをもっていた。そこから東南アジアのモルッカ諸島をつなぐ香辛料交易の拠点としてマラッカがある。

さらに日本の平戸で銀を、中国のマカオで生糸・絹織物などの中国商品を交換する中継交易をおこない、そこで得られる日本銀はモルッカ諸島やインドでの購入資金になる。これらのアジア産品はアフリカをまわってポルトガルの首都**リスボン**まで運ばれ、ヨーロッパ各国の商人たちが高値で買い取った。

まさにユーラシア大陸の東西両端を結ぶ巨大な海洋ネットワークを、ポルトガルはつくりだしていたのである。そのなかで重要な役割を果たしていたのが日本銀であることはいうまでもない。

ポルトガルが日本市場に深くはいりこむことができたのは、日本が戦国時代で地方政権が自立していたためである。さらに日本銀の増産、倭寇ネットワークの構築など、さまざまな幸運がかさなって、ポルトガル・ネットワークは機能したのだといえる。

こうしてポルトガルは、北部九州に勢力を広めていった。一五四九年に

イエズス会の設立者の一人**フランシスコ・ザビエル**（シャヴィエル）が平戸に来て、日本にキリスト教を伝えて以来、ポルトガルの商業活動はキリスト教布教と一体のものだった。

西国大名は南蛮貿易という、グローバルなポルトガル・ネットワークから巨大な利益を得ようと、次々にキリスト教に改宗した。彼らは**キリシタン大名**とよばれた。西国大名の保護のもと、戦乱に苦しむ民衆にもキリスト教は急速に広まっていき、北部九州はキリスト教国として独自の発展をとげていく。

このとき北部九州は、極東にキリスト教世界をつくりだし、ポルトガル・ネットワークに組みこまれ、倭寇のイリーガルなネットワークの拠点となり、日本銀をアジア全域に供給していた。まさにグローバル・ネットワークの縮図ともいうべき特異な文化的空間を生みだしていたのだ。

3　大西洋ネットワークの成立

マゼラン船団の世界周航

すでに九〇〇年の歴史をもつアジア海洋ネットワークに新規参入して、多くの利益を得るとともに諸勢力との抗争をくりひろげたポルトガルに対して、スペインの海洋進出は既存のネットワークが存在しない、いわばネットワークの新規開拓をおこなおうとするものだった。

コロンブスの航海を皮切りに続々と航海者が大西洋をわたり、ここがアジアではなくヨーロッパにとって未知の「新大陸」であることが判明した。カリブ海南岸の探検によって新大陸説を提唱したフィレンツェの航海者アメリゴ・ヴェスプッチの名にちなみ、この大陸は「**アメリカ**」と名づけられた。

それでも西廻りでのアジア航路をあきらめきれないスペインは、一五一九年にポルトガル人**マゼラン**を支援して四隻の船をあたえ、世界周航をおこなわせた。彼らはブラジルから南下してラテンアメリカ南端まで到達し、そこにある狭く危険な海峡（マゼラン海峡）を突破し、太平洋に出た。

すでに食料は尽きかけていたが、さらに三カ月もの過酷な航海のすえに、一五二一年、ついにアジアに到達した。マゼランは上陸した島を、スペイン王太子の名からフィリピン（フィリピナス）と名づけ、スペイン領有を宣言したが、現地の首長ラプラプの軍勢と衝突して戦死してしまった。

残ったマゼラン船団はフィリピンを脱出、モルッカ諸島を経てそのままインド洋を横断して喜望峰をまわり、最後の一隻が一五二二年にスペインに帰還した。人類初の世界周航の達成である。

しかしアジアへの西廻り航路はあまりに危険かつコストがかかりすぎるため、しばらく放置された。太平洋を横断する新ネットワークの構築には、さらに約四〇年が必要だった。

大西洋ネットワークと疫病

そのころスペインは、ラテンアメリカの現地帝国を征服していった。一五二一年、コルテスはメキシコのアステカ王国を滅ぼして、ヌエバ・エスパーニャ副王領を建設し、一五三三年にはピサロがペルーのインカ帝国を征服して、ペルー副王領が設置された。

火器で武装していたとはいえ、少数のスペイン人になぜこれらの大帝国がやすやすと滅ぼされてしまったのだろうか。その一因に、ヨーロッパからもたらされた疫病の大流行があげられている。

スペイン人によって、天然痘、はしか、ペスト、インフルエンザなどの伝染病がアメリカにもちこまれ、免疫のないアメリカ先住民（インディオと呼ばれた）に、すさまじい勢いで感染した。その結果、メキシコと中南米のインディオ人口は、スペイン征服後のわずか百年あまりで五〇〇〇万人から四〇〇〇万人に激減したといわれている。

すでに述べたように、ペストは一四世紀にアジアからモンゴル・ネットワークをつうじてヨーロッパに大惨禍をもたらした。それが新しい海洋ネットワークによって大西洋をわたり、アメリカ先住民の文化に壊滅的な打撃をあたえたのである。

さてスペインは、先住民の保護とキリスト教化を条件に、国王が植民者に統治を委託するエンコミエンダ制を導入した。メキシコやラテンアメリカの諸帝国は金銀が豊富だったので、スペイン人たちは目の色を変えて略奪し、財宝をあらかた取りつくすと、農園をひらいてインディオたちを酷使した。

疫病による人口減少もひどいものだが、スペイン人によるインディオ虐待も最悪だった。新大陸での布教にあたっていた宣教師**ラス・カサス**は、さすがに征服者たちの野蛮行為をみかねて、国王カルロス一世に改善をうったえた。一五四二年、人口減に歯止めをかけるために、スペインはエンコミエンダ制をとりやめ、先住民の奴隷化を禁止し、王室による直接統治を開始した。

大西洋奴隷貿易の開始

スペインの植民者たちは、インディオにかわる労働力として、アフリカの**黒人奴隷**を導入した。アフリカに植民地や拠点をもたなかったスペインは、ポルトガルの奴隷商人と奴隷売買契約（アシエント契約）を結び、大量の黒人奴隷を輸入する。

ポルトガルはアフリカ西岸（ギニア）の**ベニン王国**などの黒人王国や、アフリカ東岸の**モノモタパ王国**などから奴隷を高額で買い取り、ラテンアメリカに輸出した。このためアフリカの諸王国は、以後何世紀にもわたって熱心に奴隷狩りをおこない続けた。これはアフリカの発展を大きく阻害することになる。

このアシエント契約は大きな利益をもたらすので、のちにはイギリスやフランスも奴隷貿易に参入した。しかし一九世紀にいたるまで最大の奴隷供給国はポルトガルであり、資源をもたないポルトガルにとって重要な資金源になった。

奴隷貿易の興隆は、アフリカ西部の商業ネットワークにも変化をもたらした。交易の中心はサハラ砂漠の塩金交易から大西洋沿岸の奴隷貿易へと移行し、その結果、塩金交易に支えられたソンガイ王国が衰退した。ソンガイ王国は一六世紀末、モロッコに滅ぼされた。

奴隷貿易自体は古代からさかんにおこなわれていたが、この大西洋奴隷貿易は、長期にわたる大規模な人口移動と文化的変容をアフリカとアメリカにもたらしたという点で、世界史上の大事件であった。一九世紀初頭に奴隷貿易が禁止されるまで、大西洋をわたった奴隷の数は、およそ一〇〇〇万人にのぼるといわれている。

一六世紀なかば以降、黒人奴隷はもっぱら**サトウキビ**のプランテーションで使役された。アジアとことなり商業がそれほど発展していなかったアメリカには、交易につかえる特産品といったものはなかった。そこでスペインやポルトガルは、本国からサトウキビを新大陸にもちこんだ。

もともとサトウキビはインドで栽培され、それがアラビアに伝わり、後ウマイヤ朝によってイベリア半島にもちこまれ、さらに大西洋を渡って新大陸で栽培されるようになったものだ。ポルトガルはブラジルで、そしてスペインはカリブ海地域でサトウキビ農園をひらいた。

砂糖は当時、王侯貴族や大商人しか口にできないような、きわめて高級な嗜好品だったので、新大陸産の砂糖は植民者に大きな利益をもたらし、それとともに大量の黒人奴隷がアフリカから輸出されることになったのである。

ヨーロッパになだれこむ新大陸銀

一方、一五四五年にペルー副王領中部（現在のボリビア）でポトシ銀山が発見されると、空前の新大陸銀ラッシュが始まった。このため先住民はふたたび酷使されるようになり、インディオ人口の減少はますます進むことになった。

ポトシ銀山が算出する銀の量は世界最大であり、さらに水銀アマルガム法が精錬に用いられることで、銀の生産量は飛躍的にのびた。スペイン王室やアメリカ植民者たちは、ヨーロッパ各地の商品を買いあさり、新大陸銀がヨーロッパに流入する。

銀山で酷使されるインディオ

新大陸から流れ込む銀の量は、ヨーロッパが過去経験したことがない膨大な量だったため、価格革命とよばれる物価騰貴がおこった。固定地代に依存した領主層は没落したが、貨幣の量が増えることで商業は活性化し、「繁栄の一六世紀」を迎える。

商業が発達したのは、イギリスやフランスといった大西洋に面した国々である。これらの国々は大西洋ネットワークをつうじて大きな利益を得て、そこで獲得した銀で、ポルトガルがもたらすアジア産の香辛料などを購入した。

そうした国際商業の中心となったのが、スペイン領ネーデルラントのアントウェルペン（アントワープ）である。アントウェルペンのあるフランドル地方（現在のベルギー）は中世以来の毛織物産業の中心地で、北海・バルト海交易圏に組みこまれ、かつシャンパーニュ地方から北イタリアにいたる内陸遠隔地交易のネットワークとつながっていた。

こうして一六世紀なかばのアントウェルペンには、イギリスの羊毛・毛織物、ロシアや北欧の木材、ポーランドの穀物、南ドイツの銀、ポルトガルから香辛料などアジア商品、そして新大陸の銀など、ありとあらゆる主要商品がもちこまれ、さかんに取引されるようになった。

また、インドの胡椒・高級香辛料・中国の生糸、それにブラジルの砂糖やアフリカの象牙などが集積されたのはポルトガルのリスボンである。新大陸の銀が運ばれてきたのはスペインのセビリャであった。

このようにアジア・アフリカ・アジアとの交易がさかんになることで、ヨーロッパ遠隔地商業の中心は、地中海交易圏から**大西洋交易圏**に移行し、ポルトガル、スペイン、ネーデルラント、イギリス、フランスといった大西洋沿岸の諸都市が発展することになった。これが**商業革命**である。

大西洋交易圏の世界システム

ヨーロッパは一九世紀後半以降、世界中に植民地や勢力圏を広げていくことになるが、ユーラシア大陸の西端にあってたいした資源ももたないヨーロッパが、なぜ世界の支配者となれたのか、という問題へのひとつの回答として、「(近代)**世界システム**」論がある。

アメリカの歴史学者ウォーラーステインがとなえたこの概念は、近代以降のヨーロッパによる世界展開の構造を説明することができるため、教科書でもしばしば紹介されている。世界システムとは、ひとことでいえば、ヨーロッパの商工業発展を支えるための世界的な分業体制のことである。

商業革命によって大西洋沿岸の都市で商工業が発展すると、都市の人口が増加する。そこに穀物を供給するポーランドなどエルベ川以東の農業地域では、領主が大農場で農奴を使役する農場領主制（グーツヘルシャフト）が形成され、穀物の増産がおこなわれた。

価格革命の時代にあってもワルシャワの小麦価格は相対的に低くおさえられていたので、西欧向けの穀物は需要があったのである。こうして西欧は商工業が発展し、東欧は農業生産をおこなって西欧に食料を供給するという、ヨーロッパ内分業体制が成立したといわれている。

さらに、西欧諸国はアメリカを植民地化して鉱山でインディオを使役し、アフリカから奴隷を輸入してプランテーション経営することで、銀や砂糖の利益を享受していた。西欧の発展は、アメリカの支配によって支えられていたのである。

一六世紀後半、西欧諸国を「中心」とし、東欧の農業国とアメリカ植民地、そしてアフリカ西岸を「周辺」として従属化する世界システムが成立した。しかしここでいう「世界」とはヨーロッパ中心の、大西洋交易圏に限定された世界であって、アジアではさらに巨大な「世界」が繁栄を続けていたことは、考慮に入れなければならない。

4　グローバル・ネットワークの成立

銀のグローバル・ネットワーク

商業革命は、新大陸の銀なしには歴史的現象とはならなかったといえる。なぜならアジアの特産品にたいしてヨーロッパは有効な国際商品をもたず、支払い手段として銀をもちこむしかなかったからだ。それを提供したのが、スペイン人が開発したラテンアメリカの銀鉱山だったのである。

こうして新大陸の銀はヨーロッパ諸国へ、そしてヨーロッパからアジアへと、東回りで拡散していき、大交易時代をさらに活性化させることになる。

さらに一五六五年、メキシコ西岸からフィリピンへの安定した**太平洋航路**が発見された。スペインはあきらめかけていた対アジア交易を、太平洋ルートによって本格化させるのである。

かくしてマゼランが領有宣言してそのままになっていたフィリピンへの、本格的な侵略と植民が始まった。一五七一年、フィリピン総督に就任したレガスピは、北のルソン島に**マニラ**を築き、アジア交易の拠点とした。

このころメキシコでも大規模な銀山が開発されており、スペインは、メキシコで鋳造された大量の銀（**メキシコ銀**）を、メキシコ西岸の港**アカプルコ**から出荷して、**ガレオン船**に乗って太平洋を横断してマニラに運び込むようになった。

ガレオン船（デューラー画）

マニラには多くのアジア商人がやってきてメキシコ銀とアジア産品を交換し、スペインのガレオン船はアジア商品を積みこんでふたたびアカプルコへと出航する。これを**アカプルコ貿易**という。

これによって、新大陸銀はヨーロッパ経由の東回りルートだけでなく、アカプルコ貿易という西回りルートによって、東西両面からアジアと結びついた。**銀のグローバル・ネットワーク**が、ここに成立したのである。

明の海禁緩和

グローバル・ネットワークの成立によって、もはや明の海禁＝朝貢体制は限界に達していた。タタールのアルタン・ハンは、トルキスタンとチベットにまで勢力を広げ、チベット仏教ゲルク派の教主に**ダライ・ラマ**（「大海のごとき上人」という意味）の称号を贈り、モンゴル人を宗教的にもまとめあげた。

　このときタタールの勢力範囲は明の国境をぐるりと取り囲み、明にたいする交易要求もさらに圧力を増していた。さらに南海上の後期倭寇は、ポルトガルが日本とヨーロッパからもたらす銀のために、ますます活発になってきた。北虜南倭を武力によっておさえこむことはできなかったのである。

メキシコ銀（スペイン銀）

　こうして明は政策を転換した。一五六九年に**海禁を緩和**し、日本以外との民間交易（**互市**）を認め、中国人の海外渡航を許可した。中国商人が禁をやぶって海賊化したのが倭寇だったので、交易が自由化されると彼らは海の商人たちに戻り、後期倭寇は消滅した。

　ただし、明は倭寇の拠点となっていた日本を依然として危険視していたので、中国人の日本渡航および日本人の中国渡航については禁止したままであった。このため日明交易を中継したポルトガルは、さらに大きな利益を得ることになった。

　ポルトガル人がマカオからもたらす日本銀、そして一五七一年に建設されたフィリピンのマニラで、中国商人がスペイン商人と交換してもたらすメキシコ銀（スペイン銀）が、文字どおり堰を切ったように中国になだれ込んだ。

　一方、海禁の緩和によって北方のモンゴルとの交易も緩和された。タタールももはや武力によって明に交易をせまる必要がなくなった。一五七〇年、明はアルタン・ハンと和解し、アルタン・ハンも明の冊封を受け入れた。

明とモンゴルの国境には数多くの交易場がつくられ、モンゴルの馬や毛皮、オアシスの道からはいる西方物産が、中国の銀と交換された。大モンゴル以来、遊牧民の共通通貨は銀なので、大陸の交易には大量の銀が必要とされた。海洋ネットワークで流入した日本銀・メキシコ銀の一部が北方で交易され、大陸ネットワークに接続したのである。

銀のグローバル・ネットワークによる圧力は、二〇〇年続いた明の海禁政策を変更させ、固く閉じられた大陸の門戸を開いた。アジアの大陸と海域はさらなる大変動を経験することになる。

明末の赤絵陶磁器

銀が変える明の社会

世界の大部分をしめる日本銀とメキシコ銀は、構造的にそのほとんどが中国に流入するようになった。その結果、中国で急速に銀による貨幣経済が浸透し、商工業が発展する。

こうして一六世紀後半には、海外の銀を手に入れるために、主要な輸出品である綿織物や絹織物、生糸、それに陶磁器の生産が急速に増大する。長江下流域では農民たちが副業として綿布や生糸を家内制手工業で生産し、一部の水田はつぶされて**綿花**や養蚕に必要な**桑**が栽培されるようになった。

また、江西省の景徳鎮などが窯業で発展し、**赤絵**や**染付**などによる繊細な紋様の陶磁器が輸出用に生産されていく。このように長江下流域で国際商品が生産され、沿岸部で銀と取引されたため、江蘇省の蘇州や浙江省の杭州などの港市が、商業の中心としてさかえることになる。長江下流域は宋代以降、「蘇湖熟すれば天下足る」といわれた穀倉地帯であった。しかし明代の後半には、江南はほぼ開発しつくされたので、農地開発は長江中流域にまでおよんでいた。そこへ国際商業の発展による沿岸部の商業化がおこると、この長江中流域（現在の湖北・湖南省）が穀物生産の中軸になる。これを称して「湖広熟すれば天下足る」というようになったのである。

　こうして明の社会は、銀によって大きく変わっていった。一五七二年に即位した万暦帝の初期の宰相である**張居正**《ちょうきょせい》は、税と徭役をすべて銀納とする**一条鞭法**《いちじょうべんぽう》を全国で施行した。明の政府もまた、グローバルな銀の流入に対応しようとしたのである。

アジア大交易の新時代

明の海禁緩和は、アジアの海洋ネットワークにも大きな影響をあたえた。もはや各国の商人は、明への朝貢貿易にしばられる必要がなく、自由な海を謳歌した。中国商人は海賊稼業をやめ、堂々と東南アジア各地に進出して**中国人町**をつくっていった。南シナ海の外洋にふたたび中国のジャンク船が行き来するようになった。

　ポルトガル商人もまた交易を多角化させる。二大拠点のマラッカとマカオとのネットワーク上には、ベトナムの**黎朝**《れいちょう》**大越国**があった。このころ黎朝では内紛がおこり、一六世紀なかばに重臣の鄭氏がハノイにはいって黎朝を再建していた。

　鄭氏はもう一人の実力者である阮氏を南方に追放するが、阮氏はフエ（ユエ）を中心に**広南**（クアンナム）

王国を建て、ベトナム南北朝時代となった。両勢力はともにポルトガル商人の交易ルート上にあり、彼らと通商することで、国際交易でさかえた。

南シナ海の交易が活発になると、諸港市に米や熱帯産品を供給することで繁栄する上座部仏教国が、東南アジアの内陸部で成長する。一六世紀にこの地域の覇権をにぎったのが、ビルマを統一した**トゥングー（タウングー）朝**である。

トゥングー朝は、イラワディ川下流のペグーを都として、ベンガル湾と東南アジア内陸部を結ぶ交易をおこなう一方、ポルトガル人傭兵隊やポルトガルの大砲技術を用いて軍事強国化し、一六世紀後半にはタイ（シャム）に進出、アユタヤ朝を一時的に滅ぼした。これによりトゥングー朝は南シナ海に進出し、アジア大交易時代に参加して王朝の最盛期を現出した。

いったん滅ぼされたアユタヤ朝だが、一六世紀末に再独立し、今度は一五九九年にトゥングー朝を滅ぼした。トゥングー朝はビルマに撤退して再起をはかったが、その後アユタヤ朝は各国とさかんに交易をおこない、タイの支配を盤石のものとしていく。

このように、海禁緩和後の南シナ海では、中国商人やポルトガル商人などを主体とする民間交易が主流となり、各国は実力で交易を競いあい、しばしば王朝の盛衰と結びついていったのである。もはや明の権威は必要がなくなり、朝貢貿易のシステムは終わりを迎えた。

この結果、明への最大の朝貢国として大交易時代のネットワークの中軸となっていた琉球王国は、中継交易の利点を失い、次第に衰退していった。琉球王国は明への依存度が強すぎて、グローバル・ネットワークがもたらす巨大な変化に対応することができなかったのである。

キリスト教徒とムスリムの香辛料交易をめぐる競合

モルッカ諸島の香辛料をめぐる争いもはげしくなった。なかでもフィリピンのマニラを拠点とするスペインは、豊かなメキシコ銀を武器に急速に交易の主導権を握り、**ルソン島**と周辺諸島への支配を拡大させていった。

南フィリピン海域をこえれば、すぐにモルッカ諸島なのだが、南部への進出をおこなおうとするスペインに対抗して、ムスリム商人が南部の**ミンダナオ島**と**スールー諸島**に拠点をつくり、モルッカ諸島から中国への交易ルートを確保した。スペインはスールー海をこえることができず、香辛料交易の主導権はムスリム商人に握られる。

ポルトガルは、**マラッカ海峡ルート**による香辛料交易が、日明中継交易の利益もあって軌道にのっていた。アチェー王国、バンテン王国の**スンダ海峡ルート**がこれに対抗し、多くのアジア商人をバンテンに集めた。つまり、スペイン・ポルトガルのキリスト教国のネットワークとムスリム商人のネットワークが、東南アジア海域にはりめぐらされ、競合していたのである。こうした海洋ネットワークの発展は、港市では生産できない食料供給の需要をうみだした。

一五七八年に中部ジャワにおこったムスリムの**マタラム王国**（八世紀に成立した同名の国と区別して**新マタラム王国**ということもある）は、ジャワ島の穀倉地帯をおさえ、アチェーやバンテンといった港市国家に穀物を供給することで、急速に発展した。新マタラムはやがてジャワ島東部まで支配し、アジアを代表する強国へと成長する。

5　新勢力の登場——ロシア・オランダ・日本

イヴァン雷帝の草原進出

大交易時代として活況を呈する海洋ネットワークにたいして、遊牧民やオアシスの大陸ネットワークは、ティムール以後国家が分立していたために停滞していた。

タリム盆地のオアシスの道まではモンゴル人（タタール）が支配し、ウイグル商人が活動していた。ただし、タタールがチベット仏教を信奉したのにたいし、この地ではイスラーム神秘主義教団が信者を広げ、ホジャとよばれる教団指導者が実権を握るようになっていた。

西トルキスタンは**ウズベク人**のブハラ・ハン国とコーカンド・ハン国が、東西交易でさかえていた。一方、ウズベク人が去ったキプチャク草原では、異なる騎馬遊牧民が**カザフ人**としてまとまっていた。その東方のウラル山脈沿いにはシビル・ハン国が、西のカスピ海北岸にはアストラハン・ハン国、その北方のヴォルガ川沿岸にはカザン・ハン国が、黒海北岸にはオスマン帝国の属国となったクリム・ハン国があり、草原の道をつないでいた。

これらのハン国はすべてジュチ系キプチャク・ハン国の後継国家で、タタールもふくめればすべてがチンギスの家系からつながっていた。つまり、分裂はしていたものの、草原の

「雷帝」イヴァン４世

覇者は依然としてモンゴルであったのだ。

その草原に、新たなる支配者が登場する。モスクワ大公国のロシアである。一五三三年に即位した「雷帝」とよばれたツァーリ、**イヴァン四世**は、一五五二年にカザン・ハン国、一五五六年にアストラハン・ハン国を征服し、ヴォルガ・ドン川の支配者となった。

イヴァン四世はここで、南ロシアの辺境地帯に住む遊牧集団**コサック**を味方につけた。コサックとはトルコ語の「放浪者」を意味し、騎馬軍隊を組織して一種の自治社会をつくっていた。コサックの首長イェルマークは、ツァーリに協力して一五八二年にシビル・ハン国を滅ぼしてしまう。いわゆる**シベリア遠征**である。

こうしてイヴァン四世の時代に、旧キプチャク・ハン国の領域の多くがロシアの支配下にはいった。このときロシアはまだバルト海に達しておらず、キプチャク草原をこえてオアシス地帯にも届いていなかったので、独自の内陸的世界にとどまってはいた。しかしユーラシア大陸の西方においてモンゴルと勢力を二分する草原の覇者となり、その後も拡大の歩みをとめないのである。

ムガル帝国の発展

一五二六年にティムールの子孫バーブルが建てた**ムガル帝国**は、トルコ系の王朝だが、ティムールが大モンゴル後継者と自称していたのと同様、ムガル、つまり「モンゴル」と称していた。大モンゴルの長い影が、インドにも伸びていたのである。

ムガル帝国は、都デリーを中心として北インド内陸の商業活動で発展したが、一五五六年に即位した第三代皇帝アクバルの時代になると、領土を南に拡大し、アラビア海に面したグジャラート地方まで進出した。

この地を得たことでムガル帝国はペルシア湾や紅海と海洋ネットワークでつながり、オスマン帝国とも交易をすることになった。

こうしてムガル帝国でも、国際商品である綿織物・絹織物などの商工業が大いに発展し、さかんに交易がおこなわれることになった。

南インドにはまだ、ヴィジャヤナガル王国が存続しており、ゴアに拠点をかまえるポルトガル商人に胡椒や綿布を売り、かわりに銀や馬を得た。ポルトガルとの交易は南インドの商工業を活性化させたが、結果としてカリカット王国など地方勢力の台頭をまねき、一六世紀後半からヴィジャヤナガル王国は衰退していった。

オスマン帝国VSスペイン・ハプスブルク帝国

インド洋ネットワークの西半分において主としてポルトガルと競合していたのは、オスマン帝国である。一六世紀後半のインド洋では、ポルトガルはインド西南部のゴアからアフリカ東岸までのルートを押さえていた。

しかしオスマン帝国は、スレイマン大帝の時代に北アフリカまで支配し、ペルシア湾、アラビア海、紅海、地中海の交易圏を掌握していた。ポルトガルは最も重要なアラビア海には進出できなかったのである。

その結果、イスタンブルにはアジアの富が集積した。ヨーロッパ諸国にしてみれば、大西洋交易が開拓されたとはいえ、オスマン帝国と交易ができれば依然として圧倒的な利益を得られる。ヨーロッパ諸国のなかでオスマン帝国に交易を保障されたのは、対ハプスブルク帝国で同盟関係にある**フランス商人**であった。

スレイマン一世の時代から、フランス商人には、帝国領内での居住と通商の自由が慣例的にみとめられていた。これを**カピチュレーション**（キャピチュレーション）という。新スルタンのセリム二世は、一五六七年にカピチュレーションを公式にあたえ、ここにフランスをつうじたヨーロッパ・オスマン帝国間の地中海ネットワークが成立した。

一五五六年に即位したスペイン王**フェリペ二世**は、新大陸の富をつかって海軍を強化し、オスマン帝国の海上覇権に挑んだ。そしてついに一五七一年、**レパントの海戦**でスペイン・ヴェネツィア連合艦隊はオスマン帝国に勝利した。

ところがオスマン帝国はすぐに艦隊をたてなおし、スペインに地中海覇権をわたさなかった。オスマン艦隊はその後も地中海を自由に航行したのである。オスマン帝国の地中海覇権を盤石なものとした背景には、**ユダヤ商人**がもつ商業ネットワークの恩恵があったといわれている。

西方ユダヤ人は歴史的に商業活動に従事する民だったが、スペインではレコンキスタのキリスト教熱によってしばしば差別されていた。新王フェリペ二世は熱心なカトリックで、ユダヤ教徒への迫害をさらに強めた。その結果、多くのユダヤ人がオスマン帝国に移住した。

オスマン帝国では、ミッレトとよばれる宗教共同体での自治がみとめられていた。スペインから移住したユダヤ教徒、旧ビザンツ帝国のギリシア正教徒、そして東方のアルメニア教徒などが、独自の交易網を広げて商業ネットワークを作り上げていったのである。

その結果、イスタンブルは世界有数の金融・商業の中心地になり、最先端の情報や技術が集まる街になった。そこで、地中海交易圏ではユダヤ商人のネットワークが活用され、大きな利益を生んでいったのである。

スペインの栄光と没落

逆にユダヤ商人を失ったスペインは、商業的に衰退していく。スペインの全盛と没落は、ほとんど同時進行であった。フェリペ二世は「カトリック世界の擁護者」として、国内のユダヤ教徒を迫害するとともに、ハプスブルク領内のプロテスタントも弾圧した。

とくにスペイン領ネーデルラント北部（オランダ）は、商工業が発展していたことからゴイセン（カルヴァン派プロテスタント）が多く、フェリペ二世のカトリック政策に反発し、一五六八年にオランダ独立戦争を起こした。

オランダ独立戦争を、海を挟んで支援していたのが、イギリス国教会を奉ずる異色のプロテスタント国家、**イギリス**であった。とはいえ当時のスペインは新大陸の銀をバックに海軍力を強化し、一五七一年にレパントの海戦でオスマン海軍を破り、一五八〇年には母方のポルトガル王位を継承して「**太陽の沈まぬ帝国**」を現出した、圧倒的大国である。

イギリス女王**エリザベス一世**は、世界帝国スペインに打撃をあたえるために、海賊の**ドレーク**やホーキンズに私掠特許状をあたえて、スペインの銀の輸送船や商館を攻撃させた。とくにドレークは一五七七年から一五八〇年まで、世界中のスペイン植民地やスペイン船を攻撃・略奪しながら「世界周航」を達成するというグローバルな海賊であった。

一五八一年にはイギリスの支援により、**ネーデルラント連邦共和国**（オランダ）が独立を宣言した。業を煮やしたフェリペは一五八八年、無敵艦隊（アルマダ）を率いてイギリスに侵攻するが、ドレーク提督率いる少数のイギリス海軍に敗北した。

オランダ独立戦争は泥沼化した。この過程でスペイン領最大の国際商業都市アントウェルペンが破壊され、国際商業の中心はオランダの**アムステルダム**に移行する。この事件はスペインの没落にとって決定的であった。

新大陸の銀という圧倒的な富が機能するためには、アントウェルペンという国際商業センターが絶対に不可欠であった。しかしアムステルダムがヨーロッパ・ネットワークのセンターになることによって、スペインは新大陸銀をただ浪費するだけで、商業的利益をうみだせない国になった。

こうして一六世紀末、ヨーロッパ商業の中心はオランダに移行し、同時にグローバル・ネットワークにもオランダ商人が続々と進出していくことになる。

日本の天下統一

まさにグローバル時代の幕開けとなった一六世紀の最後を、日本からながめてみよう。長く続いた戦国時代は、一六世紀後半に尾張の**織田信長**の台頭によって新時代を迎えようとしていた。

一五七三年に信長は室町幕府を滅ぼして天下人として名のりをあげる。彼は鉄砲などの新戦術を積極的にとりいれ、そのために南蛮貿易を重視し、ヨーロッパの諸勢力との関係を深めることで台頭してきたという側面がある。その手段としてフロイスやヴァリニャーノといったイエズス会の宣教師とも積極的に交流した。

一五八二年に信長が本能寺の変で殺害されると、後継者となった**豊臣（羽柴）秀吉**もまた、同様に南蛮貿易を重視した。しかし天下統一事業が九州にまで及ぶと、秀吉の姿勢には変化が訪れる。北部九州はポルトガル・ネットワークに組みこまれたキリスト教世界だったのである。

秀吉は九州平定の際に、キリスト教の浸透力を目の当たりにし、これに危機感をおぼえて**バテレン追放令**を発してキリスト教の布教を禁じた。秀吉は、カトリック諸国との交易が布教と一体不可分であったことを理解し、交易と布教を切り離して交易の利益のみをとろうとしたのである。

しかしそもそも、なぜ日本はポルトガル商人との南蛮貿易にとらわれなければならなかったのであろうか。

それは倭寇の活動によって日明間の海禁が緩和されず、ポルトガル商人などの中継に頼るしかないからだ。そこで秀吉は海域の安定化をはかり、**海賊禁止令**を出した。

一五九〇年、豊臣秀吉の天下統一がなる。まもなく秀吉は、軍事力による東アジア交易体制の再編をねらって、一五九二年から二度にわたる朝鮮侵略をおこなった。日本では**文禄・慶長の役**、朝鮮では**壬辰《じんしん》・丁《てい》酉《ゆう》の倭乱**という。

長期にわたって朝鮮半島は蹂躙され、明は大軍を派遣して日本と戦った。一五九八年、秀吉の死によって日本軍は撤退したが、この一六世紀最大の国際戦争は、東アジアの国際環境に大きな傷跡を残すことになった。

しかし戦乱の時代を終えた日本は、巨大な市場としても、グローバル通貨である銀の産出国としても、アジアの大交易時代において重要な役割を果たすことになる。オランダと日本という新興勢力が次世紀のグローバル・ネットワークをになってゆくのである。

一六世紀、すでに成立していたユーラシアの海洋ネットワークにポルトガルが参入し、さらに、主にスペインの手によって大西洋と太平洋のネットワークが結ばれた。これによって成立したグローバル・ネットワークは、軍事力を基礎とするヨーロッパの海洋帝国と、ムスリム商人や中国商人などの自由な海との競争の場であった。

この段階では、ヨーロッパ諸国は大西洋ネットワークの支配者ではあったが、アジアでは交易を独占できず、大交易時代の利益を享受する一勢力にすぎなかった。オスマン帝国、ムスリム商人、中国商人らとの競争に、ポルトガルやスペインは勝利することができなかったのである。

第9章　大交易時代の終焉――一七世紀

グローバル・ネットワークの成立によって大交易時代は全盛期に突入した。ラテンアメリカや日本の銀が世界をまわり、海禁の緩和によって活性化された中国交易がそれらの銀を吸収し、さらに大陸ネットワークへと接続していった。

一七世紀に入ると、アジア交易圏では日本が、大西洋交易圏と香辛料交易ではオランダが台頭する。これらの新興商業国家によって大交易時代は最後の輝きをはなつが、この繁栄はまもなく終わりを迎える。ヨーロッパの「一七世紀の危機」と、アジアの「鎖国」時代の到来である。

日本の「鎖国」と中国の明清交代の混乱によって、ネットワークは大いに乱れた。大交易時代は終焉し、ヨーロッパは大西洋ネットワークに重点を移し、勢力関係にも変化がおとずれる。

1600年	イギリス東インド会社設立。
1601年	徳川家康、朱印船貿易を開始。
1602年	マテオ・リッチ「坤輿万国全図」 オランダ東インド会社（連合東インド会社）設立。
1607年	対馬宗氏を仲介として日朝の和解が成り、朝鮮通信使が江戸訪問。 イギリスがアメリカ東海岸にヴァージニア植民地開拓。
1609年	平戸にオランダ東インド会社の商館が設立。 薩摩藩、琉球王国に出兵して属国とする。琉球の両属体制はじまる。
1616年	満洲のヌルハチ、アイシン（後金）を建国。
1619年	オランダ東インド会社、バタヴィアに拠点をつくる。
1621年	オランダ西インド会社設立。大西洋三角貿易に着手。
1622年	サファヴィー朝がホルムズ島を占領し、ポルトガル人を追放。
1623年	アンボイナ事件。オランダがイギリス勢力を東南アジアから駆逐。
1624年	オランダ東インド会社、台湾を軍事占領。
1632年	後金のホンタイジ、内モンゴルのチャハル部を征服。
1635年	江戸幕府、日本人の海外渡航禁止。
1636年	後金が国号を大清とする。
1638年	江戸幕府、ポルトガル船の来航を禁止し、オランダを唯一の貿易相手国とする。
1639年	イギリス東インド会社、マドラスに拠点を築く。
1641年	オランダ商館が長崎・出島に移され、そこでの貿易のみを許可。 オランダ東インド会社、マラッカを占領。
1642年	チベットのダライ・ラマ5世、チベット全土の支配権を得る。
1644年	李自成によって明が滅亡。清が北京を占領。
1651年	イギリス、航海法を発布。翌年第1次イギリス・オランダ戦争勃発。
1652年	オランダ、アフリカ南端にケープ植民地をひらく。
1661年	鄭成功、台湾からオランダ勢力を駆逐し、反清復明の拠点を築く。 清の康熙帝、遷界令を発し、沿岸部からの強制移住と海禁を開始。
1683年	清の康熙帝、鄭氏台湾を征服。翌年、海禁を解除。
1689年	イギリスで名誉革命がおこり、ウィリアム3世とメアリ2世が即位。 ウィリアム王戦争勃発。第2次英仏百年戦争がはじまる。 清とロシアとのあいだにネルチンスク条約締結。
1690年	イギリス東インド会社、ベンガル地方のカルカッタに拠点を築く。
1694年	イギリスでイングランド銀行が設立。

第9章に登場する諸勢力

遊牧民……女真・満洲（後金）　チャハル　ハルハ　ジュンガル

農耕民……日本（江戸幕府）　明　ポルトガル　スペイン　李氏朝鮮　イギリス　オランダ　フランス　ベニン王国　ダホメ王国　サファヴィー朝　オスマン帝国　チベット　清　ムガル帝国　ロシア帝国

海洋民……広南王国　アユタヤ朝　琉球王国　ジョホール王国　マカッサル　アチェー王国　バンテン王国　マタラム王国　鄭氏台湾

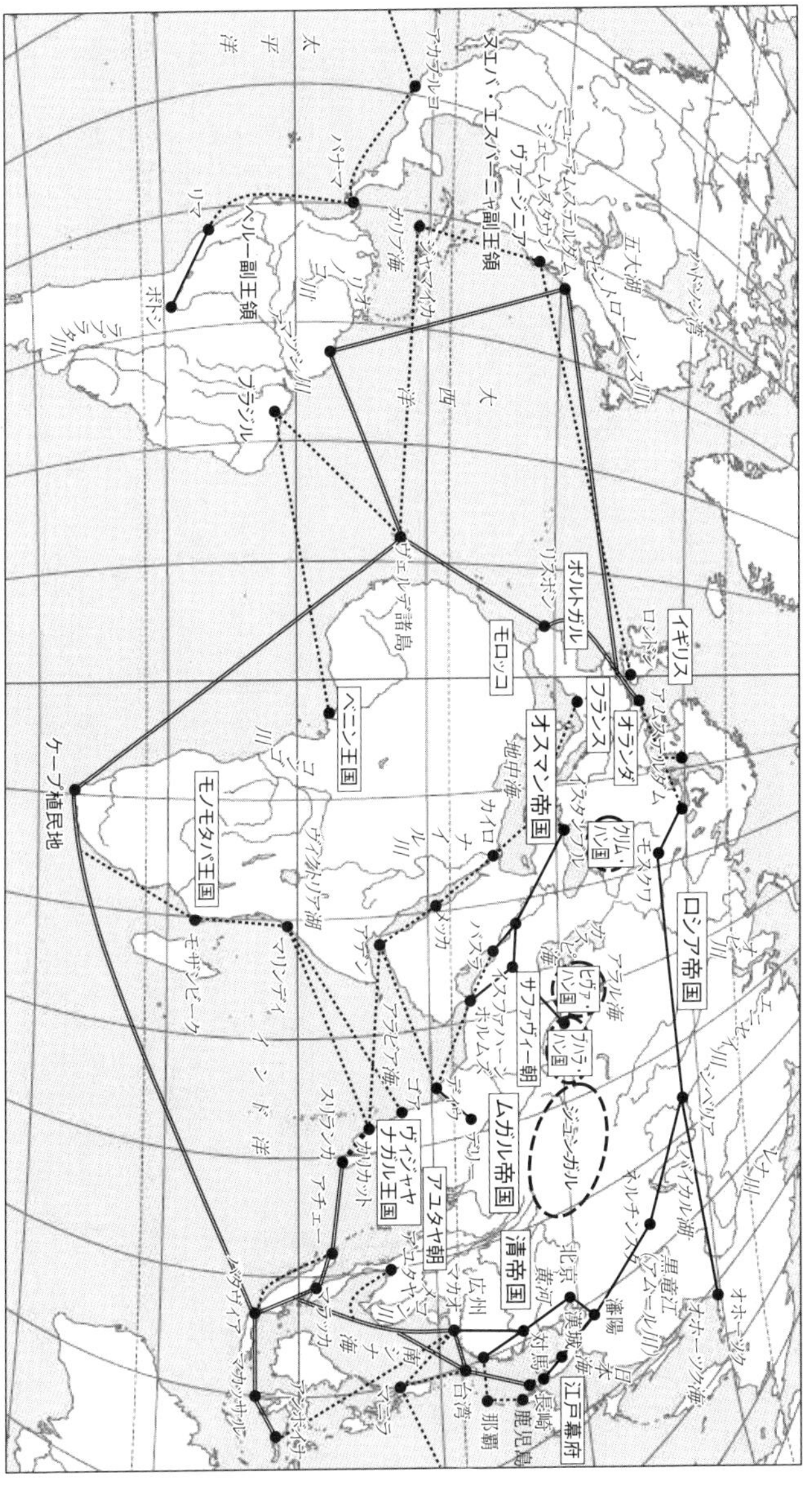

17世紀のネットワーク（二重線はオランダのネットワーク）

1　日本の海洋進出と明の危機

朱印船貿易の開始

関ヶ原の戦いを制して天下人となった**徳川家康**は、交易によって国力を増大させようとした。金山や銀山、銅山をさらに開発させるとともに、積極的に海外進出をはかった。こうして家康は、一六〇一年にはじめて海外への渡航船に朱印状という認可状をあたえ、**朱印船貿易**を開始した。

これまでの日本は、ポルトガルやスペイン、そして琉球の商人との中継交易をつうじて中国や東南アジアの特産品を手に入れていたが、これからは日本の商人が直接海洋ネットワークに進出することになる。日本は豊臣秀吉の朝鮮出兵により明との関係が悪化し、徳川の世になっても海禁は解除されなかった。このため朱印船はポルトガル居留地であるマカオ、スペイン銀との取引がおこなわれるフィリピンのマニラ、そして東南アジアの各港市に渡航し、現地の中国商人と直接交易させたのである。

日本からは銀と銅が輸出され、中国産の生糸のほか、ベトナム産の生糸、タイやカンボジアの蘇芳（赤色系の染料）や鹿皮（陣羽織・足袋・鉄砲の袋・火薬装束の上着などの材料）、それに鮫皮（刀の柄や鞘の滑り止めに使われた）などが日本に輸入された。

こうして大勢の日本人が海外に渡航し、交易に従事すると、東南アジア各地に**日本人町**が形成された。ベトナム広南王国のホイアン、フィリピンのマニラ、カンボジアのプノンペン、アユタヤ朝タイのアユタヤなどである。

東南アジアでの日本人の存在感は増していった。とくにアユタヤ日本人町の長であった**山田長政**は、交易のかたわら日本人部隊をひきいて軍事面でタイの王を助け、功績によって最高の爵位を得るなど、現地の政治にもかかわっていた。

他方で、中国商人もまた、利益の大きい日本との交易に積極的で、博多などの日本の港市の近くには**唐人町**ができた。このように日本と中国は多角的なネットワークによって結びついたのである。

朱印船は三〇年間で三五六隻が渡航している。これによって日本銀はかつてない規模で海外にながれ、そのほとんどは中国に流入していった。一六世紀に中国にはいった銀は、ポルトガルとスペインがもたらすメキシコなど新大陸産の銀が主であった。しかし一七世紀になるとメキシコ銀の量は減少し、これにかわって日本銀が急増していく。

うたがいなく、一七世紀前半におけるアジア海洋ネットワークの最重要の主体は日本商人であった。江戸幕府という安定した統一政権がネットワークに参入したことで、アジアの大交易はさらなる活況を呈したのである。

朱印船

薩摩による琉球併合

琉球王国は、明の海禁＝朝貢体制が崩れたことで中継交易の利益が減ったために衰退していた。一六〇九年、**薩摩藩**の島津氏は琉球王国に出兵し、支配下においてしまった。しかし江戸幕府にとって琉球は、明との関係を改善するための仲介役としても、そして国交のない中国との中継交易の拠点としても期待されていたので、明への朝貢は続けられた。

このため琉球王国は、明の冊封を受ける朝貢国でありながら、薩摩の属国でもあるという**両属関係**をもつことになった。琉球王国は明に朝貢使を送り明からの冊封使を迎え、江戸にも将軍の代替わりごとに慶賀使を送り薩摩の役人を迎えるという、二重の従属関係を続ける。しかしこれによって琉球王国は、中継交易国としてさらに二七〇年の安定を得たのである。

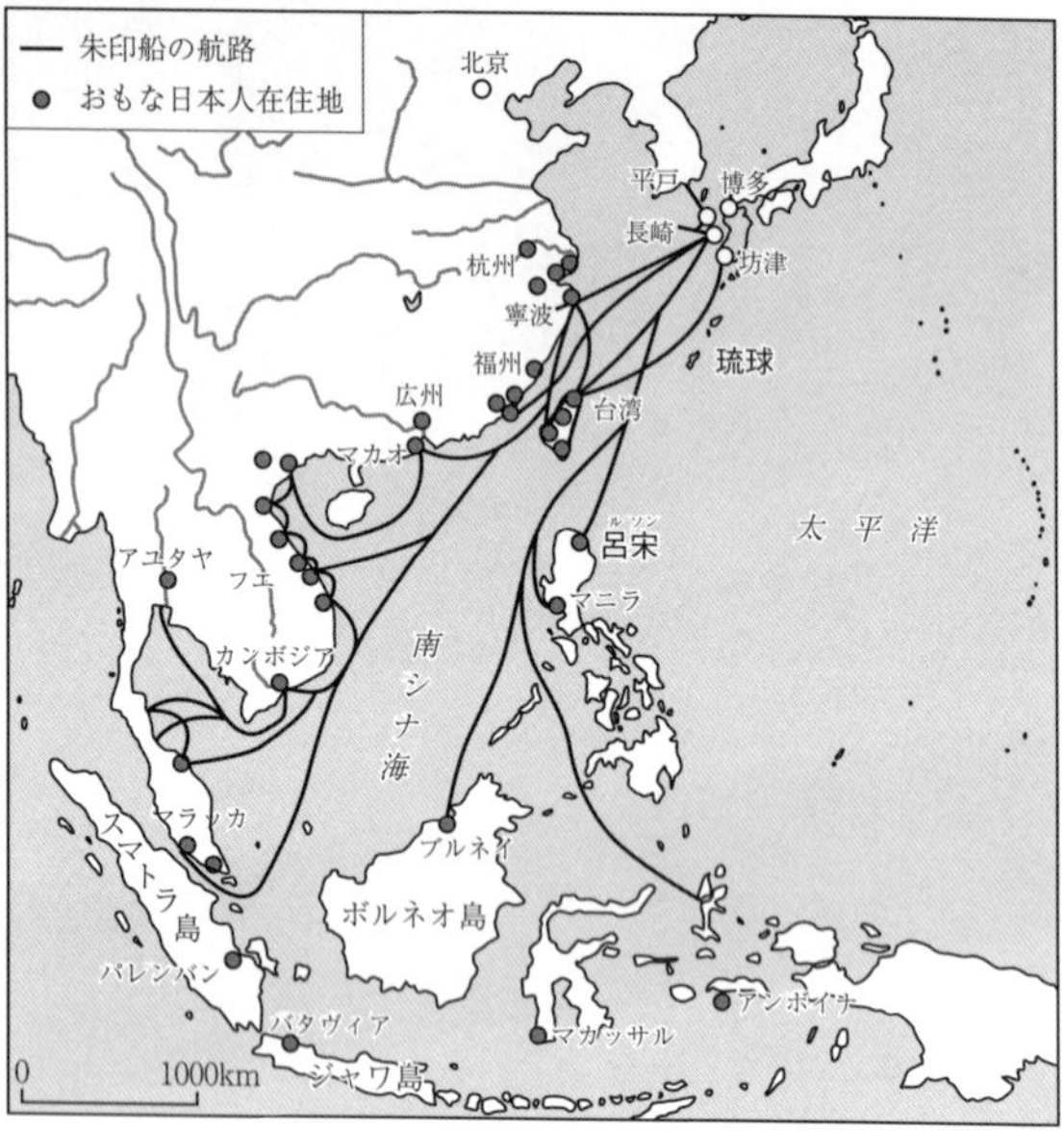

朱印船貿易

朝鮮通信使と日朝交易

日本の国際関係にとってもう一つ重要な地域が朝鮮半島である。しかし**江戸幕府**が成立したとき、秀吉の侵略によって大きな犠牲をこうむった李氏朝鮮の対日感情は、まさに最悪であった。徳川家康は朝鮮との国交を回復するために、**対馬藩**の宗氏に仲介を依頼した。朝鮮としても、日本との交易は魅力的だったので、日本の将軍が礼をつくして国交を求めるのに応じた。

幕府は朝鮮と対等の立場で国交を結ぶことにこだわった。しかし朝鮮は明の冊封を受けた王であり、日本の将軍はそうではないので、朝鮮国王のほうが格上のはずであった。しかし朝鮮国王も将軍もそうした事情

朝鮮通信使の図

を考えずに文書をつくった。対馬の宗氏は朝鮮からの国書や幕府からの返書の字句や印鑑を改ざんするなど、涙ぐましい努力をして立場の異なる両国の関係をとり結んだ。

こうして一六〇七年、朝鮮国王と江戸の将軍とのあいだに外交関係が成立し、**朝鮮通信使**が江戸をおとずれた。「通信使」というのは、対等な関係にある両国が「信（よしみ）を通じる」ための使節という意味である。

これにともない、日朝交易も復活した。日本は朝鮮から白糸や絹織物、薬用の朝鮮人参などを輸入し、その対価として銀を輸出した。朝鮮に入った日本銀は、さらに明との交易で朝鮮が輸入する生糸や絹織物の代価としてもちいられていく。朝鮮半島は日本銀の中国流入経路の一つになったのである。

イエズス会の中国進出

一六〇一年、イタリア人のイエズス会士**マテオ・リッチ**は、マカオでの二〇年におよぶ交渉のすえ、ようやく明への入国が認められ、万暦帝と謁見して北京での居住と布教を許された。日本におくれること約六〇年、中国でもカトリック系キリスト教の布教が始まった。

多くの中国人が彼によってキリスト教に帰依したが、なかでものち

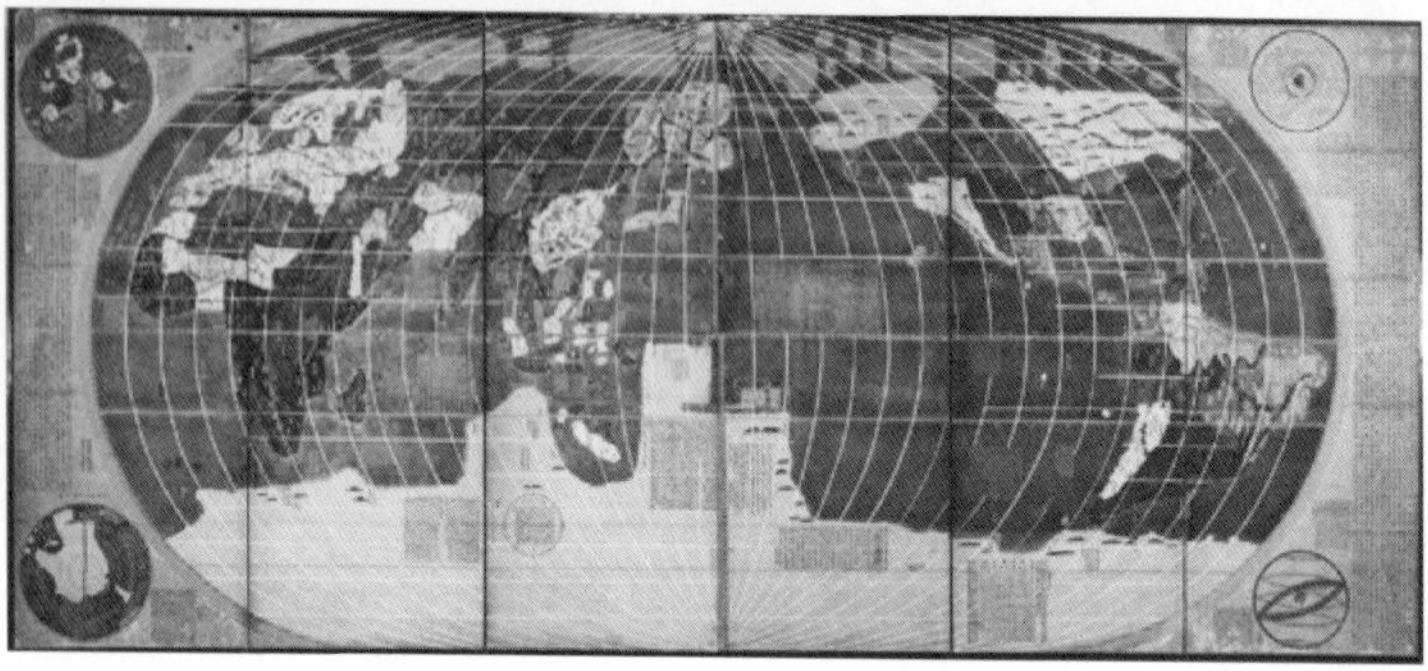

「坤輿万国全図」（マテオ・リッチ作）
（林原美術館所蔵、江戸時代の日本で着色されたもの）

に『農政全書』をあらわした徐光啓《じょこうけい》は彼に心酔してキリスト教の洗礼を受け、熱心に西洋の学問を学んだ。徐光啓はマテオ・リッチの協力を得て、エウクレイデスの『幾何原本』を翻訳したことで有名である。

マテオ・リッチは西洋文化の優れた科学知識を披露することで皇帝の信頼を得たが、その一つに、彼が一六〇二年に作成した「坤輿《こんよ》万国全図《ばんこくぜんず》」がある。これは地球球体説にもとづく中国最初の世界地図で、南北アメリカ大陸や太平洋もかなり正しい配置で書きこまれている。

西洋の世界地図を参考にしているが、大西洋を両端に、太平洋を大きくとってアジアを中心におく配慮をしている。私たちにはなじみのある形である。この地図は中国で広く流布したのみならず、朝鮮や日本にも伝わって、東アジアの人々の世界認識に大きな影響をあたえた。

「坤輿万国全図」の浸透は、地球大にネットワークを結びつけたヨーロッパ人の一七世紀初頭における世界認識が、アジア人の世界認識にもなったことを意味する。この地図の登場は、まさにグローバル・ネットワークの成立を象徴するのである。

いままで拒絶していたイエズス会の入国を明が認めたのは、ヨーロッパ勢力のもつ軍事技術や科学技術を取りいれたかったからである。明もまた、グローバル・ネットワークの影響をうけて変容していったのである。

一六二七年に崇禎《すうてい》帝が即位すると、新皇帝は腹心として徐光啓を登用した。これはヨーロッパ技術の全面的な導入を意味した。徐光啓は、ドイツ人のイエズス会士**アダム・シャール**（**湯若望**）とともに、ヨーロッパの天文技術を取りいれた新しい暦法『崇禎暦書』をつくった。

さらにベルギー人の**フェルビースト**（**南懐仁**）は、西洋式の大砲鋳造技術を中国に伝えた。これは明のイエズス会受容が単に異文化交流というだけでなく、軍事的強国化をはかるための国家的プロジェクトであったことをしめしている。

女真の台頭

明がヨーロッパの大砲技術を導入するなど強国化をはかったのは、北方で新たな敵対勢力が登場したためである。それはかつて金を建国して華北を支配した**女真**であった。彼らの成長もまた、銀のグローバルな動きと関係している。

海禁の緩和以来、中国に流入する銀は商業を活性化させるとともに、北方防衛費として国境地帯に流れた。アルタン・ハンの冊封以来、軍事的対立がなくなり、交易関係がつくられており、これらの銀は遊牧民社会にも流れ込んだ。

このころ、中国東北部で半遊牧・半農生活を送っていた女真は、複数の部族に分かれて遼河の東側で明や朝鮮と交易をしていた。特産品の毛皮や高麗人参は高値で中国に売れたのだが、その利益は女真を成長させた。しかし同時に、交易の利益をめぐって部族間抗争も起こっていた。

建州女真の長**ヌルハチ**はこうした混乱を治め、女真を政治的に統一して一六一六年に**アイシン**（金の意。いわゆる**後金**）を建国した。ヌルハチは民族意識の高揚をはかり、ウイグル系モンゴル文字をもとに独自の文字（のちの**満洲文字**）を定めた。

ヌルハチは漢人優位な交易関係を是正し、さらなる利益を引き出すために、軍事行動を開始した。部族と軍事を一致させた八旗を組織し、軍事力を強化した。明は後金軍にやぶれ、遼東半島を奪われてしまう。

明で崇禎帝が即位したのは、このような国難の時代だったのである。明が交易で獲得した銀の多くは、後金との戦争に消費されていった。

2　オランダ海洋帝国の成立

イギリスとオランダの東インド会社

スペインの大西洋支配にたいする一六世紀後半のはげしい抗争を経て、イギリスとオランダは一七世紀に積極的な海洋進出をはかっていく。エリザベス女王治世の末期、スペイン無敵艦隊をやぶったことで大西洋におけるイギリスのプレゼンスは拡大していた。

一六〇〇年、この海軍力を背景に設立されたのが、**イギリス東インド会社**である。スペインでは交易が王室の管理下におかれていたが、イギリスでは、アジア・アメリカを含めたすべての対外交易の独占権をあたえられた特権的な株式会社が、交易の拡大をまかされていた。しかもこの会社は海洋進出に必要な軍隊をも保有していた。

オランダでは複数の会社がアジア交易をになっていたが、イギリス東インド会社の登場に対抗すべく、一六〇二年に多くの交易会社を統合して、**連合東インド会社**（**オランダ東インド会社**）を設立した。オランダ東インド会社はイギリス東インド会社の約一〇倍の資本金をほこり、資金力でイギリス側を圧倒していた。

ちなみに一六〇四年にはフランス国王アンリ四世によってフランス東インド会社が設立されるが、これはさらに資金が貧弱で、すぐに行きづまってしまった。

そもそも、独立戦争をつうじてアントウェルペンから多くの商工業者がオランダに移住し、アムステルダムがヨーロッパ国際金融・商業のセンターになっていた。大西洋交易とバルト海交易の中継交易により、イギリスとは比較にならない利益を上げていたのである。

17世紀、オランダ東インド会社の造船所

オランダがイギリスにまさっていたのは資金力だけではない。オランダは当時世界最先端の造船技術をもち、**バルト海交易**をつうじて、ロシアや東ヨーロッパから穀物以外にも、帆布や木材などの造船資材を大量に安価に輸入することができた。すなわち、海軍力においてもイギリスよりも優位にあったのである。

こうしてオランダ東インド会社は、喜望峰以東の植民地経営と交易の独占を政府から特許され、独自の軍隊を所有し、独自の貨幣制度ももつ特権会社として発足した。しかし同時に、商人たちによって自由に投資され、また管理される機能的な組織でもあった。王室の管理にあるよりも商業利益ために合理的で柔軟な行動がとれるという大きなメリットがあったのである。

オランダの目的は、スペイン・ポルトガルによる海洋ネットワークの独占的支配を打破し、対外交易におけるオランダの利権を拡大することであった。その理念を表明したのがオランダの法学者**グロティウス**で、一六〇九年に『海洋自由論』をあらわした。

しかしイギリスやオランダの東インド会社が、商人が経営する会社であるというだけでなく、軍隊を保有しているということからも、ヨーロッパにおける「海洋の自由」の概念が、アジアの海洋ネットワークにおける自由な交易とは異なるものであることは、明らかであった。

オランダやイギリスが実践した「海洋の自由」とは軍事力による海洋帝国の建設であり、戦争や植民地の建設をともなう実力主義の自由競争を意味していた。こうして両国の東インド会社は、優位な海洋帝国を築くべく競争を開始する。

オランダ東インド会社のアジア進出

オランダとイギリスは、ポルトガル海洋帝国にたいして挑戦した。アジア交易では、ポルトガルは日明中継交易とマラッカ海峡ルートによる香辛料交易という二つの事業によって大きな利益を得ていた。日本との取引はどの勢力にとっても有益であった。一六〇〇年に来日したイギリス人ウィリアム・アダムスやオランダ人ヤン・ヨーステンは、天下人の徳川家康に重用され、これを足掛かりに、一六〇九年には**平戸**にオランダ東インド会社の商館が設立された。

かわって日本では、スペインとポルトガルは冷遇されていく。これはカトリック国のスペインが、イエズス会宣教師とともにキリスト教布教をねらっていたのにたいし、プロテスタント国のオランダやイギリスは交易を優先し、布教活動を主目的としなかったためである。家康はこれらの国々に布教の意図はないと理解していた。

つづいて一六一九年、オランダ東インド会社はジャワ島西部の**バタヴィア**に要塞を築いて、東南アジア交易の根拠地とし、香辛料交易をめぐる競争に参戦した。イギリス東インド会社もまたモルッカ諸島の**アンボイナ**（**アンボン**）に商館をおいて、香辛料交易に参入していた。

ここでオランダは、実力行使によってイギリス勢力を排除した。一六二三年、オランダ東インド会社の軍隊がアンボイナのイギリス商館を襲撃し、そこにいた商人たち全員を虐殺したのである（**アンボイナ事件**）。これによりイギリス東インド会社は香辛料交易を含むアジア交易から一時撤退し、インドでの交易に重点を移すことになる。

凍ったテムズ川で遊ぶ人々

さらにオランダ東インド会社は、一六二四年、**台湾**を軍事的に占領してゼーランディア城などの要塞を築き、東アジア交易の拠点とした。オランダは中国の港市にマカオのような拠点をもたなかったので、中国商品を手に入れるために中国商人と取引をせざるをえなかった。台湾は日明中継交易の拠点となったのである。

一六二〇年代までに、オランダ東インド会社はアジアに平戸、台湾、バタヴィアという三つの拠点をもち、ポルトガルにかわる新たな交易ネットワークを築きあげた。オランダ商人は、台湾で中国商人から生糸や絹織物を手に入れて平戸に運び、日本の金・銀・銅を入手し、この資金をもってバタヴィアで香辛料などのアジア物産を購入し、莫大な利益をあげていった。

「一七世紀の危機」

しかし、一七世紀初頭からヨーロッパは危機の時代にはいっていた。それはまず気候の寒冷化というかたちで到来した。ロンドンのテムズ川が凍りつくほどの異常な寒冷化により、ヨーロッパ北部では小麦やブドウが栽培できなくなり、飢饉や疫病が人々を襲った。

商業革命による西ヨーロッパ都市部の人口増をささえていた東ヨーロッパの穀物供給は減少し、分業体制は機能しなくなった。その結果、いくつかの地域で人口の減少が始まる。

さらに決定的だったのは、新大陸銀の減少である。一六二〇年代からアメリカ銀の産出量はついに減少していき、それとともにヨーロッパに流入する銀の量も減り、価格革命が終わりを迎え、物価が停滞した。その結果商業活動も鈍化して、たとえばヨーロッパ商業をささえた毛織物生産が減少する。

長期的な経済不況、飢饉、疫病の蔓延は、大きな社会不安をうむ。これは魔女狩りのような迷信による民衆の暴力というかたちであらわれたり、あるいはピューリタン革命や三十年戦争、フランスのフロンドの乱といった内戦・国際戦争にも結びついた。これを「一七世紀の危機」とよぶ。

オランダ西インド会社の大西洋覇権

西ヨーロッパ諸国は、アメリカという未開拓の大陸を活用することで「一七世紀の危機」を克服しようとした。アジアでは中国商人やムスリム商人と対等にわたりあい、大帝国との外交関係をつうじて交易をしなければならなかったが、競争相手のいないアメリカではそうしたリスクはなく、ヨーロッパ諸国は、ある意味自由にこの大陸を利用しつくすことができたのである。

まず、アメリカ銀に依存できなくなったスペイン植民地では、アシエンダ制という大農園経営へと転換していった。

フランスは、探検家カルティエがカナダを「発見」してのち、ハドソン湾や五大湖周辺への進出をはかった。こうして一七世紀初頭には**ケベック**が交易の拠点として建設され、植民がすすんでいく。

イギリスはステュアート朝の時代に北アメリカ東海岸への植民活動を活発化させ、一六〇七年にジェームズタウンを建設して**ヴァージニア植民地**をひらいた。イギリスの北米植民は交易の拠点をつくるというのではなく、現地に定住するかたちでおこなわれたので、しばしば原住民との衝突をうんだ。

一六二〇年には、イギリスで弾圧されたピューリタン（イングランドのカルヴァン派）たちが、ピルグリム・ファーザーズとして渡米し、ニューイングランド植民地の基礎をつくった。その後もイギリスは、次々と北米植民地を建設していった。

この動きに対抗し、ライバルのオランダもまた一六二一年に**西インド会社**を設立して、アメリカ進出の動きを強めた。北アメリカ東海岸には**ニューアムステルダム**を建設し、ニューネーデルラント植民地をつくった。

北アメリカ東海岸というのは、北ヨーロッパに向かう偏西風が吹き、また北大西洋海流もあるため、ラテンアメリカやカリブ海で生産されるプランテーション産品のヨーロッパへの輸送ルートとして非常に重要であった。

スペインがほとんど独占した銀をのぞけば、ラテンアメリカ植民地で生産される最も価値の高い国際商品は、**砂糖**であった。オランダはすでにブラジルの北部に植民地をもち、サトウキビ・プランテーションを経営していた。さらに西アフリカに**奴隷貿易**の拠点をつくり、ギニアのベニン王国やダホメ王国から黒人奴隷を購入して、ブラジルに供給していた。

ブラジルで生産された砂糖は、ニューアムステルダムを経由して大西洋を渡り、アムステルダムで取引される。もちろん、奴隷貿易もブラジル経営もポルトガルのほうが手広くやっていたが、アムステルダムという国際金融の中心があることで、オランダは貿易の利益を効率的に回収していた。

このように一七世紀前半、オランダは**大西洋三角貿易**をおこなって、大西洋交易圏の覇権をにぎっていた。アジア海洋ネットワークもあわせて考えると、オランダはポルトガルにかわり新たなる海洋帝国を作り上げたといえる。

3　イスラーム諸帝国とヨーロッパ

サファヴィー朝の東西交易

インド洋では、ポルトガルがヴィジャヤナガル王国を相手に交易をおこなっていたが、そこもオランダやイギリスが交易相手として参入した。南インドでの貨幣経済の浸透の結果、地方勢力が自立し、ヴィジャヤナガル王国は一六四九年に滅亡する。

イランのサファヴィー朝は、これまでトルコ系騎馬軍団キジルバシュによる遊牧国家だったが、一六世紀末に即位した**アッバース一世**が国権を左右するキジルバシュを追放し、中央集権体制を整え、**イスファハーン**に都を移して商工業を育成し、遊牧国家から商業国家への転換をはかった。

サファヴィー朝最大のライバルは西方の領土を争うオスマン帝国である。アッバース一世はイギリスやオランダと外交関係を結んで、西洋の火器で武装した最新式の軍隊を創設し、オスマン帝国に挑んだ。イギリスやオランダとしても、ヨーロッパの脅威となっているオスマン帝国に対抗できる大国が、東方に出現することは望ましかったので、ここにヨーロッパ＝イランの同盟関係が成立したのである。

サファヴィー朝はオスマン帝国軍に勝利し、アゼルバイジャンとイランの一部を回復し、タブリーズやバグダードといった主要な商業都市を奪い返した。アッバース一世は、その後オスマン帝国と和解した。そして東西の交易路や宿泊施設を整備し、オアシスの道をイスファハーン経由でバグダードまで結びつけた。

アッバース一世の次なる標的は、ペルシア湾である。海峡の重要拠点**ホルムズ島**にはポルトガルが要塞を築いていた。一六二二年、アッバース一世はホルムズ島を征服し、ポルトガル人を追放した。そして新たに港市**バンダレ・アッバース**を築いて、本格的に海上交易にのりだした。

こうしてイスファハーンは、東西を結ぶオアシスの道と海の道の結節点となり、あらゆる商品があつまる一七世紀最大の国際商業都市のひとつとなったのである。サファヴィー朝のネットワークはかなり手広く、東はタイのアユタヤ朝とも交易をおこなっていた。こうした国際商業活動をになったのが、**アルメニア商人**であった。アッバース一世はイスファハーンにアルメニア教徒居住区をつくって彼らを保護した。

外交関係を結んだイギリスやオランダなど、多くのヨーロッパ商人がイラン産の生糸や絹織物を求めて、イスファハーンをおとずれた。イランの絹はヨーロッパ市場で高額商品として売れたのである。ヨーロッパの商人は、**「イスファハーンは世界の半分」**と表現し、その繁栄をたたえた。

オスマン帝国の安定とコーヒー

サファヴィー朝という東方の脅威が成長したにもかかわらず、オスマン帝国の経済は安定していた。一六世紀のオスマン帝国が対外発展の時代だとすれば、一七世紀は国内経済の着実な成長の時代であった。

都市部の商工業が発展したのをうけて、農村では都市に供給する食料生産が増産され、手工業の原料である綿花や羊毛の生産もさかんになった。都市で消費されるオリーブや**コーヒー**といった特産品も地方から供給された。北アフリカから南東ヨーロッパにいたる広大な領土がひとつの経済圏としてまとまり、国内経済だけで需要供給がまかなわれるシステムが成立したのである。

他方で、ヨーロッパ諸国とは対立から共存の時代に移行した。フランスに与えられていたカピチュレーションがイギリスやオランダの商人にも与えられ、西ヨーロッパとの交易がさかんになったのである。このため、ヨーロッパまでつながる東西交易の結節点となった**イスタンブル**もまた、世界最大の国際商業都市のひとつとなった。

イスタンブルでは国際商業が発展した一六世紀に、情報交換の場として**コーヒーハウス**が多数運営され、酒を飲まないムスリム商人たちのあいだで非常に流行していた。この文化に触れたヨーロッパの人々も、コーヒーをヨーロッパに持ちこみ、一七世紀にロンドンでもコーヒーハウスが大ブームとなった。

17世紀に流行したロンドンのコーヒーハウス

ロンドンのコーヒーハウスやフランスのカフェでは、新聞を片手に商人たちが情報交換をする場として、経済的・政治的な市民の公共空間となっていった。

コーヒーの主な産地はアラビア半島南西部のイエメン地方であった。イエメンの**モカ**から出荷されたコーヒーは、ロンドンやアムステルダムで取引され、高値のつく新たな国際商品となったのである。

4　閉じゆくアジア海洋ネットワーク

日本の「鎖国」

江戸時代初期の日本は、朱印船貿易をつうじて海洋に開かれていた。しかしそのために布教の禁止されたキリスト教がひそかに国内に持ちこまれ、とくに九州の貧しい農民たちのあいだに広まると、幕府は対外貿易を制限して、一六三五年には日本人の海外渡航を禁止した。

幕府はキリスト教が一揆と結びつくことを恐れていたのである。一六三七年に**島原の乱**が勃発すると、幕府は翌年ポルトガル船の来航を禁止し、他方で乱の鎮圧にあって大砲を提供するなどしたオランダを唯一の貿易相手国と指定した。一六四一年、平戸にあったオランダ商館は長崎の**出島**に移され、そこでのみ貿易が許された。

このような管理貿易体制は一般に「**鎖国**」といわれる。これは一七世紀に日本を訪れた**ケンペル**の著作を一九世紀の日本人が一部翻訳するときに使った用語で、当時からそういわれていたわけではない。実際には完全に交易を閉ざしていたのではなく、対外的な「**四つの口**」が存在していた。

一つ目は、長崎・出島でオランダと中国の商船と取引していた。中国については後述するとして、オランダはヨーロッパで唯一来航が許された国として、その「和蘭《オランダ》風説書《ふうせつがき》」は、「鎖国」下の日本で貴重な情報源になった。

二つ目は、対馬経由で李氏朝鮮と交易をしていた。朝鮮通信使が送られるだけでなく、対馬は朝鮮の朝貢国として独自のネットワークをもっていた。三つ目は、薩摩・中国に両属する琉球での中国との取引である。

四つ目は蝦夷地南部の松前藩をつうじたアイヌとの交易である。アイヌは北海道・樺太・千島列島南部にかけて生活し、狩猟・漁労をいとなんでいたが、中国東北部とも交易ネットワークをもっており、中国から輸入した生糸で編んだ蝦夷錦《えぞにしき》は高い評価を得ていたし、中国向けのナマコなど、輸出品になる海産物が豊富であった。

幕府は松前氏にアイヌとの交易独占権をあたえ、蝦夷での交易を管理していくが、一方的な管理によって交易の自由を奪われたアイヌでは、一六六九年に首長シャクシャインの呼びかけで和人への大規模な抵抗運動が起こった。これは武力によって鎮圧され、アイヌは幕府によって管理貿易ネットワークに組みこまれたのである。

幕府が貿易管理を強めたのは、キリスト教だけが原因ではない。対外貿易の最大の輸出品であった金・銀の生産が一六三〇年代に減少傾向にあったのである。国内向けの銀が不足することを恐れた幕府は、銀の流出をおさえるべく「鎖国」に踏み切った。

こうして、アジア大交易時代を支えた一つの柱である日本が、門戸を閉じ、自由な海から撤退した。

大清・モンゴル・チベット

北方では女真の後金がさらに拡大し、明への圧迫を強めていた。一六二六年に即位した第二代ホンタイジは、強力な騎馬戦力を擁するモンゴルに注目し、一六三二年に内モンゴルを攻めて、大元ハン直系のチャハル部を従えた。

元の印璽を手に入れたホンタイジは、一六三六年に国号を清（大清）とあらため、皇帝を称した。これは、フビライ以来の元帝室の後継者であることを表明したもので、チャハルのモンゴル部族はホンタイジの大ハ

ラサにあるポタラ宮殿

ン位を認めた。

チンギス家の係累でないものがモンゴルの大ハンとなるのはきわめて異例である。これに反発したのが外モンゴルの**ハルハ部**で、チンギス家の王族が引き続き支配していた。さらにモンゴル高原の西部にはオイラト系の**ジュンガル**が登場し、モンゴルの覇権をにぎることをねらっていた。

清、ハルハ、ジュンガルという大モンゴルの後継者争いをする三つの遊牧国家には、**チベット仏教**という共通点があった。アルタン・ハンの帰依以来、モンゴルのあいだではゲルク派（黄帽派）のチベット仏教が広く信奉されるようになり、さらにオイラトや満洲人にも広まったため、遊牧諸国はたがいに自らがチベット仏教の擁護者であることを競っていた。

女真のあいだではチベット仏教のとくに文殊菩薩信仰がさかんであった。ホンタイジは民族名を女真から「**満洲**《まんしゅう》」（マンジュ・文殊の音写。満州とも）へとあらためる。チベット仏教の宗教的権威を借りてモンゴルでの指導権を獲得しようとしたのである。

世俗から離れるために開かれたゲルク派だったが、一七世紀前半のダライ・ラマの権威は、宗教からさらに政治的なものへと拡大していた。一六四二年、**ダライ・ラマ五世**はチベット全体の土地の寄進をうけて、ダライ・ラマ政権を発足させ、自らの権威をしめすために首都ラサで政府庁舎を兼ねた宮殿の造営を開始した。これがいまも残るチベット仏教建築の最高傑作である**ポタラ宮殿**である。

一七世紀におけるユーラシア大陸の遊牧民社会全体をみわたすと、パミール高原から西はイスラーム、東はチベット仏教の宗教的権威でおおわれていたことがわかる。遊牧民統合のカギは、チベット仏教が握っていた。

明の混乱と滅亡

強大化する清の侵攻にたいして防衛するために、明は膨大な銀を北方の軍事費につぎ込んだ。大交易時代によって民間経済はかつてないほどさかえたが、商業の発展は経済格差を生み、農村経済は疲弊していた。そこに飢饉と軍費のための重税がのしかかり、農民たちはついに反乱を起こした。一六三六年に陝西地方でおこった李自成の乱はまたたく間に中国全土に広がった。清軍への防衛に主力を割いた明は、農民反乱をおさえることができなかった。

明の混乱は海上の無秩序をまねいた。商人がふたたび海賊化したのである。とくに福建地方の鄭芝竜《ていしりゅう》は、武装船団を組織して台湾のオランダ商人と取引をし、日中中継交易によって巨大な利益を得ていた。彼の妻は日本人で、息子の**鄭成功**は長崎の平戸で生まれた。東アジア海洋ネットワークが産んだ子といえる。

一六四四年、ついに李自成が北京を占領し、崇禎帝が自害して明は滅亡した。これをうけて山海関を守っていた呉三桂将軍は清に投降、清軍は北京に入場して李自成軍を追い出して中国の主となった。清の第三代順治帝は北京に遷都し、中国の皇帝としても君臨した。

さらに順治帝は、満洲・モンゴル・チベットの遊牧民をまとめるために、中国進出後にダライ・ラマ五世を北京にまねき、対等な立場で会談した。以後清の皇帝は、「**文殊菩薩皇帝**」という立場でチベット仏教を保護する。

このように、清の皇帝は中国の支配者である大清皇帝、遊牧民の支配者である大ハン、そしてチベット仏教の擁護者である文殊菩薩皇帝という、三つの顔をもつことになったのである。

さて、明の残党は南方にのがれ、皇族を奉じて「反清復明」の抵抗をおこなっていた。このとき明抵抗軍に軍船と資金を提供したのが、鄭芝竜と鄭成功であった。清軍は抵抗軍をやぶりながら南下してゆき、ついに鄭芝竜も投降した。しかし鄭成功は断固として投降を拒否し、反清勢力をまとめあげて戦い続けていく。

圧倒的な戦力差にもかかわらず鄭成功が戦い続けることができたのは、鄭氏がつくりあげてきた密貿易のネットワークがあったからだ。その中核にあったのは台湾のオランダ商人であった。

文殊菩薩としてえがかれた清の皇帝
（乾隆帝文殊菩薩像）

オランダ海洋帝国の軍事攻勢

日本の「鎖国」、明の動乱というアジアの大変動を前に、アジアの大交易は急速に縮小していく。オランダがいとなむ中継貿易の利益も低下した。オランダは日本で貿易が許された唯一のヨーロッパの国ではあったが、日本銀の取引は極端に減った。オランダはアジア交易の利益を確保すべく、積極攻勢に打ってでる。

まずオランダ東インド会社は、香辛料貿易の独占権を手に入れるべく、一六四一年、ポルトガルが支配する**マラッカ**を占領した。このときオランダは、難攻不落の要塞があるマラッカを、旧マラッカ王族のジョホール王国と同盟することによって攻略した。マラッカ海峡をめぐる国際対立をうまく利用したのである。

さらに一六五二年、アフリカ南端の喜望峰周辺にケープ植民地を開いた。これによりインドやマラッカ海峡を経由せず、喜望峰からインド洋を直航し、スンダ海峡を通過してバタヴィアにいたる新航路が開拓された。

オランダは一六五八年にはスリランカもポルトガルから奪い、さらにインドにも交易拠点をもった。アジアにおけるポルトガル海洋帝国の地位を軍事力によって奪いとったのである。オランダ東インド会社の海軍は、さらにスラウェシ島のムスリム拠点マカッサルを、一六六九年に占領した。

オランダはこれまで、主としてアジア大交易の中継で利益を得ていたが、軍事力を背景とした征服活動によって海上交易の優位を確立しようとしたのである。しかしマカッサル陥落ののち、多くのマレー人のムスリム商人はオランダに屈せず、海上交易範囲を広げて対抗した。

ムスリム商人は、従来築いてきたアチェー王国、バンテン王国、マタラム王国からモルッカ諸島にいたるムスリム・ネットワークのみならず、アユタヤからオーストラリアにまで拡散し、ジョホールなどマラッカ海峡のマレー人国家をも牛耳る存在になった。これらの海上交易に食料を供給するマタラム王国は、最盛期を迎えた。

ちなみにオランダ東インド会社も、このころタスマンをオーストラリア・ニュージーランド方面に派遣して海洋探検させているが、いくつかの地理上の発見があったくらいで、交易ネットワークは広がらなかった。

ポルトガルと同じく、オランダもまた圧倒的な軍事力を有しつつも、東南アジアにおいてはいち海上勢力にすぎず、独占的な海洋ネットワークを築くことはできなかったのである。

遷界令と大交易時代の終焉

オランダにとって誤算となったのは、一六六一年に交易のパートナーであった鄭成功によって台湾を奪われたことであった。鄭成功は清への抵抗の基地として台湾を軍事的に征服したのである（**鄭氏台湾**）。オランダは中国との中継交易の拠点を失うことになった。

鄭氏台湾は、オランダにかわって日明中継交易の担い手となった。アジア諸国はまだ清の中国皇帝としての権威をみとめていなかったので、国交があるのは明の皇帝を奉じる鄭氏台湾ということになる。台湾は朝貢国である琉球をつうじて日本と交易し、また出島にも来航することで、中国沿岸部との中継交易をおこなった。さらに東南アジア諸国との交易にもたずさわり、海洋ネットワークを構築することで清に抵抗する資金源とした。

これに対抗するために、一六六一年に即位した清の若き皇帝、**康熙帝**《こうきてい》は、中国沿岸部の住民を台湾との交易に従事させないために、海岸線から離れた土地に強制移住させるという、大規模な住民移動命令を発した（**遷界令**）。鄭氏台湾を海洋ネットワークから切断しようとしたのである。

遷界令とはすなわちきびしい海禁政策を意味する。中国人の海外渡航は禁止され、多くの中国商人が東南アジアに密航して居留し、密貿易をおこなった。これが**南洋華僑**のもとになる。日本に続いて中国もまた、海への門戸を閉じたのである。

こうして日本の「鎖国」と清の遷界令によって、東アジアの海洋ネットワークから日本と中国という二大商業地域が離脱することになった。大交易を支えたアメリカ銀や日本銀の生産・輸出も減少した。こうして一五世紀から二五〇年近く続いた大交易時代は終わりを迎えたのである。

5　オランダからイギリスへ

苦悩するオランダのアジア交易

一七世紀後半、オランダ東インド会社のアジア交易は苦境に立たされた。まず「一七世紀の危機」が長期化した結果、ヨーロッパの購買力が低下するとともに、香辛料の価格が暴落したのである。バタヴィアへの直行ルートを開設するほど、香辛料交易を頼りにしていたオランダは、大きな打撃をうけた。

さらに台湾の喪失と遷界令によって、中国産の絹織物や陶磁器を入手することが困難になった。陶磁器はヨーロッパでも非常に需要が高かったので、オランダ東インド会社はかわりに日本の**有田焼**や伊万里焼をヨーロッパに輸出し始めた。

有田焼はもともと、豊臣秀吉の朝鮮出兵の際に日本の捕虜になった朝鮮の陶工が、連行された西日本で製法を伝えたことで発展した。その有田焼がオランダに入って、オランダ産のタイルやデルフト焼きに影響をあたえた。ここには地域をこえた文化の結びつきをみてとることができる。

一七世紀後半にヨーロッパに輸出された有田の染付磁器は、一九万個にのぼるともいわれている。このように、オランダのアジア交易は有田焼で維持されたが、しかしそれでも、大交易時代の利益にはおよばなかった。

インド綿貿易の興隆

一方、東南アジアの香辛料にかわるヨーロッパ向け国際商品として、一七世紀後半から**インド綿布**の輸出がのびていった。インドの北半分を支配するムガル帝国では、一六五八年にアウラングゼーブ帝が即位し、デカン高原や南インドにも領土を広げ、その版図は最大になっていた。

ムガル帝国の広大な領土の内部で経済発展がすすみ、デリー、アグラ、ラホールという三大政治都市の人口と消費が増大、さらにポルトガル、オランダ、イギリスへの輸出を目的とする商品作物の栽培と各種産業が、インド各地で成長した。

デリー南方ではインディゴ、ベンガル地方では砂糖産業が発展するが、なんといっても主力商品は綿製品である。綿工業はグジャラート地方、ベンガル地方、タミル地方など各地で発展した。

これらの地域で生産されたキャラコ（平織りの綿布）、モスリン（薄手の平織りの綿布）、更紗（多色染め模様の綿布）などの高級綿織物が、ヨーロッパへと大量に輸出されていった。キャラコという名称は積出港のカリカットに由来する。薄くて柔らかくて丈夫で染めやすく、デザイン性にも優れたインド綿織物は、またたくまにヨーロッパを席巻し、王侯貴族や都市市民の衣生活を一変させた。

このインド綿貿易で他国にリードしたのがイギリスであった。アンボイナ事件によって香辛料貿易から撤退させられたイギリス東インド会社は、インド経営に力を注いだ。一六三九年に南部タミル地方のマドラス、一六六一年に西海岸のボンベイ、そして一六九〇年にはベンガル地方のカルカッタに拠点を築き、多角的なインド貿易をおこなって、ポルトガルやオランダにたいして優位に立つようになった。

このインド綿貿易にはフランスが参入する。ルイ一四世のもとで財務総監をつとめるコルベールは、一六六四年に重商主義の一環としてフランス東インド会社を再建し、タミル地方にポンディシェリ、ベンガル地方にシャンデルナゴルを建設し、対インド交易の拠点とした。

大交易時代がおわったからといって、アジアとヨーロッパの貿易が途絶えたわけではない。これまでの香辛料にかわる高級国際商品として、とくにインド産綿布の需要がヨーロッパで高まり、イギリスやフランスがさかんに輸入した。その需要は産業革命にいたるまで続いていくのである。

大西洋覇権をめぐるイギリスとオランダの対立

このように、対アジア貿易においてオランダは苦境に立たされ、これにかわってイギリスが台頭してきた。イギリスではピューリタン革命を経て一六四九年に共和政が成立し、**クロムウェル**が実権をにぎっていた。クロムウェルは重商主義政策を推進し、一六五一年に**航海法**を定めた。航海法とは、イギリスの植民地貿易について、イギリスもしくは貿易相手国籍の船舶に限ることを定めたものである。これはずばり、オランダの中継貿易に打撃をあたえるための法律である。これが引き金となって一六五二年に第一次**イギリス・オランダ戦争**が勃発した。

イギリスはさらに、スペインと戦ってカリブ海の**ジャマイカ**を奪った。イギリスはここに大規模な植民をおこない、サトウキビ・プランテーションを経営する。縮小するアジア貿易にかわる国際商品として、**砂糖**に目をつけたのである。これはオランダ領ブラジルの砂糖生産に対抗するものだった。

カリブ海からイギリスに向かう貿易ルートをめぐり、英蘭の北アメリカ植民地抗争も激化した。一六六五年に勃発した第二次イギリス・オランダ戦争により、オランダはニューネーデルラント植民地を失い、イギリスは獲得した都市ニューアムステルダムを**ニューヨーク**と改称してマンハッタン島への入植をすすめた。これによって大西洋三角貿易の一角がオランダからイギリスの手にわたった。

さらにこのころ、フランスの**ルイ一四世**がネーデルラントへの野心をあらわにし、一六六七年に南ネーデルラント継承戦争、一六七二年に**オランダ侵略戦争**をおこした。このときオランダは、同時に第三次イギリス・オランダ戦争も戦っている。オランダ総督の**オラニエ公ウィレム三世**は同盟網を構築して対抗し、最終的にはイギリス王女メアリと結婚してイギリスをも味方につけた。

一六八八年、イギリスで**名誉革命**がおこり、翌年ウィレム三世はメアリとともにイギリス国王として迎えられた（**ウィリアム三世**）。彼はイギリス国王兼オランダ総督としてルイ一四世と戦いつづけるのである。

オランダとイギリスとの対立関係は、両国が同君連合になったことで解消した。しかし交易の縮小や度重なる国際戦争によってオランダの国力は疲弊しており、大西洋覇権を失うことになったのである。

オランダにかわって大西洋ネットワークに参入するのが、ルイ一四世治下のフランスであった。フランスはカリブ海に**サン・ドマング（ハイチ）**植民地を建設してサトウキビ・プランテーションを展開し、カナダにケベック植民地、北アメリカのミシシッピ川流域に**ルイジアナ植民地**を獲得した。イギリス大西洋覇権への挑戦であった。

一方、イギリスでは一六九四年に**イングランド銀行**が設立され、議会の承認を得て政府が発行した国債を引き受けることができるようになった

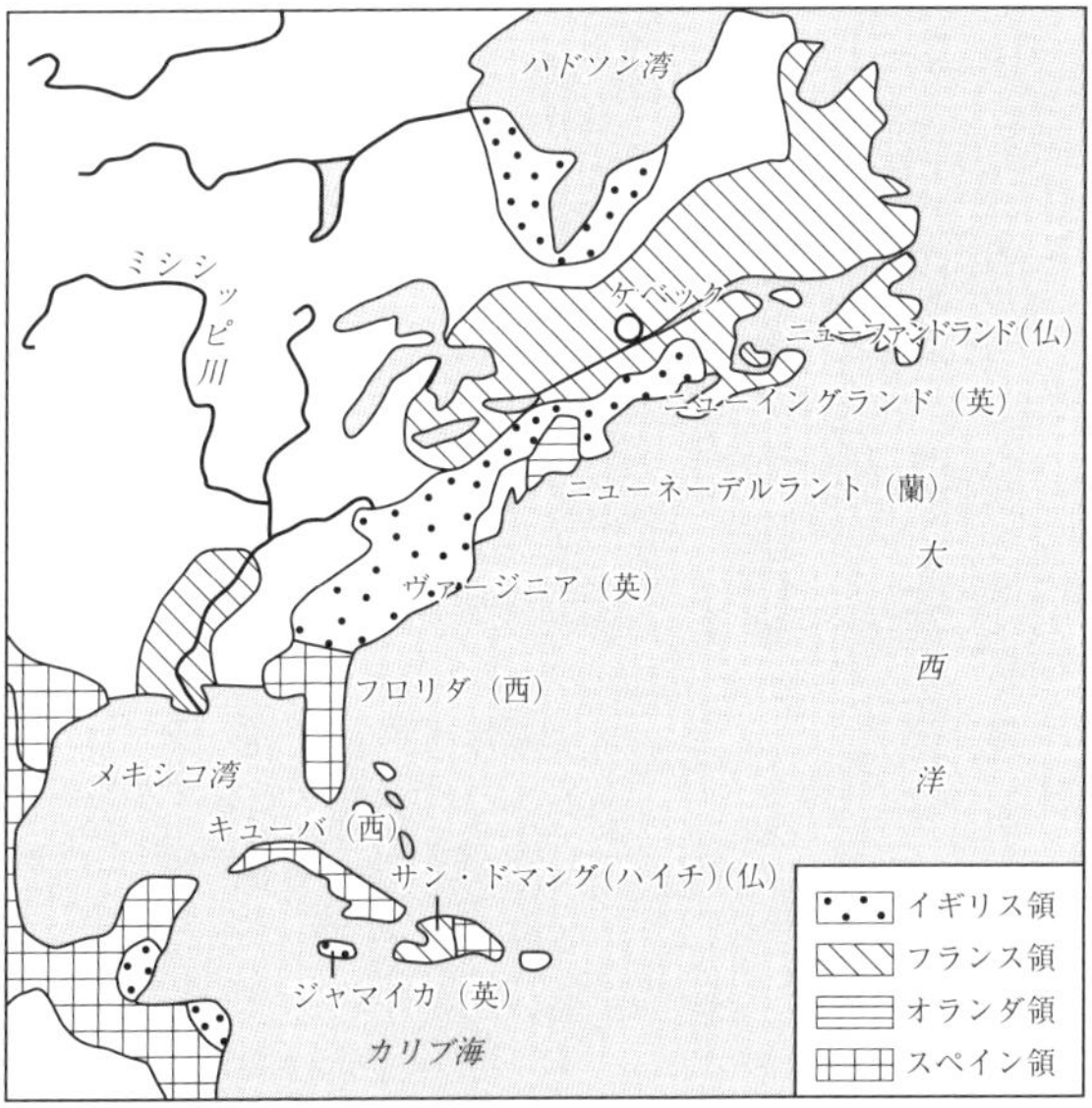

17世紀なかばにおける北アメリカ・カリブ海の植民地

（財政革命）。はげしい植民地戦争や国際戦争を勝ち抜くだけの財政的制度が整備され、国際金融においてもアムステルダムからロンドンへの移行がすすんでいった。

こうして一七世紀の後半、オランダは海洋帝国のネットワークを維持していたにもかかわらず、インド貿易と大西洋三角貿易、つまり綿製品と砂糖という新たな国際商品のネットワークにおいてイギリスが覇権をにぎり、フランスがこれに対抗するという新しい局面が生まれたのである。

ロシアと清の邂逅——シベリア・ネットワークの形成

海から大陸へと目を転じてみよう。一六八二年に即位したロシア皇帝**ピョートル一世**は西洋化政策をすすめる一方、シベリア経営もつづけ、ついにユーラシア大陸を横断してオホーツク海に達した。ここから南下すればすぐに中国東北部、すなわち清帝国の故郷満洲である。

そのころ清帝国では、康熙帝が一六八一年に三藩の乱を鎮圧し、さらに一六八三年に鄭氏台湾を征服し、満洲人による中国支配が完成した。台湾ネットワークを制圧したことで、海上統制の必要性がなくなり、翌年の一六八四年には**海禁が解除**された。清は沿岸部のいくつかの港市に**海関**（税関のこと）をもうけ、民間交易をみとめた。中国商人はふたたび海洋ネットワークに進出していく。

清帝国が内外の危機を克服したとき、新たなる脅威が北方で台頭してきた。モンゴルのジュンガルとシベリアのロシアである。大清ハンに対抗するオイラト系ジュンガルの**ガルダン・ハン**は、西モンゴルからチベットまでのオアシスの道を制して大帝国を築き、さらに外モンゴルのハルハを侵略していた。

チンギス家のハルハは、これまで大清ハンの権威をみとめていなかったが、ついに康熙帝に臣従を誓い、救援を求めた。康熙帝は強大な敵であるガルダン・ハンと雌雄を決する必要に迫られていた。そんなときに、ロシアの遠征軍が南下して国境に迫っていたのである。

康熙帝は先にロシアとの紛争を解決してからジュンガルとの決戦にそなえようとした。こうして清軍はロシア軍を駆逐して、一六八九年に**ネルチンスク条約**を締結し、国境を画定させた。

これはヨーロッパ式の国際法にもとづいた対等な主権国家間の条約である。本来こうした国際体制は清帝国のやり方ではなかったが、通訳として同席したイエズス会の宣教師によってこの形式がスムーズに導入された。

ネルチンスク条約によってアルグン川（黒竜江上流）からスタノヴォイ山脈（外興安嶺）が国境と定められ、同時に清とロシアとのあいだに通商の取り決めがなされた。これによって従来の草原の道よりも北方に、新たな大陸ネットワーク（いわば**シベリア・ネットワーク**）が構築されることになったのである。

こうしてロシアの問題を処理した康熙帝は自らモンゴル遠征をおこない、ジュンガルのガルダン・ハンと対決し、これを打ち破った。ジュンガルは西方に退き、大モンゴルの後継者をめぐる遊牧民の争いは、清帝国がリードするかたちとなった。ロシアと清の征服事業によって、大陸のネットワークは次第に安定していく。

一七世紀末、明清交代期の混乱がようやくおさまり、東アジアのネットワークはふたたび活性化していった。確かに大量の銀によってささえられた大交易時代は終わりを迎えた。しかし一度結びついたグローバル・ネットワークは崩れることなく、担い手や国際商品を変えながらもつづいていき、むしろその規模を増していくのである。

第10章　アジア／大西洋の分岐点——一八世紀

日本の「鎖国」と清の一時的な海禁によって、大交易時代は終わりを迎えたが、一度成立したグローバル・ネットワークがなくなるわけではない。ヨーロッパ諸国は大西洋を中心とした海洋ネットワークを競いあい、アジアの大帝国は安定期にはいる。

一八世紀はヨーロッパの成長とアジアの成熟がかさなり、両者が文化的に交流する幸福な時代であった。このとき、アジア諸帝国の経済や文化はヨーロッパを圧倒していた。しかし一八世紀後半、ヨーロッパの「近代」のパワーが急成長し、膨張する分岐点を迎える。産業革命、アメリカ独立革命、フランス革命、ハイチ独立革命といった、大西洋ネットワークの両辺で連鎖的に発生した環大西洋革命という巨大な近代のうねりが、ヨーロッパとアジアの運命をわける分水嶺となっていくのである。

1700年	スペイン・ブルボン家のフェリペが王位につき、アシエント契約をフランスが独占。
1703年	オスマン帝国のアフメト３世が即位。チューリップ時代はじまる。
1706年	清の康熙帝、典礼否認派の宣教師の布教を禁止。
1710年ごろ	コーカンド・ハン国がブハラ・ハン国から自立。
1713年	ユトレヒト条約。イギリスがアシエント契約を得て、大西洋三角貿易を主宰。
1720年	清の康熙帝、チベットを保護下におく。
1721年	北方戦争でロシアのピョートル大帝がスウェーデンをくだし、バルト海覇権をにぎる。
1722年	アフガン人によってサファヴィー朝が滅亡。
1724年	清の雍正帝、すべてのキリスト教の中国布教を禁止。
1727年	清とロシアとのあいだにキャフタ条約締結。
1738年	清の乾隆帝、ジュンガルを滅ぼし、モンゴル系遊牧民の統一を実現。
1755年	オランダ東インド会社、マタラム王国を滅ぼし、ジャワ島支配を拡大。
1757年	清、ヨーロッパ諸国との貿易を広州一港に限定。
	プラッシーの戦いでイギリス東インド会社軍が仏印連合軍をやぶる。
1761年	イギリスがポンディシェリを陥落させる。
1763年	パリ条約を締結。フランスが北アメリカから撤退し、イギリスの大西洋覇権が確立。
1768年	ロシア、オスマン帝国をやぶり、クリミア半島を併合。
1769年	ワットが蒸気機関を改良。
1773年	アメリカ13植民地で茶法を適用。ボストン茶会事件おこる。
1775年	アメリカ独立戦争勃発（～83年）。「独立宣言」採択。
1786年	イギリス、マレー半島のペナン島を獲得。
1789年	フランス革命勃発。「人権宣言」採択。
1791年	ハイチでトゥサン・ルヴェルチュールを指導者とする黒人奴隷反乱がおこる。
	大黒屋光太夫、ロシア皇帝エカチェリーナ２世と謁見。翌年、特使レザノフとともに帰国。
1793年	イギリス使節マカートニー、清の乾隆帝と謁見。
1795年	フランス革命軍によるオランダ占領。
1799年	オランダ東インド会社解散。
	ブリュメール18日のクーデタによりナポレオンが実権をにぎる。

第10章に登場する諸勢力

遊牧民……ジュンガル　チベット　アフシャール朝　ヒヴァ・ハン国　ブハラ・ハン国　コーカンド・ハン国

農耕民……イギリス　フランス　オランダ　ロシア　清（チベット・新疆）　日本（江戸時代）　オスマン帝国　ドゥッラーニー朝　李氏朝鮮　アメリカ合衆国

海洋民……コンバウン朝　ラタナコーシン朝　琉球王国

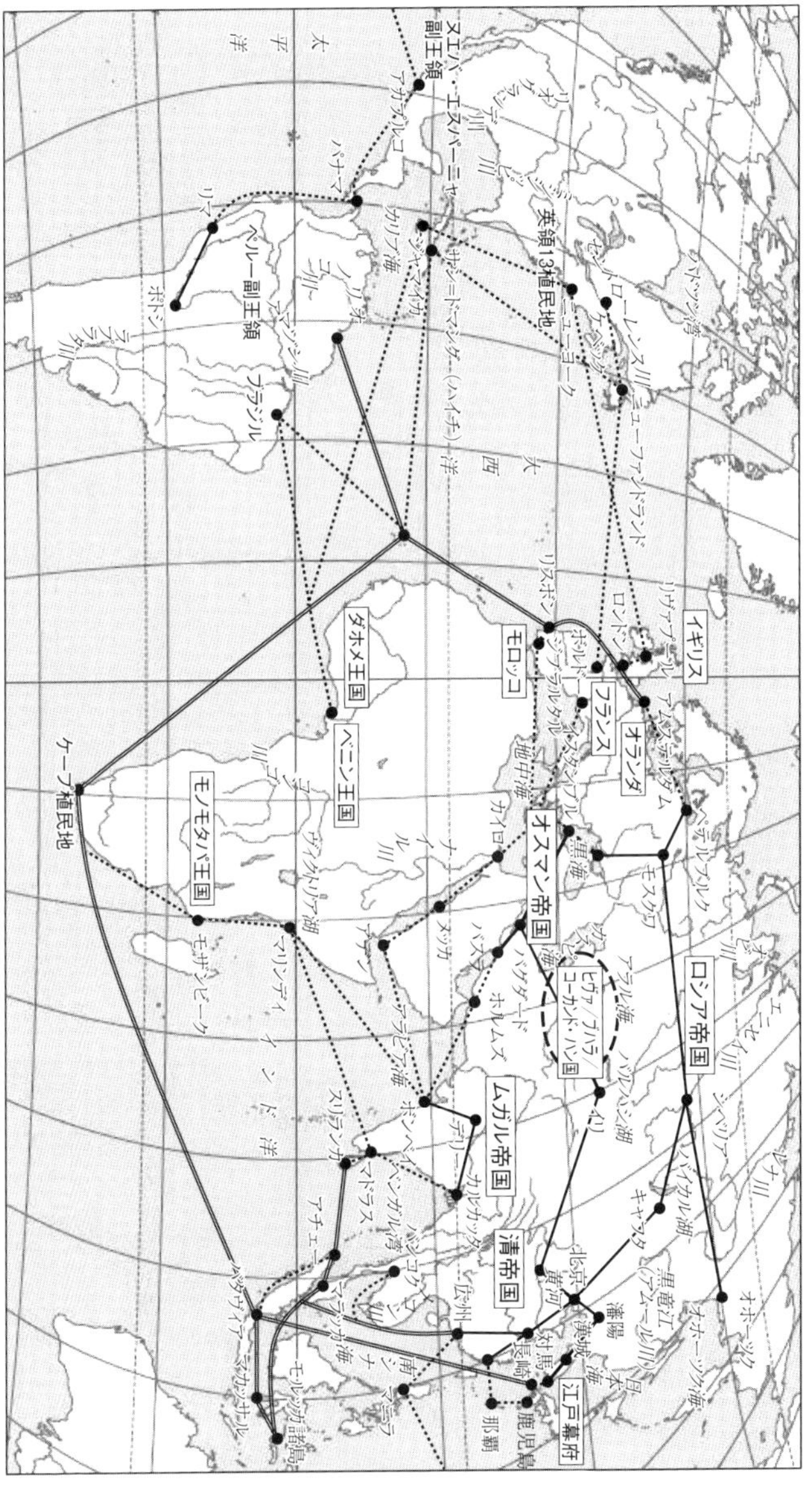

18世紀前半のネットワーク（二重線はオランダのネットワーク）

1　ヨーロッパの戦争

大西洋ネットワークをめぐる英仏対立

「一七世紀の危機」にたいして、ヨーロッパ諸国はアメリカ植民地を最大限活用することで乗り切ろうとした。その結果、ヨーロッパ諸国は植民地戦争をくりひろげていった。名誉革命によって同君連合となったイギリスとオランダは和解し、一八世紀にはイギリスとフランスとの戦争となる。

イギリスの大西洋ネットワークは、クロムウェルのときに築かれたカリブ海の植民地**ジャマイカ**でプランテーション生産された砂糖やコーヒーをイギリス本国まで運んで販売するものだった。その航路にあたる北アメリカ東海岸の植民地も有力な市場であった。

これにたいし、フランスもコルベールの時代に、やはりカリブ海のイスパニョーラ島西部を獲得し、**サン・ドマング**（ハイチ）植民地として砂糖とコーヒーをプランテーション生産した。北アメリカでは北方のセントローレンス川沿いにニューファンドランド、ケベックなどの植民地を築き、大西洋航路を確保した。

このように、イギリスとフランスの大西洋ネットワークは、正面から対抗しあっていた。ヨーロッパで国際戦争が生じれば、それは即座に海外での英仏の戦争となった。一七世紀末のウィリアム王戦争から始まる、英仏の海洋ネットワークをめぐる戦争を、「**第二次英仏百年戦争**」という。

ユトレヒト条約とイギリス海洋ネットワーク

一七〇〇年、スペイン・ハプスブルク家が断絶し、ブルボン家のフェリペ五世がスペイン王として即位すると、オーストリア・ハプスブルク家が反発し、翌年**スペイン継承戦争**がおこった。

スペイン・ブルボン家の即位は、大西洋ネットワークに見すごせない変化をもたらした。これまでスペインがポルトガルやオランダの商人に認めていた**アシエント契約**（アメリカ植民地への奴隷供給契約）を、フランスに全面付与したのである。

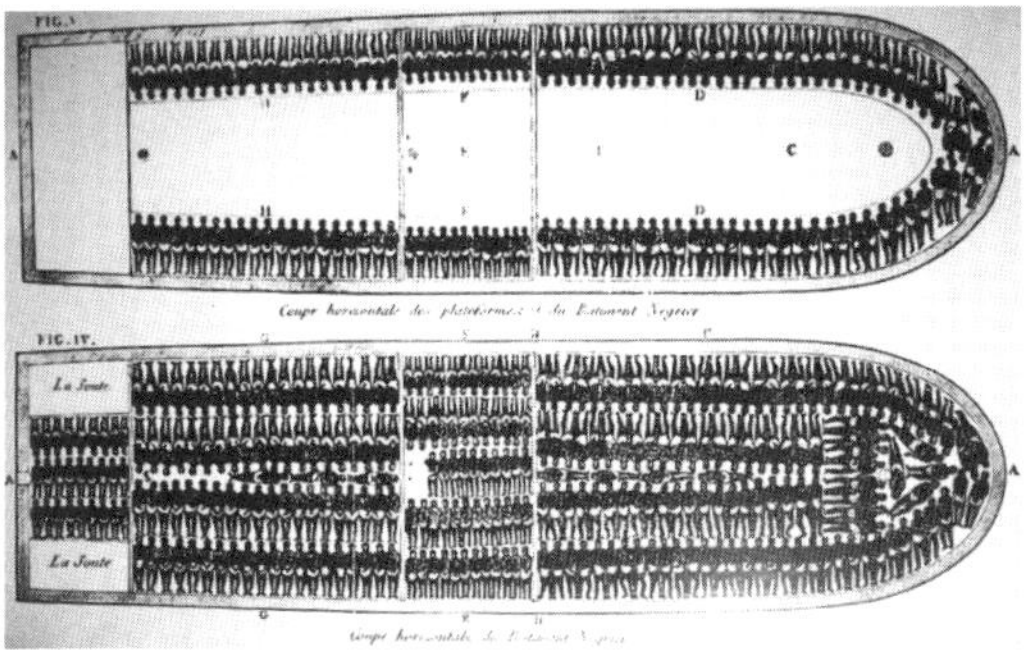

黒人奴隷たちがぎっしりとつめこまれた奴隷船
(約40日間で大西洋を横断したが、衛生環境が悪く、途中で命を落とす者が多かった。)

奴隷貿易がもたらす莫大な利益は、すべてフランスのものになった。これによりナントや**ボルドー**といったフランスの港町が、奴隷貿易によって繁栄する。ボルドーの奴隷商人は、フランスの火器など工業製品をもってアフリカ西部のギニア湾にいって、ベニン王国やダホメ王国から黒人奴隷を購入し、奴隷船につめこんでカリブ海のプランテーション経営者に奴隷を売る。つまり一八世紀初頭に、フランスは**大西洋三角貿易**を主宰することができたのである。

大西洋ネットワークにおいてフランスにおくれをとったイギリスは、スペイン継承戦争に参戦し、北アメリカでのアン女王戦争でフランスに勝利した。一七一三年に結ばれた**ユトレヒト条約**において、イギリスはフランスからアシエント契約を奪いとることに成功した。

これによりイギリスは奴隷貿易に参入し、フランスにかわって大西洋三角貿易を主宰することになった。奴隷貿易の中心はナント・ボルドーから**リヴァプール**へと移行する。

さらにイギリスは、いくつかの領土・植民地を獲得して、さらなる海洋ネットワークを構築していく。まずフランスからセントローレンス川沿いの植民地（ニューファンドランド・アカディア・ハドソン湾地方）を獲得した。北アメリカの大西洋沿岸地帯はすべてイギリス領となり、カリブ海とヨーロッパ北部を結ぶネットワークを独占したのである。

つぎにスペインからジブラルタルやミノルカ島を譲り受けた。これにより地中海ネットワークに進出するための拠点を得た。これまで地中海貿易はオスマン帝国と外交関係を結んだフランスの独壇場であった。イスタンブルやカイロでの取引により、フランスは東方貿易の利益を手に入れていたのである。

イギリスはジブラルタルという地中海の出入り口をおさえて、地中海と大西洋を結ぶ海洋ネットワークを構築しようとした。めざす先はエジプト、紅海からアラビア海へとつながるインドへの最短ルートであった。地中海ネットワークをめぐる英仏の対立は、一九世紀まで続くことになる。

こうして大西洋三角貿易と地中海進出の拠点を得たことで、イギリス海洋ネットワークが本格的に築かれていった。一七一三年のユトレヒト条約はイギリス海洋帝国への道において画期となったといえる。

綿布と茶のネットワーク

一八世紀におけるヨーロッパとアジアを結ぶ海洋ネットワークを追ってみよう。イギリスはインドにマドラス、ボンベイ、カルカッタの三大拠点をおき、インド産綿布（キャラコ）をヨーロッパ向けに輸入していた。

品質の良いインド産綿布はヨーロッパの上流階級に需要が高く、イギリス東インド会社に大きな利益をもたらしていた。フランス東インド会社もまた、イギリスに対抗し、ポンディシェリとシャンデルナゴルを拠点としてインド貿易に参入していた。

綿織物につづいて国際商品として人気が高まっていたのが、**中国産の茶**である。清帝国では、前世紀末に海禁を緩和したことで、ふたたび民間貿易が活発になった。ここで清から積極的に茶を輸入したのは、やはりイギリスである。

イギリスでは一七世紀末から、上流階級のあいだでコーヒーにかわる舶来の嗜好品として、**紅茶**が流行した。こうして紅茶に適した中国産の茶と高級茶器としての陶磁器の需要が上昇した。茶は、絹・綿織物、砂糖、コーヒーに匹敵する国際商品となったのである。

紅茶を飲む家族

一方、国際商品としての価値を低下させたのが、香辛料である。対ヨーロッパ香辛料貿易ルートを独占していたオランダ東インド会社は、大交易時代が終わることによって、アジア中継貿易や香辛料貿易の独占に利益を見いだせなくなった。

そこでオランダは、貿易から利益を得るのではなく、ジャワ島を植民地化して直接支配することで利益を得ようとした。こうしてオランダは一七世紀末にバンテン王国を服属させ、一七五五年には内紛で弱体化していたマタラム王国を滅ぼし、さらに東部にも進出していった。

オランダはジャワ島で、ブラジル植民地と同じように、砂糖やコーヒーといったヨーロッパで需要のある国際商品を生産し、これらの商品を買いとってヨーロッパに輸出することで利益をあげていく。
このようにオランダはアジアにおける事業戦略を転換したが、長崎、マラッカ、スリランカ、ケープ植民地といった海洋ネットワークの要所をおさえ、アジア・ヨーロッパ間ネットワークの支配者でありつづけた。イギリスもフランスも、オランダ海洋ネットワークにそってアジア商品を輸入していた。

北方戦争とロシアの大陸ネットワーク

視点をユーラシア大陸ネットワークの覇者となったロシアに向けてみよう。大帝ピョートル一世は、**バルト海覇権**をねらって一七〇〇年からスウェーデンと**北方戦争**をおこす。ピョートル大帝はもともとアジア的君主というよりは西ヨーロッパの宮廷文化にあこがれをもっていた。その彼がついにヨーロッパ方面への進出を開始したのである。

三十年戦争で活躍したグスタフ・アドルフ以来、バルト海貿易圏はスウェーデンが覇権をにぎっていた。ピョートル大帝はポーランドやデンマークと同盟を結んで、二一年におよぶ大戦争に勝利し、スウェーデン「バルト帝国」を打ちやぶった。

これにより、ロシアはバルト海貿易圏の覇権をにぎり、北海沿岸のイギリスやオランダと直接海洋ネットワークで結びついた。ロシアは、国際貿易によって多くの利益を得ていたこれらの海洋帝国と、通商関係を深めていく。

また北方戦争の最中、ピョートルはネヴァ川河口に帝都**ペテルブルク**（サンクトペテルブルク）を建設した。これは帝国の重心をアジアからヨーロッパ方面へと移したことを意味する。

しかしピョートルは東方への拡大の手もゆるめなかった。彼は死の直前、デンマーク出身の**ベーリング**に命じて、ユーラシア大陸の最東端を探検させた。ベーリングはカムチャッカ半島や、海峡を渡った先のアラスカ方面まで到達した。

ピョートルの死後、ロシア軍はモンゴル高原方面に南下し、ふたたび清と国境を接した。一七二七年、清とロシアとのあいだに**キャフタ条約**が結ばれ、モンゴル方面の国境画定と通商関係が結ばれた。

こうして一八世紀前半のロシアでは、ペテルブルクからバルト海をつうじた海洋ネットワークがひらかれるとともに、以前よりモスクワから拡大していったシベリア・ネットワークが強化され、バルト海とオホーツク海を大陸ネットワークによって結びつける、壮大なユーラシア大陸横断ネットワークを構築していったのである。

2　アジアの平和

清の人口増大と人口移動

そのころ、ロシアと通商関係を結んだ清帝国は、中央アジアにおける遊牧民との戦いをつづけていた。康熙帝によって外モンゴルから撃退されたジュンガルは、タリム盆地に本拠地を移すとともに、遊牧民の宗教的中心である**チベット**に進出しようとした。

清は機先を制すべく、一七二〇年に大軍をチベットに送って保護下におき、ジュンガルの勢力を排除した。モンゴルの大ハンにして文殊菩薩皇帝でもある清の皇帝は、ダライ・ラマとの関係を強化して、モンゴル系遊牧民をたばねる君主としての地位を確固たるものにしたのである。

康熙帝の死後あとをついだ**雍正帝**《ようせいてい》は、一七二四年に青海を支配した。ジュンガルとの戦いは長引いたが、これらは局地戦にすぎず、天下泰平となった中国本土では「盛世」とよばれる繁栄の時代を迎えた。その結果、中国では爆発的な**人口の増大**がみられた。一七世紀末に約一億人だった人口は、一八世紀のなかばには約二億人。一八世紀末には三億人にまで急増する。こうして中国大陸のすみずみにいたるダイナミックな人口移動が発生した。

清は経済政策について自由放任的なところがあって、国内の移動や土地の売買は自由だった。人口増大による競争にやぶれ土地を失った人々は、これまで土地がやせていて開拓がすすまなかった東北地方、モンゴル高原、湖北・四川・山西の山間部、広西や雲南へと移住して、土地を安く購入して開拓していく。

ただこれらの山間部などでは通常の穀物は育たないので、彼ら開拓民は、大交易時代にアメリカ大陸から伝わった**トウモロコシ**や**サツマイモ**など、山地でも栽培可能な新作物を生産し、食料としていった。新開拓地での中心的な収入は商品作物であった。開拓民は、藍・タバコ・木材・紙・漆など、さまざまな商品作物を生産し、商工業を活性化させていった。

このように清帝国は人口増大の危機を、広大な領土を活用した人口移動とグローバル・ネットワークによって得た新作物の導入により克服した。しかし山間部の急激な開発は環境破壊をまねき、モンゴルや東北への漢民族の移住は先住民との摩擦を生むなど、長期的な問題を抱えることになったのである。

一方、福建や広東などの沿岸部では、増大する中国人口に押されるようにして、台湾や東南アジアに移住する住民が続出した。

東南アジアの港市に移り住んだ華南出身の中国商人は**南洋華僑**とよばれ、華僑同士のネットワークを構築して現地経済に影響力をもった。**華僑ネットワーク**は故郷を捨てた人々が外国で生きていくために必要な互助的つながりで、東南アジアを皮切りとして、以後世界中に広がっていく。

清とヨーロッパのつながり

一八世紀はじめ、清とヨーロッパとの文化的関係は良好だったといえる。その立役者はイエズス会であった。フランスのルイ一四世によって派遣された宣教師**ブーヴェ**と**レジス**は、一七一八年に中国初の実測地図「皇輿全覧図」を作成した。ブーヴェは『康熙帝伝』をあらわして、中国の偉大な皇帝をたたえた。

しかしこのころ、中国へのカトリック伝道の方法をめぐって、儒教的典礼の方法を採用するイエズス会と、これに反対するローマ教皇や他宗派とのあいだで対立が生じた。康熙帝はこの**典礼問題**をきらって、一七〇六年に典礼否認派の宣教師の布教を禁止した。

さらに一七二四年、雍正帝はついにイエズス会の中国布教も禁止する。日本に続いて中国でも、カトリック伝道は失敗に終わった。

ただし、布教が目的でなければイエズス会士が中国に入ることはできたし、何よりイギリスの茶貿易を中心に、対ヨーロッパ輸出はさかんにおこなわれていた。一八世紀前半の清は決して他国にたいして門戸を閉ざすことなく、むしろ積極的にネットワークを広げていったのである。

「鎖国」下の日本

次に「鎖国」下の日本をみてみよう。四つの口がひらかれていたとはいえ、前世紀の朱印船貿易の時代にくらべると日本の貿易量はいちじるしく減少した。根本的な原因は国内の金・銀の供給量減少にあったわけだが、海外からの輸入にたよっていたいくつかの国際商品を日本が手に入れるのは困難になった。

まず中国産の絹製品である。中国に日本銀が流出することを防ぐため、幕府は生糸の国産化を奨励した。砂糖も以前は海外から輸入していたが、鎖国後は琉球でのサトウキビ栽培・黒糖生産でこれをおぎなっていた。琉球を管理する薩摩藩は砂糖の輸入で莫大な利益を得た。また、本土での砂糖生産もおこなわれるようになる。

戦乱の時代が過ぎ、天下泰平のもとで商業が活性化すると、人口が増大した。江戸前期に増大した人口をやしなうために、農業生産力を増大させる必要があった。江戸時代の農民は、新田開発で耕地面積を増やすだけでなく、農業技術を改良・合理化することで、耕地面積当たりの収穫量を増やすことに成功した。

こうしてアジア物産の国産化と農業革新によって、日本は「一七世紀の危機」をのりきり、一八世紀に人口増加と経済の安定を獲得したのである。閉鎖的ともいえるかもしれないが、海外に依存しない自律型の経済構造が確立されていたのである。

3　ユーラシア東西の文化交流

オスマン帝国のチューリップ時代

清や日本と同様に、平和と安定を享受していたのがオスマン帝国である。オスマン帝国は一六九九年のカルロヴィッツ条約でハンガリーなどをオーストリアに明け渡したのち、領土が固定化した。

一八世紀のヨーロッパには、グローバル・ネットワークをつうじてアジア諸帝国の実情が伝わり、東洋の物産が多くもたらされた結果、ある種の「東洋へのあこがれ」が広がった。近世ヨーロッパでは、成熟を迎えたアジアの社会や思想は自分たちよりも優れているのだという認識があったのである。

とくにオスマン帝国と友好的な関係を築いてきたフランスでは、上流階級の**サロン**でトルコ宮廷風の食事やふるまいをしたり、オスマン帝国からもたらされたコーヒーを飲ませる**カフェ**が市民の交流の場として流行したりした。

他方でオスマン帝国でもフランス風の宮廷文化が流行し、美術や工芸の面でヨーロッパ文化が積極的に取り入れられた。一七〇三年に即位したアフメト三世の時代にこうした西洋風文化が花ひらき、トルコ人に伝統的に好まれていたチューリップにちなんで、**チューリップ時代**とよばれる。

チューリップはオスマン帝国の原産で、イスタンブルでさかんに栽培や品種改良がおこなわれた。一七二六年には八三九種類のチューリップが登録されたが、それがオランダに伝わり、ヨーロッパにも広まった。

このように、オスマン帝国とヨーロッパのあいだには、これまでの貿易関係だけでなく、文化的な相互交流がおこなわれ、それぞれに新しい文化がめばえていったのである。

分断するオアシスの道

一方オスマン帝国の隣国イランでは、サファヴィー朝が一八世紀にはいって衰退し、アフガニスタンから進攻してきた**アフガン人**によって一七二二年に首都イスファハーンが攻略され、滅亡した。以後イランは、トルコ系遊牧民によるアフシャール朝と、アフガン人のドゥッラーニー朝などが相争う戦乱の地となった。

この結果、陸と海を結ぶイランのネットワークは衰退する。東西交易の中心として「世界の半分」とうたわれたイスファハーンの栄華は失われ、ペルシア湾ルートの重要性も低下することになった。

西トルキスタンでは**ウズベク人**のヒヴァ・ハン国とブハラ・ハン国がオアシスの東西交易をいとなんでいたが、一七一〇年ごろにブハラ・ハン国から**コーカンド・ハン国**が自立し、ウズベク三ハン国がオアシス交易の利益をめぐって競合していた。

コーカンド・ハン国から東にオアシスの道でつながっていたのは、清の攻勢をうけて東トルキスタンで勢力をたもっていたジュンガルであった。東トルキスタンでは一六世紀以来、イスラーム神秘主義教団が進出して住民のウイグル人をイスラーム化していた。つまり、モンゴル系支配層のジュンガルはチベット仏教を信奉していたが、住民のトルコ系ウイグル人はイスラーム教徒だったのである。

一七三五年に即位した清の乾隆帝《けんりゅうてい》は、三八年についにジュンガルを滅ぼし、モンゴル系遊牧民を統一した。清は東トルキスタンを「新疆《しんきょう》」（新しい土地）と名付け、最後の藩部とした。

清朝の藩部では地元の有力者に支配を委任し、中央の理藩院が管理する制度であった。このためモンゴルではモンゴル系王侯が、チベットではダライ・ラマが、新疆ではウイグル人の指導者であるベグが、現地の支配者となった。

ウイグル人勢力を支配下におさめたことで、清帝国とトルキスタンのムスリム地域がネットワークでつながった。ただしイランが混乱していたため、オアシスの道の重要性は低下していたといえる。

清の安定から貿易管理へ

かくして一八世紀なかばに最大版図を実現した清は安定期を迎えた。それまで清では海禁の時期をのぞいて、海洋ネットワークの管理統制をおこなうようなことはしなかった。しかしここにきて貿易の管理が始められた。国内が安定したことで、清は外部との関係を整理しようとしたのであろう。

まず清は、一七五七年にヨーロッパ諸国との貿易を広州一港に制限し、広東十三行《かんとんじゅうさんこう》とよばれる特権商人組合（公行《コホン》）に当地での対外貿易を請け負わせた。イギリス、フランス、オランダなどの商人は、ふだんはマカオに居住し、貿易の際に広州郊外の特別区に出入りし、広東十三行が建てた商館でのみ貿易を許可された。

公行による貿易管理はヨーロッパ、とくに中国茶の需要が上昇していたイギリス東インド会社にとっての懸案事項となった。ただこのころは、紅茶は上流階級が飲む高級品だったので、イギリス国内で大きな問題だったとはいえない。

また、乾隆帝の時代には東南アジアへの積極政策を展開した。清は、一七六七年にビルマを統一した**コンバウン朝**やベトナムに出兵し、これらを服属させて朝貢国とした。また、アユタヤ朝滅亡後のタイで、一七八二年にビルマの勢力を追いだしてタイ人の国家を復興させた**ラタナコーシン朝**もまた、清に朝貢した。清は、朝鮮や琉球には定期的な朝貢を義務づけていたが、これら東南アジア諸国については、時に応じて朝貢するのみで、民間貿易も活発であった。清は中国皇帝として朝貢にもとづく伝統的国際秩序を構築したが、明のころのような徹底した貿易管理をおこなったわけではなかった。

シノワズリと啓蒙主義

門戸が狭められたこともあり、中国の物産は高級品としてヨーロッパの上流階級のあいだでとくにあこがれをもって迎えられた。繊細な質感や優れたデザイン性をそなえた絹織物や、染付・赤絵といった洗練された芸術性をもった陶磁器は、ヨーロッパの技術ではなかなかまねのできない商品であった。

こうして上流階級の室内装飾や庭園に、中国風のデザインや模様をあしらうことが流行した。ただデザインをつくっているのは中国の職人ではなくヨーロッパの職人なので、あくまでも想像上の中国を投影したものだった。一八世紀なかばからみられるこうした中国趣味を**シノワズリ**という。

シノワズリは表層的なオリエント趣味の一種だが、ヨーロッパの知識人はもっと深く中国についての情報を集めていた。かつて中国の情報は旅行記に頼っていて、どうしても新奇で派手なものごとを強調しがちで

シノワズリの代表建築
（サンスーシ宮殿〔ポツダム〕の中国風茶館）

あった。しかし一八世紀にイエズス会宣教師がもたらした記録は、宣教師の知性もあいまって、中国の文化や歴史、制度を深く掘り下げて紹介するものだった。

中国の思想や歴史に強い関心をしめしたのが、一八世紀なかばのフランスの**啓蒙主義**（啓蒙思想）である。ヴォルテールは中国を高く評価し、儒教の合理性、科挙による人材評価、皇帝の人民にたいする理想的態度などをほめたたえ、比較してヨーロッパ絶対主義の後進性を批判した。また、重農主義者のケネーは、中国が農業を重んじ、その基礎のうえに商業が発展しているとして、ヨーロッパの重商主義を批判した。

もちろんこうした中国優位論ばかりだったわけではなく、モンテスキューは、中国の皇帝政治は自らへの反対者の存在を許さない専制政治であるとして、その問題性を指摘してもいる。

これらの議論は、世界の一体化によって、ヨーロッパの人々がアジアという高度な文化をもった他者を認識するようになり、自分たちヨーロッパの優位性に疑いをさしはさむようになったことを意味する。自らの後進性を批判するために、こうしたアジアを参照基準とする客観的な自己認識は必要であった。

理性によって世界のすべてを明らかにしていこうとする啓蒙主義は、未知の存在であったアジアを認識することをひとつのきっかけにして始まった。やがてこの啓蒙主義が環大西洋地域全域をのみこみ、西洋的な「**近代**」としてアジアに大変革をせまる根本思想となっていくのは、皮肉な話である。

大黒屋光太夫とラクスマン

ユーラシア大陸帝国となったロシアでは、一七六二年に即位した女帝**エカチェリーナ二世**が、東西南方へと領土を広げていった。エカチェリーナ二世は一七六八年にロシア・トルコ（露土）戦争に勝利して、オスマン帝国にクリム・ハン国の宗主権を放棄させ、クリミア半島とドニエプル川地域を併合した。

ロシアは、ついに海洋ネットワークの中心である南方の海につながる拠点を確保したのである。以後ロシアは黒海への進出を強めた。アジアとヨーロッパを結ぶネットワークはオスマン帝国が支配していたが、まずロシアによって黒海＝地中海ネットワークの一角が奪われた。

西方では一七七二年にポーランド分割が開始される。ポーランドは最終的に消滅し、ロシアはバルト海だけでなく陸上でプロイセンとオーストリアという大国と境を接することになる。ロシアはヨーロッパの大国として認識されることになるのである。

大黒屋光太夫（左）

さらに東方では、極東の**オホーツク海**まで進出し、アラスカや千島列島の領有をすすめていた。一七八三年、アラスカからのびるアリューシャン列島で毛皮の狩猟をおこなっていたロシア人は、日本からの漂着民、**大黒屋光太《だいこくやこうだ》夫《ゆう》**とその一行を保護した。光太夫らはシベリアを横断し、一七九一年、帝都ペテルブルクに到着した。

光太夫はロシアに深い関心をもち、ロシア語をおぼえて積極的にコミュニケーションを取った。エカチェリーナ二世は光太夫と謁見し、日本に大いに興味をもつ。中国との交易が大きな利益を生みだしていたため、日本とも通商関係を築きたいと考え、翌年**ラクスマン**を使者として日本に派遣し、光太夫を送り届けることにした。

　大黒屋光太夫が行き来した道は、一八世紀末までにペテルブルクからオホーツク海までロシアが支配する大陸ネットワークがつながっていたことを物語る。ロシアが、このネットワークの延長線上にある日本に接触をはかるのは当然の帰結であった。

　結局日本は「鎖国」を堅持し、ロシアとの通商関係は結ばれなかったものの、光太夫のもたらしたロシアの情報は、日本にとって謎の多かったヨーロッパの隣国について、具体的な知識を与えるものだった。

　幕府は、ロシアの蝦夷地進出が想像よりもはるかにすすんでいることを知り、蝦夷地のアイヌに対する支配を強めた。こうして、日本とロシアははじめてお互いのことを知り、蝦夷地が両者の係争地になることを認識したのである。古来より環オホーツク海域で活動してきたアイヌは、両者に翻弄されることになる。

　グローバル・ネットワークによって、一八世紀なかばにアジアの大国とヨーロッパとのあいだには豊かな文化的交流が生まれた。このときヨーロッパの人々には、オスマン帝国にしろ清帝国にしろ、そしておそらく日本にたいしても、アジアの文化や社会を自分たちと対等な、優れた文化をもった地域として尊重し、自分たちの文化に紹介しようとする姿勢があった。

　しかしこうしたアジアにたいする敬意は一九世紀にはいると消えうせ、ヨーロッパを「文明」、アジアを「野蛮」とみなす近代思想が当然視されていく。この転換はいつ、そしてなぜ起こったのであろうか。謎を解く鍵は、一八世紀末の大西洋ネットワークにある。

4　環大西洋革命

パリ条約以後

さきに述べたように、一八世紀にヨーロッパでおこった戦争は、北アメリカとインドにおける英仏植民地抗争（第二次百年戦争）と連動していた。そんななか、一七五六年に発生したプロイセンとオーストリアとのあいだの**七年戦争**は、この抗争にひとつの区切りをつけるものとなった。

北アメリカではフレンチ・インディアン戦争がおこり、これはイギリスの圧勝におわった。一七六三年に締結された**パリ条約**によって、イギリスはフランスからカナダとミシシッピ川以東のルイジアナを、そしてスペインからフロリダや西インド諸島の一部、そして西アフリカのセネガルを獲得した。

これによってフランスは北アメリカにおける領土を失い、大西洋のイギリス覇権は確実なものとなった。イギリスの大西洋三角貿易の拠点は、奴隷貿易の拠点でもあるリヴァプールである。奴隷商人は、武器やインド産綿布を西アフリカの黒人国家にはこび、そこで積み荷と奴隷を交換し、奴隷船がカリブ海やアメリカ大陸のイギリス植民地へと航行し、奴隷と砂糖やタバコなどの商品と交換し、またリヴァプールに戻り、本国やヨーロッパで売りさばいた。

この三角貿易で重要となるのが、奴隷の対価として需要が増したインド産綿布である。

北東部のベンガル地方では英カルカッタと仏シャンデルナゴルが競合したが、一七五七年にイギリス東インド会社のクライヴが**プラッシーの戦い**でフランス・ベンガル太守連合軍をやぶり、フランス勢力をベンガルから駆逐した。

さらに南部のタミル地方では英マドラスと仏ポンディシェリが争っていた（**カーナティック戦争**）。当初フランスの名将デュプレクスが優勢であったが、彼が失脚するとイギリスが逆転し、一七六一年にはポンディシェリを陥落させ、一七六三年に完全な勝利をおさめた。これによりイギリスによるインド産綿布の貿易独占が達成された。

輸入代替としての産業革命

イギリス東インド会社は、中国から茶や陶磁器を、そしてインドから綿製品を輸入していく。しかしイギリス側からこれらのアジア諸国に輸出できる国際商品はなく、代価はもっぱら金・銀といった貴金属で支払われた。つまり、大西洋三角貿易で達成された黒字は、中国やインドへの支払に流れ、全体としてみれば貿易赤字だったのである。

しかしとくにリヴァプールの商人は、奴隷の対価として綿製品を必要とした。そこで彼らは綿製品をインドからの輸入に頼るのではなく、自国で生産したいと考えるようになった。輸入商品を国内で生産することを「**輸入代替**」というが、この輸入代替から**産業革命**が始まる。

こうして一七六〇年代に、綿工業の技術革新が始まった。一七六四年にハーグリーヴスが**多軸紡績機**（**ジェニー紡績機**）を発明し、ついでアークライトが**水力紡績機**を開発し、紡績業を機械化していった。さらに、一七六九年にワットが**蒸気機関**を改良し、画期的な動力がうみだされた。

綿糸の生産が機械化されたことで、原料となる綿花の需要が急速に高まった。この需要にこたえるべく、大西洋ネットワークはフル稼働した。カリブ海の植民地は**綿花**をプランテーション栽培するようになり、そのためにさらに大量の奴隷を西アフリカから輸入していった。

その結果、奴隷貿易でさかえたリヴァプールは、カリブ海からの綿花の集積地にもなり、近郊の**マンチェスター**に大規模な工場がたてられていく。ここで生産された綿製品は、国内でも販売されたが、西アフリカ向けの輸出品にもなった。

このように大西洋三角貿易はそのままイギリス綿工業の原料供給・生産・販売のルートとなった。インド綿布の輸入代替として始まった産業革命は、まさに海洋ネットワークをイギリスが支配していたがゆえに成立しえたのである。

啓蒙主義とアメリカ独立戦争の勃発

北アメリカ東海岸の**一三植民地**の運営は基本的に植民者にまかされており、イギリス大西洋ネットワークから得られる貿易の利益によってさかえていた。南部ではタバコや米、藍などを栽培するプランテーション経営がおこなわれ、そうした商品作物で財をなした「タバコ貴族」は、イギリス本国でも植民地でも大きな影響力をもった。

ジャマイカなどのカリブ海植民地は、プランテーション作物のみに従事するいわゆる**モノカルチャー経済**だったため、奴隷たちの食料については輸入に頼っていた。アメリカ一三植民地では、主にカリブ海に木材や穀物を輸出し、砂糖を買ってヨーロッパに運び、ヨーロッパの工業製品を獲得する、北大西洋三角貿易ともいうべきネットワークが成立していた。

このようにアメリカ一三植民地はイギリス本国にたいして自律的な政策をおこなっていたのだが、イギリス本国の対植民地政策の変化によって、一気に緊張が高まった。イギリスはフランスとの植民地戦争に勝ち抜くために、イングランド銀行から多額の国債を発行しており、戦後に多額の負債を抱えることになった。

その結果、イギリスによる支配が確立した北アメリカにたいして、重税が課せられることになる。一七六五年の**印紙法**、一七七三年の**茶法**などはその代表的な例であった。茶法はフランスとの戦争で負債を抱えた東インド会社を救済するためにおこなわれたもので、植民地市民のはげしい反発をまねき、ボストン茶会事件を引き起こした。

こうしてイギリス本国の植民地政策にたいして植民地側が反発し、アメリカ独立戦争が始まることになるのだが、この背景にはヨーロッパから伝わった社会契約思想や啓蒙主義の影響があったといわれている。啓蒙主義は、基本的には絶対王政に反対する市民の政治的権利を、普遍的人権思想から正当化するもので、本国によって抑圧された植民地の権利を擁護する性格をもっていた。アメリカでは支配層がヨーロッパ出身の富裕な白人であるために、啓蒙主義がいちはやく広まった。

人権思想は、ヨーロッパからつながるネットワークのなかでも、最もしいたげられた地域、つまり植民地にまず影響力をもち、そのなかでも比較的自立した産業・貿易をいとなんでいた北アメリカに強力な賛同者を生んだ。

こうして一七七五年から**アメリカ独立戦争**が始まった。同年に採択された**アメリカ独立宣言**にも明らかなように、この独立戦争には、ロックやモンテスキューといったヨーロッパの社会契約・啓蒙の思想が強く反映されていた。

アメリカが独立戦争をおこなったことで、こうした啓蒙主義の正しさがヨーロッパでも強調されていく。フランスのラ・ファイエットやポーランドのコシューシコは、義勇兵として海を渡ってアメリカ独立戦争を戦い、その思想を祖国にもち帰った。

アメリカからフランスへ

大西洋貿易で利益を得ていたアメリカは、イギリスの海上封鎖によって大きな打撃を受けた。イギリスとの経済的結びつきが強いアメリカは、決して一枚岩ではなく、当初苦戦するが、一七七八年にフランスが参戦し、さらに翌年スペインもこれにくわわることによって、形勢は大きく動いていく。

ロシアのエカチェリーナ二世は武装中立同盟を提唱し、戦時禁制品を除く貿易の自由を主張し、イギリスの海上封鎖に反対した。この動きには北欧諸国をはじめ多くのヨーロッパ諸国が参加する。こうして戦局はアメリカに有利となり、一七八三年の**パリ条約**でついにアメリカ独立が達成された。

アメリカの独立は、大西洋をはさんでフランスに二重の影響を与えた。第一に独立戦争への参戦による財政の決定的な悪化であり、第二にフランスがうみだした啓蒙思想が現実に圧政にたいして勝利したことである。特権身分への課税のため一七八九年に開かれた三部会で、第三身分は国民議会を称し、アメリカ帰りのラ・ファイエットらが「**人権宣言**（**人間と市民の権利の宣言**）」を起草した。アメリカ独立革命に結実した啓蒙思想はヨーロッパに逆輸入され、**フランス革命**となったのである。

革命は時を追うごとに急進化し、一七九一年憲法で立憲王政となったと思えば、翌年一七九二年の八月十日事件で王権は停止され、国民公会が実権をにぎる**第一共和政**が始まった。革命の急進化を恐れたオーストリアやプロイセンは革命政府への軍事的圧力を強め、革命戦争が勃発する。

革命戦争の性格は、当初フランスの憲法や共和国を守ろうという「革命防衛戦争」だったのが、ベルギーを占領したころから攻勢に転じ、フランス革命の憲法や政治を周辺諸国にも与えようとする「革命輸出戦争」へと転換していった。

アメリカで成功し、フランスでも絶対王政をおわらせた、自由や所有権といった基本的人権にもとづく国

「黒いジャコバン」とよばれたハイチ独立の闘士、トゥサン・ルヴェルチュール

民主権の理念は、すべてのヨーロッパ人民が享受すべき普遍的な正義であるように思われた。「近代」の理念が確立したのである。

フランスからハイチへ

フランス人権宣言は、人類一般の権利を高くかかげたもので、それはアメリカがそうであったように、植民地住民にも当然あたえられなければならないものであった。こうして近代の理念はふたたび大西洋を渡る。

一七九一年、カリブ海のフランス植民地サン・ドマング（ハイチ）で黒人奴隷の反乱がおこった。ハイチは一七世紀末以来、奴隷をもちいたサトウキビ・プランテーション経営でさかえ、世界の砂糖生産の中心の一つであった。

黒人奴隷の指導者が、**トゥサン・ルヴェルチュール**である。彼は解放奴隷の家にうまれ、奴隷反乱がおこると頭角をあらわした。彼らはアメリカ独立宣言に刺激をうけ、フランス人権宣言に力を得て、自由をめざして戦ったのである。

一方フランスでは、急進共和派の山岳派（いわゆるジャコバン派）が台頭し、一七九三年一月に元国王ルイ一六世を処刑した。急進的革命が自国におよぶことを恐れたヨーロッパ諸国は、イギリス首相ピットを中心として**第一回対仏大同盟**を結成し、革命戦争はますます泥沼化していく。

戦争の危機が深まるなかで、ジャコバン派の**ロベスピエール**が独裁権をにぎり、恐怖政治をおこなった。

彼らはいわば近代理念の原理主義者であり、さまざまな改革を立案・実行していった。そのなかで国民公会は、ハイチの奴隷反乱をうけて議論した結果、ためらったすえに一七九四年に**黒人奴隷解放**を宣言した。

こうしてハイチ独立運動はフランス革命政府のお墨つきを得ることになった。その後フランスでは、一七九四年のテルミドールのクーデタによってロベスピエールが処刑され、翌年、穏健な総裁政府が成立した。

このように、大西洋をはさんでアメリカ大陸とヨーロッパで革命が連鎖する一連の流れを「**環大西洋革命**」とよぶ。環大西洋革命の連鎖は、一九世紀にはいってもさらに続いていくことになる。

アメリカ綿花・紅茶・マカートニー

アメリカ独立がもたらしたもう一つの連鎖に注目してみよう。イギリスはアメリカ独立を認めることによって、アメリカ産業を育成して産業革命下のイギリスにとって有益な海外市場・原料供給国に成長してくれることを期待した。

この間イギリスでは、一七七九年にクロンプトンが**ミュール紡績機**を、一七八五年にカートライトが**力織機**を発明したことで、紡績・織布の工程をすべて機械化することが可能となった。イギリス産綿布は増産体制にはいり、大西洋三角貿易はフル稼働する。

アメリカは南部でプランテーション栽培される綿花をイギリスに輸出し、イギリスから綿布を輸入することで、産業革命を後押しした。イギリスは西アフリカにも綿布を輸出し、黒人奴隷をアメリカ南部に輸送する。

一七九三年にアメリカ人ホイットニーが発明した**綿繰機**は、ますますアメリカをイギリス綿工業にとっての原料生産地とすることに貢献した。このようにイギリス産業革命の進行は、大西洋ネットワークの支配のうえに成り立っていた。

産業革命の進展とともに、労働者たちはこれまでの職人とは違って決められた時間に決められた仕事をこなさなければならなくなった。彼らは仕事の合間の休憩時間に簡単にカロリーをとるために、やはり大西洋を渡って大量にもたらされる安価な砂糖を入れたミルクティーを頻繁に飲むようになった。

こうして紅茶の労働者需要が高まり、これまでにない規模で中国からの茶の輸入が求められた。イギリスは一七八六年にマレー半島の**ペナン島**を獲得し、インドと中国を結ぶ海洋ネットワークを構築しようとする。問題は、茶を輸入することで大量の銀が中国に流出することであった。一七九二年、輸入超過を是正するために、イギリス政府は**マカートニー**を使節として清に派遣し、広州以外の港の開放など、自由貿易を要求した。そこで産業革命で増産された綿製品を中国に輸出しようとしたのである。

しかし清にとってみれば、外国に売るほどの中国産綿製品があるのに、イギリス産綿製品を輸入するメリットはない。一七九三年に乾隆帝はマカートニーと謁見したが、「わが国が産する茶・磁器・生糸は、西洋各国そしてお前たちの国にとって不可欠なので恩恵をあたえているのだ」と述べて、貿易自由化の要求を拒否した。

実は清にとって、イギリスからもたらされる銀は、社会経済を支える重要な要素だったので、貿易拡大は必要だったはずなのだが、伝統的なアジア国際秩序にこだわり、イギリスを朝貢国としてあつかったのである。

この出来事はイギリスのプライドを傷つけた。ここで多くの教科書に取り上げられている風刺画について考えてみよう。イギリスで発表されたこの風刺画には、マカートニーの謁見の様子がえがかれている。中国人は全員つり目で醜くデフォルメされ、とくにでっぷりと太った乾隆帝は傲慢な態度で使者に対応している。

これにたいしてマカートニーは礼儀正しい態度を崩さず、堂々と使者としての務めを果たそうとしている。極端な戯画化がほどこされているとはいえ、一目見ただけで、明らかにアジアにたいする蔑視が読みとれる。

この風刺画の作者は、謁見に立ち会ったわけでもなく、乾隆帝がどのような容姿をしていてどのように使者を迎えたか実際のところを伝えようとはせず、ただ想像だけでえがいている。それゆえに一八世紀末のイギリス社会における中国イメージそのものをあらわしていると考えられる。

乾隆帝に謁見するマカートニーの風刺画

一八世紀なかばにシノワズリとして中国文化がもてはやされ、啓蒙主義者に尊重されたことを思うと、（大陸とイギリスという違いがあるとはいえ）本当にたった数十年しかたっていないのかと驚くほど、アジア・イメージは急落した。一八世紀の後半にヨーロッパ人のアジア・イメージを転換させた決定的な分岐点があったのである。

それは一七六三年以降、大西洋ネットワークを支配し、産業革命をなしとげ、生産力や軍事力において中国にもわたりあえるのだという イギリスの自信であった。あるいは環大西洋革命によってはげしい社会の変化を経験している大西洋世界からみた、平和と安定に甘んじて変化しないアジアの停滞性への疑義であった。

ヨーロッパとアジアの地位は逆転する。ヨーロッパは自らをすぐれた文明と認識し、おくれたアジアを啓蒙すべきだと思うようになった。環大西洋革命は大西洋ネットワークにのって「近代」の理念を連鎖的に拡大させたわけだが、一九世紀にはいるとこの連鎖は、イギリス海洋ネットワークにのってアジアへと拡大する。大西洋での分岐点をへて、グローバル・ネットワークは巨大な「近代」のうねりを生みだしていくのである。

第11章　不平等なネットワークの構築——一九世紀前半

産業革命と市民革命によって近代化をなしとげたヨーロッパでは、一九世紀にかつてない規模の人口の爆発的な増加がおこり、あふれでた人口は移民となって大西洋を渡った。さらにナポレオン戦争によってその地位を確立したイギリス海洋帝国は、インドと中国への海洋ネットワークを独占的に支配すべく拠点を獲得していく。さらに清帝国をはじめとするアジア諸国とのあいだに不平等条約を結び、他の欧米諸国もこれにならった。アジアの「鎖国」はこじあけられ、ヨーロッパとアジアとのあいだに不平等なネットワークが構築されていく。

1804年	ハイチ独立宣言。
1805年	エジプトでムハンマド・アリーが実権をにぎる。エジプト近代化着手。
1806年	ナポレオン、大陸封鎖令（ベルリン勅令）を発布。
1807年	イギリス、奴隷貿易廃止を決定。 アメリカ人フルトン、蒸気船を発明。
1808年	長崎でフェートン号事件がおこる。
1812年	アメリカ・イギリス戦争勃発。
1813年	イギリス東インド会社の対インド貿易独占権が撤廃される。
1818年	イギリス東インド会社、マラータ戦争を制してインド本土を支配。
1819年	イギリスがシンガポール島を獲得。
1823年	アメリカがモンロー宣言を発し、新大陸とヨーロッパとの相互不干渉を提唱。
1824年	イギリス・オランダ協定。イギリスのマレー半島支配をとりきめ。
1825年	江戸幕府、異国船打払令を発する。
1828年	ロシアとカージャール朝とのあいだにトルコマンチャーイ条約締結。
1830年	マンチェスター・リヴァプール間で鉄道（蒸気機関車）の営業運転開始。
1834年	イギリス東インド会社の対中国貿易独占権が撤廃される。
1838年	トルコ・イギリス通商条約締結。
1839年	オスマン帝国新皇帝アブデュル・メジト１世、タンジマート開始。 清の欽差大臣林則徐、広州でアヘンを大量処分。
1840年	ロンドン会議。ヨーロッパ四カ国とエジプトとのあいだに不平等条約締結。 アヘン戦争おこる。
1842年	アヘン戦争でイギリスが勝利し、南京条約を締結。 江戸幕府、天保の薪水給与令を発する。
1845年	アイルランドでジャガイモ飢饉が始まる。アメリカへの移民すすむ。
1848年	カリフォルニアで金鉱が発見される。ゴールド・ラッシュ。
1853年	クリミア戦争勃発（～56年）。
1854年	日米和親条約締結。
1855年	イギリスとタイとのあいだにボウリング条約締結。
1856年	アロー戦争おこる。
1857年	インド大反乱勃発（～59年）。東インド会社解散へ。
1858年	天津条約締結。ロシアはアイグン条約締結。日米修好通商条約締結。 フランスによるインドシナ半島植民地化がはじまる。
1860年	北京条約締結。

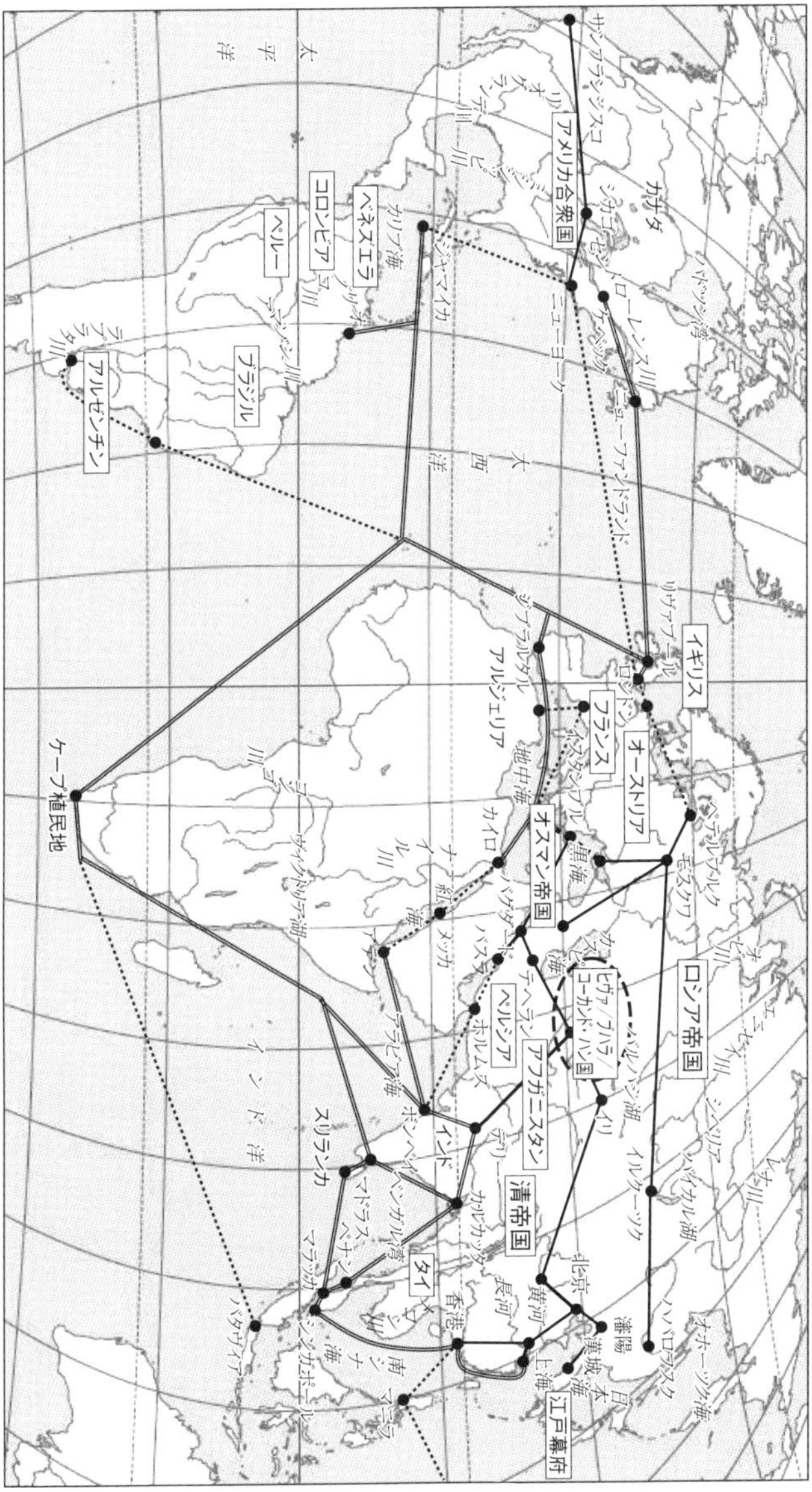

19世紀前半のネットワーク（二重線はイギリスのネットワーク）

1　ナポレオン戦争による変動

エジプト・地中海ネットワークをめぐる攻防

一九世紀への世紀転換期、ヨーロッパ大陸はフランス発の革命戦争のさなかにあった。フランス国民軍のエースは、イタリア戦役で名をあげた**ナポレオン・ボナパルト**である。一七九八年、総裁政府はナポレオン将軍を**エジプト遠征**に送りだした。

イギリスはジブラルタルを拠点として地中海ネットワークに入りこんでおり、オスマン領エジプトを経由して紅海ルートでインドと連絡することができた。フランス総裁政府は、エジプトを制することでこのネットワークを断ち切ろうとした。

ナポレオンはエジプトに上陸して現地のマムルーク軍と戦い、アレクサンドリア、カイロを奪ってエジプトを軍政下においた。しかしオスマン帝国軍との戦いに苦戦し、一七九九年にネルソン提督率いるイギリス海軍が**アブキール湾の戦い**でフランス軍をやぶると、ナポレオンはエジプトを脱出して帰国する。

フランス軍はなお数年間エジプトに駐留するが、その後一八〇五年に**ムハンマド・アリー**が実権を握り、オスマン帝国も彼をエジプト総督に任命した。ムハンマド・アリーはナポレオン戦役の影響をうけ、マムルーク勢力を一掃し、西洋式の軍を新設する軍制改革をおこなった。

フランスによるエジプト支配は失敗に終わったが、その結果ムハンマド・アリー政権という地方の自立政権ができたことで、イギリスやフランスはエジプトへの間接的な影響力拡大をねらった。エジプトは地中海とインド洋を結ぶネットワークの要として、一九世紀をつうじて重要な位置をしめる。

ハイチ独立と奴隷貿易廃止

一方、帰国したナポレオンはブリュメール一八日のクーデタで独裁権をにぎり、統領政府を樹立した。イギリスは第二回対仏大同盟を結成していたが、一八〇二年にフランスとアミアンの和約を結び、休戦状態に入った。

ナポレオンはフランス銀行を設立するなど、フランス財政のたてなおしにかかったが、そのあいだにもイギリス・ネットワークに対する間接的ないやがらせを展開する。一八〇三年、ナポレオンはアメリカ合衆国にミシシッピ川以西のルイジアナを安く売却した。独立以来経済関係を強めていた英米関係にくさびを打ち込もうとしたのである。

また、**ハイチ独立運動**も国際関係上重要であった。ナポレオンはカリブ海プランテーションを確保したかったため、ジャコバン時代に認められた黒人奴隷解放も、ハイチ独立も認めなかった。ハイチ独立の指導者トゥサン・ルヴェルチュールは、一八〇三年にとらえられて獄死する。

しかし一八〇四年にはハイチ独立が宣言され、基本的人権を定めた憲法が制定された。近代の理念はハイチで実を結んだ。ナポレオンはしぶしぶこれを承認する。独立戦争が長期化してイギリスの支援をうけるよりは、独立を認めてフランス側につなぎとめようとしたのである。

ハイチ独立によって人権にもとづく近代思想が黒人奴隷解放というかたちで結実すると、イギリス国内でも奴隷反対の世論が高まった。奴隷反対運動を展開したのはトーリーの議員ウィルバーフォースである。

この世論をうけてイギリスは、一八〇七年に**奴隷貿易廃止**という画期的な決定をする。この決定には、砂糖輸入関税引き下げに反対するカリブ海プランターたちへの牽制という背景があったが、その結果カリブ海ではなく（奴隷貿易が続く）ブラジルから安価な砂糖がイギリスに流入し、砂糖価格が下落した。

安価な砂糖の流通は、労働者のカロリー源として定着した砂糖入り紅茶の消費をのばし、中国産の茶の輸入を増大させた。中国貿易拡大への圧力はさらに強まっていく。

大陸封鎖と環大西洋革命

ハイチ独立から奴隷貿易廃止への流れも、環大西洋革命の一幕であった。大西洋をはさんだ大変動は、その後もさらに続いていく。

一八〇四年、ナポレオンは国民投票を経て皇帝となり、フランス第一帝政を開始した。イギリスは**第三回対仏大同盟**を結成し、ナポレオン包囲網を作り上げた。一八〇五年、ネルソン提督のイギリス海軍は**トラファルガーの海戦**でフランス海軍をやぶり、海洋での優位を確立する。

これにたいしてナポレオンは、アウステルリッツの戦いでオーストリア・ロシア連合軍に大勝し、大陸支配を強めていく。翌年一八〇六年、大陸からイギリス海洋ネットワークに打撃を与えるべく打ち出されたのが、**大陸封鎖令**（ベルリン勅令）であった。

大陸封鎖令は、ナポレオンの支配下にある大陸諸国と、イギリスとの通商を全面禁止するという命令である。これにたいしてイギリスは逆封鎖、つまりイギリス植民地と友好国の大陸諸国との通商を禁じることで対抗した。

しかし、逆封鎖をおこなったイギリスに対して、ヨーロッパとの通商を求めるアメリカ合衆国が反旗をひるがえした。一八一二年、**アメリカ・イギリス戦争**（米英戦争）の勃発である。これによってヨーロッパとの貿易が遮断された結果、アメリカは自給体制を整え、国内綿工業が機械化し、イギリスからの経済的自立がすすんでいく。

一方ナポレオン軍は、大陸封鎖を完成させるために、いまだフランスに服属していないポルトガルの支配をめざし、一八〇八年にイベリア半島に入った。このときナポレオンは、スペインを軍事的に占領し、親族をスペイン王にすえた。

マドリードの住民はフランス支配に抵抗するが、ゴヤの絵にみられるように残虐に鎮圧され、それがスペイン人の反フランス感情を燃え上がらせる。**スペイン反乱**の勃発である。ナポレオン軍はスペイン民衆のゲリラ戦に苦戦していく。

「マドリード・1808年5月3日」（ゴヤ画）

ナポレオンによるスペイン占領とその後の混乱は、ラテンアメリカのスペイン支配を弱め、独立運動を誘発した。南米北部では、クリオーリョ（植民地生まれの白人）革命家の**シモン・ボリバル**が**ベネズエラ**で独立運動をおこし、共和国樹立を宣言した。革命政府は、一度は弾圧されて撤退するが、やがて奥地で体制をたてなおし、一八一一年にベネズエラ独立を達成した。彼の独立闘争はさらに別の地域でも進行していく。

このようにナポレオンの大陸封鎖令は、ハイチ革命と同様に環大西洋革命の連鎖を引き起こしたのである。ヨーロッパ大陸では、経済的に対英貿易への依存度が強いロシアが、大陸封鎖令を無視してイギリスへの穀物輸出を再開した。これにたいしてナポレオンは、一八一二年に**ロシア遠征**をおこない、敗北した。以後ナポレオンは敗北が続き、一八一四年に失脚においこまれていく。

オランダ海洋帝国の崩壊

ところでフランス革命は、アジア海洋ネットワークにも大きな影響を与えていった。それは一七九五年、フランス革命軍による**オランダ占領**から引き起こされた。オラニエ家はイギリスに亡命政権を樹立したが、オランダ海洋帝国は崩壊の危機に瀕した。

一七九九年、本国政府の消滅をうけてオランダ東インド会社が解散する。その後、ナポレオンがオランダをフランスの属国とし、オランダ植民地は本国を失った。この機会に、イギリスは旧オランダ植民地をすべて占領した。ケープ植民地、スリランカ、マラッカ、そしてジャワ島など、オランダ海洋ネットワークの重要拠点が、ごっそりとイギリスのものになっていったのである。

旧オランダ領の中心地ジャワ島の占領行政をまかされたのが**ラッフルズ**である。彼はこのときの行政経験をいかして、のちにシンガポールを建設することになる。イギリスによる植民地の占領はナポレオン戦争が決着するまで続いた。オランダ海洋帝国は崩壊したのである。

さらにイギリスは、オランダ植民地を占領していくなかで、一八〇八年に軍艦を「鎖国」日本に派遣して長崎の出島に侵入するという**フェートン号事件**をおこした。オランダ海洋帝国崩壊の余波が日本におよんだのである。また、このころ千島列島を測量していたロシア海軍のゴローニンが幕府にとらえられ、報復としてロシアが廻船業者の高田屋嘉兵衛をとらえるという事件もおこった。

これらの事件をうけて、江戸幕府は一八二五年に**異国船打払令**を発し、外国船に対しては問答無用で砲撃を加える方針を打ち出した。このようにイギリスは、ナポレオン戦争をつうじてインドから東アジアへのネットワークを手中におさめることで、「鎖国」日本に最初の動揺を与えたのである。

2 イギリス海洋帝国の成立

ウィーン体制とインド

一八一四年に開催されたウィーン会議は、ナポレオンの百日天下を経て一八一五年にまとまり、**ウィーン体制**を作り上げた。正統主義と勢力均衡の原則にもとづき、イギリス、オーストリア、プロイセン、ロシア、そしてのちにフランスの五大国が協調する体制が成立した。

諸国がヨーロッパ大陸の領土をとりあっているなか、イギリスだけは海外領土の獲得に集中していた。オランダが立憲王国として再独立したために、ナポレオン戦争中にイギリスが奪い取った旧オランダ領が問題になったが、ウィーン議定書ではまず**ケープ植民地**と**スリランカ**（セイロン島）がイギリス領とされた。

これによってオランダが長らく独占していた、大西洋からアフリカを回ってインドにいたる東回り航路が、イギリスのものになった。産業革命によって綿織物生産を急速にのばしているイギリスは、インドとのネットワークを緊密にして、インドへの輸出をのばす必要があったのである。

一八世紀にはインド綿布がヨーロッパ市場を席巻しており、イギリスは対インド貿易赤字だった。しかし一八一三年に東インド会社の対インド貿易独占権が撤廃されたため、イギリス製品の対インド輸出が急速にのびていく。

さらにイギリスはインドの植民地化をすすめていく。プラッシーの戦い以後、イギリスはベンガル地方をはじめインド東部を領有したが、一七九九年には**マイソール戦争**に勝利してインド南部を、一八一六年にはネパールを支配し、そして一八一八年にはマラータ戦争によってインド中部を支配下におさめた。

こうしてインド全土がイギリスの植民地となった。当初イギリス東インド会社は、インド農民から徴税してインド綿布を購入していたが、対インド貿易が自由化され、ウィーン体制下でインドへの東回り航路が確保されると、イギリスの機械製綿布がインドに流入していった。

一八一〇年代末、ついに対インド貿易の輸出入額は逆転し、インドにおけるイギリス綿布の輸入額は輸出額を上回った。ヨーロッパははじめて、アジアに対する貿易黒字を獲得したのである。

イギリス海洋帝国への道

インドへの綿製品輸出によって得られた銀は、対中国貿易での茶や陶磁器への対価として支払われた。イギリスの対中国貿易は依然として赤字であった。一八一六年、イギリスは中国の貿易自由化を求めてアマーストを清に派遣するが、彼は皇帝にたいする三跪九叩頭を拒否し、謁見することすらかなわなかった。

このように、東アジアはかたくなにヨーロッパの要求を拒否していた。イギリスはこの閉塞状況を打破すべく、インドから東アジアへのネットワークをかためていく。すなわち東南アジアにおける拠点の確保である。

イギリスに占領された東南アジアの旧オランダ領は、ウィーン会議ではどうなるか決着がつかなかった。そこで協議が重ねられ、一八一六年に、まずジャワ島がオランダ領に復帰することで合意にいたった。

ジャワ島統治を担当していたラッフルズは、新しい貿易中継拠点としてマレー半島南端のシンガポール島に着目する。彼はジョホール王国からこの島をゆずりうけ、一八一九年にイギリス領シンガポールが成立した。シンガポールは近代的な都市をそなえた自由港として建設され、まもなくバタヴィアにかわって東南アジア海洋ネットワークの中心となる。

一八二四年には**イギリス・オランダ協定**（**英蘭協定**）が結ばれた。これにより、イギリスはマレー半島を支配し、オランダはマラッカ海峡以南の地域を支配することになった。こうして海洋ネットワークの伝統的な要衝**マラッカ**もイギリス領となった。

翌年、マレー半島のペナン・マラッカ・シンガポールを三大拠点とし、**海峡植民地**が成立した。イギリスは、インドから中国へといたる海洋ネットワークを掌握したのである。これによりロンドンから広州にいたる航路がイギリスにより独占され、**イギリス海洋帝国**が確立したといえる。

ジャワ島の「強制栽培制度」

オランダ領にもどったジャワ島では、一八二五年に**ジャワ戦争**とよばれるムスリム諸侯の反乱がおこり、オランダ軍をてこずらせた。さらに、一八三〇年のフランス七月革命の影響をうけて、オランダ本国でベルギー独立革命がおこり、経済的に豊かなベルギーを失った。

これらの騒乱によって財政難におちいったオランダは、残された豊かな植民地、ジャワ島から最大限に利益をあげる必要性にかられた。こうして東インド総督ファン・デン・ボスは、ジャワ戦争鎮圧後の一八三〇年代に、有名ないわゆる「**強制栽培制度**」を実施した。

強制栽培制度とは、オランダ植民地政庁が土着の村落首長と契約を結び、既存の賦役制度を利用して、コーヒー・サトウキビ・タバコ・藍などの商品作物を強制的に住民に栽培させる制度であった。これらの作物は植民地政庁が独占的に販売し、その利益はすべてオランダ本国政府の収入になった。

この強制栽培制度は、モノカルチャー経済を固定化させる典型的な植民地政策として、かねてより悪名高いものといわれてきた。しかし最近の教科書では、必ずしもジャワ農民にとって過酷なものではなかったとされている。それらの記述によれば、強制栽培制度は商品作物だけを栽培させるプランテーションとは違って、従来からの自給的な在来農業との共存のうえにおこなわれ、栽培賃金が農村をうるおした、というのである。

強制栽培制度という言い方は、一八六〇年代に批判をうけてからそのようによばれるようになったわけで、最近では「政府栽培制度」というニュートラルな表現がとられる場合もある。

こうして農村が豊かになり、ジャワ島に戦乱がなく平和が長く続き、さらに奥地の未開地が農地として開拓されると、ジャワ島の人口は爆発的に増加していった。これ以後三〇年以上にわたって強制栽培制度はオランダとジャワ島を発展させていくのである。

交通革命

一九世紀のグローバル・ネットワークの最大の特徴は、移動の規模とスピードがそれまでとケタ違いに向上したことである。まず一八〇七年にアメリカ人フルトンによって実用化された**蒸気船**がある。

これまで海を渡るおもな方法は帆船であり、風や気流に頼らざるを得なかった。したがってこれまでの海洋ネットワークは、風や気流の流れにそって形成された。しかし蒸気船の登場によってそうした時代は終わりを迎えた。

とはいえ、エネルギーコストの観点から蒸気船は使いづらく、半世紀のあいだは蒸気船と帆船が共存する時代が続いた。

次に一八二五年に**スティーヴンソン**が実用化した**蒸気機関車**である。一八三〇年にはマンチェスターとリヴァプールのあいだに**鉄道**が開通した。これは綿工業の中心都市とその原料積み下ろし・製品積み出し港を結ぶものであり、まさに産業革命の進展のためにつくられたといる。鉄道は、工業生産地と貿易港を結んで生産と販売のながれを迅速化し、商品を大量に運ぶ機能をもたされたのである。さらに鉄道網の建設は鉄鋼業の発展をうながし、軽工業に続いて重工業による経済成長をうみだした。

　このように、蒸気船と蒸気機関車の発明と浸透は、人とモノの移動を大量かつ迅速にし、世界の一体化を加速させていった。これを**交通革命**という。交通革命は海洋と大陸のネットワークにも、やがて革命的な変化を与えることになる。

フルトンによって実用化された
外輪蒸気船クラーモント号

マンチェスターからリヴァプールまで走った
蒸気機関車ロケット号

　おおよそ一八三〇年代にはイギリスの幹線鉄道網は完成し、一八五〇年代には大陸ヨーロッパ諸国で鉄道敷設が始まった。鉄道敷設はフランスやドイツの産業革命を加速させ、大量生産によってこれらの諸国もまた、海外市場を求めていくことになる。

さらに一八三〇年にはリチャード・ロバーツの手によって自動ミュール紡績機が実用化されており、綿工業の機械化が完成をみた。綿織物の生産量はさらに増大し、インドやアフリカへの輸出も軌道にのっていく。

ラテンアメリカの独立と従属

交通革命によってヨーロッパに本格的にもたらされた大量生産と大量移動は、さらなる海外市場の開拓をうながしていった。その矛先は、まず大西洋ネットワークを利用して、ラテンアメリカに向かった。

ナポレオンの没落後にも、ラテンアメリカにおけるスペイン植民地の独立運動は拡大していった。シモン・ボリバルは、ベネズエラに続いて一八一九年にコロンビアを独立させ、南部では**サン・マルティン**の指導のもと一八一六年にアルゼンチン、一八一八年にチリ、そして一八二一年にペルーが独立した。

メキシコではカトリックの司祭イダルゴを指導者として、民衆蜂起が発生した。そのころ、スペイン本国ではブルボン復古王政に対するリエーゴの自由主義革命がおこり、ウィーン体制を震撼させていた。本国における革命政府に反発したメキシコのクリオーリョ（現地生まれの白人）は民衆蜂起にこたえて独立にふみきり、一八二四年には三権分立をうたう連邦共和国憲法が制定された。スペイン植民地帝国はここに崩壊した。

また、ポルトガル植民地のブラジルは、ポルトガルからの亡命王室を利用して一八二二年に独立を宣言した。スペインとポルトガルの植民地が次々と独立したことで、ヨーロッパ諸国にも自由主義の機運が広がり、ウィーン体制は動揺していく。

しかしイギリス外相**カニング**は、ラテンアメリカ独立を事実上容認する姿勢を鮮明にした。アメリカ大統領モンローも、一八二三年に**モンロー宣言**を発して、ヨーロッパ諸国とアメリカ諸国との相互不干渉を訴えた。

カニング外交は、ラテンアメリカをイギリスの市場とすることをねらったものであった。スペインの広大な植民地が独立すれば、自由貿易の名のもとにこれらの独立国家と自由に貿易することができ、産業発展のおくれた旧植民地に対してイギリスは優位に立つことができる。

こうして独立後のラテンアメリカには、安価なイギリス商品が大量に流入した。ラテンアメリカでは産業発展が阻害され、プランテーション経営が続き、単一作物をつくるモノカルチャー経済が固定化されていくことになった。これらの商品作物の最大の輸出先はイギリスであったため、ラテンアメリカ諸国は事実上、イギリスの経済的な従属下におかれることになる。

3　「西洋の衝撃」――不平等条約体制の構築

カージャール朝との不平等条約

産業革命以後、海洋帝国を築いたイギリスを筆頭に、欧米列強はアジアへの進出の度合いを強めていった。ほんの百年前には経済的にも文化的にもアジアが優位だったのに、いつのまにか欧米諸国の実力がアジアを圧倒するようになっていた。アジアはヨーロッパとの抗争に敗れ、**「西洋の衝撃**（ウェスタン・インパクト）」をうけていく。

まずイスラーム諸国をみてみよう。イランではトルコ系騎馬遊牧民が一八世紀末にテヘランを首都として**カージャール朝ペルシア**をおこし、イラン全土を支配したが、南下するロシアと二度にわたって軍事衝突し、敗北した。

こうして一八二八年に**トルコマンチャーイ条約**が結ばれ、カージャール朝はロシアにアルメニアとアゼルバイジャン北部を譲渡するとともに、治外法権を認め、関税自主権を喪失した。ロシアのイラン進出に脅威を抱いたイギリスは、最恵国待遇をふくむ通商条約をイランに認めさせ、さらにフランスもこれに続いた。カージャール朝にたいするヨーロッパ諸国の行動は、その後のアジア諸国に対する不平等条約体制の先駆となった。同時期にオスマン帝国もその標的となる。

オスマン帝国への介入とエジプト

オスマン帝国は一八〇八年に即位したマフメト二世がヨーロッパに対抗して西洋式軍隊の創設をすすめ、一八二六年に旧勢力の代表であったイェニチェリ軍団を廃止した。しかし**ギリシア独立戦争**で、ギリシア側を支援するロシア・イギリス・フランスに敗れ、一八二九年にギリシアの独立を許した。

以後、ヨーロッパ諸国は「**東方問題**」と称してオスマン帝国の民族問題への介入を強める。これは東地中海からエジプト・紅海を抜けてインドへとつながるネットワークの覇権をめぐる争いであった。

一八三一年、エジプト総督のムハンマド・アリーはスーダン征服ののちシリア領有を求め、**第一次エジプト・トルコ戦争**を引き起こした。この戦争でオスマン帝国を支援したロシアは、黒海からエーゲ海・地中海への出入り口にあたるボスフォラス・ダーダネルス海峡の航行権を獲得し、地中海ネットワークへの参入をはかった。

一方、イギリスはオスマン帝国への圧力を強め、一八三八年に**トルコ・イギリス通商条約**を締結した。これは一六世紀以来ヨーロッパ諸国に認められていたカピチュレーションを利用したもので、イギリス商人の特権が承認され、他方で政府の専売制は廃止された。この不平等条約は数年のうちに、フランス・プロイセン・ベルギー・ロシアなどにも拡大していく。

この不平等条約は、ムハンマド・アリーのもとで拡大するエジプトにも適用されることになった。一八三九年の**第二次エジプト・トルコ戦争**で、エジプトはフランスの支援をうけて勝利するものの、エジプトの強国化を警戒したイギリス・ロシア・プロイセン・オーストリアが介入し、一八四〇年に**ロンドン会議**が開かれた。

これによりムハンマド・アリーのエジプト＝スーダン総督位の世襲権は認められたものの、ヨーロッパ諸国とのあいだにトルコ・イギリス通商条約をモデルとする不平等条約が結ばれた。

エジプト政府は諸国に治外法権を認め、不平等条約のもとで国内市場が開放された。ムハンマド・アリーのもとでエジプトはナイル川流域で綿花栽培を振興していた。イギリスは不平等条約を結ぶことによってエジプト産綿花をイギリス綿織物向け商品作物とした。

イギリスはさらに、アラビア半島南岸の**アデン**を占領し、インドとエジプトを結ぶネットワークの拠点とした。

こうしてイスラーム諸国ではヨーロッパとの不平等条約体制が成立し、不利な立場で市場を開放させられ、なかば強制的に、ヨーロッパ資本主義のシステムに従属的なかたちで組みこまれていったのである。

イスラーム諸国の近代化政策と破綻

不平等条約体制に組みいれられたイスラーム諸国は、経済的発展の可能性をせばめられ、「西洋の衝撃」をうけて近代化や富国強兵をすすめるが、なかなか成功しないという、苦しい状況におかれた。

カージャール朝では、条約締結後に絨毯のヨーロッパ向け輸出が上昇するかたちで、経済発展の時期があった。その後ペルシア政府は、道路建設や鉄道の敷設、銀行の創設など、西洋式の近代化改革をおこなうが、イギリス・ロシアの資本流入をまねいてしまう。外国の経済支配にたいして民衆は反発し、一八四八年にはバーブ教徒の乱がおこった。

反乱は政府軍によって鎮圧され、近代化は強行され、やがて財政破綻におちいった。不平等条約体制下での近代化は、列強への経済的従属化につながりやすい。

同じようなことは、オスマン帝国でもおこった。一八三九年に即位したスルタン、アブデュル・メジト一世は、トプカプ宮殿でギュルハネ勅令を発し、**タンジマート**とよばれる西洋式の近代化政策を開始した。改革のための資金は、やはりヨーロッパの外債に頼らざるをえなかった。

さらに、一八五三年に**クリミア戦争**が勃発すると、戦費の増大がオスマン帝国の財政を決定的に圧迫した。イギリスやフランスの支援によってロシアを撃退したものの、債務を償却することができず、オスマン帝国はイギリス・フランス資本の経済的従属下におかれていくのである。

アヘンとアジア三角貿易

次なるヨーロッパ列強の標的は、中国であった。一九世紀初頭のイギリスは、いかにして対中国貿易を拡大させるかに腐心していた。すでに述べたように、一八一〇年代の産業革命の進展によって、工場労働者が砂糖入りの紅茶を飲むようになり、中国茶の需要が急速にのびていた。

当初、茶貿易はイギリス東インド会社によって独占されていたので、紅茶は高級品であった。産業資本家たちは労働者のために紅茶の価格を下げることができれば、生産性も向上し、イギリス製品の国際競争力も上昇すると考え、東インド会社の特権廃止をうったえた。その結果、一八三四年に東インド会社の中国貿易独占権が撤廃された。

こうして中国からの茶の輸入は増大していく。当初その対価は銀で支払われ、イギリスの銀が一方的に中国に流入していた。メキシコ銀供給の減少をうけて、イギリスはできるだけ銀を支払わずに貿易赤字を補てんするため、植民地インドから中国に**アヘン**を密輸するようになった。アヘン貿易をおこなったのはカントリー・トレーダーとよばれるイギリス商人たちであった。

アヘンは清でも禁制品だったが、中国の沿岸部では清朝による貿易統制が緩んでおり、アヘン密輸は容易におこなわれていた。こうして、インドからアヘンを中国に密輸し、中国からイギリスに茶を輸出し、イギリスからインドに綿布を輸出するという、**三角貿易**が始まった。

アジア三角貿易は、イギリスに大きな利益をもたらし、ついに対アジア貿易の総体的な黒字が達成された。しかしこの成功は、アヘンという非人道的な禁じ手を臆面もなく導入してようやくもたらされたものであった。

一八三〇年代の後半には、アヘン密貿易は深刻な影響を清帝国におよぼしていた。依存性の強いアヘンは急速に中国社会に広がり、中国人の健康を破壊し、生活を荒廃させた。また、アヘンの代価として中国国内の銀が海外に流出し、銀の高騰をまねいた。イギリスによる不法な貿易は、着実に清帝国の内部をむしばんでいく。

アヘン戦争

ヨーロッパ諸国は、イスラームにたいするものと同様にアジア諸国にたいしても不平等条約をおしつけてきた。一八三九年、清の道光帝はアヘン取り締まりのために欽差大臣林則徐《りんそくじょ》を広州に派遣した。林則徐は大量の密輸アヘンを押収して処分し、民衆を組織して広州地方の防衛をかためた。

これに対してイギリスは、翌一八四〇年に四十数隻の大艦隊を派遣し、**アヘン戦争**が勃発した。イギリス軍は長江以南の沿岸地方を次々攻撃していった。最新鋭の大砲と蒸気船の威力によってイギリス海軍は圧勝し、清は敗北した。

一八四二年、清はイギリスとのあいだに**南京条約**、翌年に虎門寨追加条約といった不平等条約を結んだ。これによって清はイギリスに対して治外法権・最恵国待遇を認め、広州のほかに福州・厦門《アモイ》・寧波・**上海**を開港し、さらに**香港**をイギリスに割譲した。香港はイギリスの東アジアにおける重要な拠点となった。

その後、一八四四年には同じ内容の不平等条約をアメリカ（**望厦《ぼうか》条約**）、フランス（**黄埔《こうほ》条約**）とも結び、中国をヨーロッパの不平等条約体制に組みこんだ。一八四五年には上海はじめ開港場に、外国の行政権を認める**租界**がつくられた。

また、南京条約以後、アヘンの密輸はなかば公然とおこなわれるようになり、中国からの銀の流出も増大する。その結果、銀価格が値上がりし、銀納税の地税では事実上の増税となった。各地で農民反乱が多発し、華北では捻軍の反乱などがおこった。

一方、華南では、上海開港などによって広州の貿易比重が低下したうえ、広州での反イギリス民兵（平英団）の抵抗によって長くイギリス人の上陸がはばまれたために、広東・広西の人々の生活を圧迫した。その結果、困窮した農民たちの指導者となった洪秀全が**太平天国の乱**をおこす一因ともなったといわれている。

このように中国もまたヨーロッパの不平等条約体制に組みこまれ、社会的な混乱が生じたのだが、その不平等性はこの段階ではあまり意識されず、伝統的な冊封体制も崩れることはなかった。

むしろ動揺したのは東アジアの周辺国である。日本は大国の清がイギリスに敗れたことに衝撃をうけて、異国船打払令を緩和し、遭難した船などを救済する天保の薪水給与令を発した。「鎖国」日本もまた国際情勢の変化に敏感に反応せざるを得なかったのである。

4　開国の時代——こじ開けられるアジア

人口爆発と移民の世紀

しかし、アジアに対して暴虐をふるうヨーロッパも、その内部では大きな不安を抱えていた。産業革命の大陸ヨーロッパへの拡大によって、世界史の画期ともいうべき、過去に例のない規模の爆発的な人口の増大がおこったのである。

イギリスでは、農業革命や大西洋ネットワークによる新大陸からの食料輸入によって、増大した人口がまかなわれる構造になっていたが、大陸ヨーロッパ諸国では食料供給が人口増大においつかず、食料難が発生した。さらに、急速な工業化と農業の近代化で従来の社会構造が崩れ、その変化に対応できなかった人々が困窮したのである。

一八四〇年代は、人口増大の結果生じた社会のひずみが最も極端なかたちであらわれた時代であった。おさまりきらない人口は、旧大陸からあふれだした。こうして、困窮したヨーロッパの人々は、若々しく経済発展するアメリカ大陸に希望を託し、蒸気船にのって大西洋を渡った。一九世紀は移民という大規模な人口移動の時代であった。

とくに深刻な生活困窮に見舞われたのはアイルランドである。アイルランドでは一八四五年からジャガイモ飢饉ともよばれる大飢饉が始まり、一〇〇万人以上の人々が飢餓と疫病で亡くなり、大量の移民流出が始まった。一〇年間で二〇〇万人以上が海をわたり、その後の半世紀にも移民は続き、約四〇〇〇万人がアイルランドをはなれた。

このとき、アメリカ合衆国はまさにフロンティア、つまり西部開拓の時代を迎えており、さまざまな現場で移民労働力が必要とされていた。アイルランド移民は、北部工業地帯の安価な労働力となったほかに、自営農民として西部開拓の主体となった。

一八四八年、ヨーロッパで激変がおこった。二月革命でフランスの王政が打倒され第二共和政が成立したのを皮切りに、ドイツやオーストリアでも革命が勃発、東欧ではオーストリア帝国の支配に対する民族運動が激化し、イタリアでは青年イタリアの運動やサルデーニャ王国の統一戦争が勃発した。

移民として旅立つ人々を見送る
アイルランドの人々

ちょうどそのころ、アメリカではアメリカ・メキシコ戦争によって獲得した**カリフォルニア**で金鉱が発見され、**ゴールド・ラッシュ**がおこっていた。一八四八年革命の社会混乱をうけて、ドイツやイタリアをはじめとする多くのヨーロッパの人々もまた、希望の新大陸、アメリカに渡る。こうしたヨーロッパからの移民の力によって、アメリカ合衆国はフロンティアを開拓し、ついに西海岸に達した。

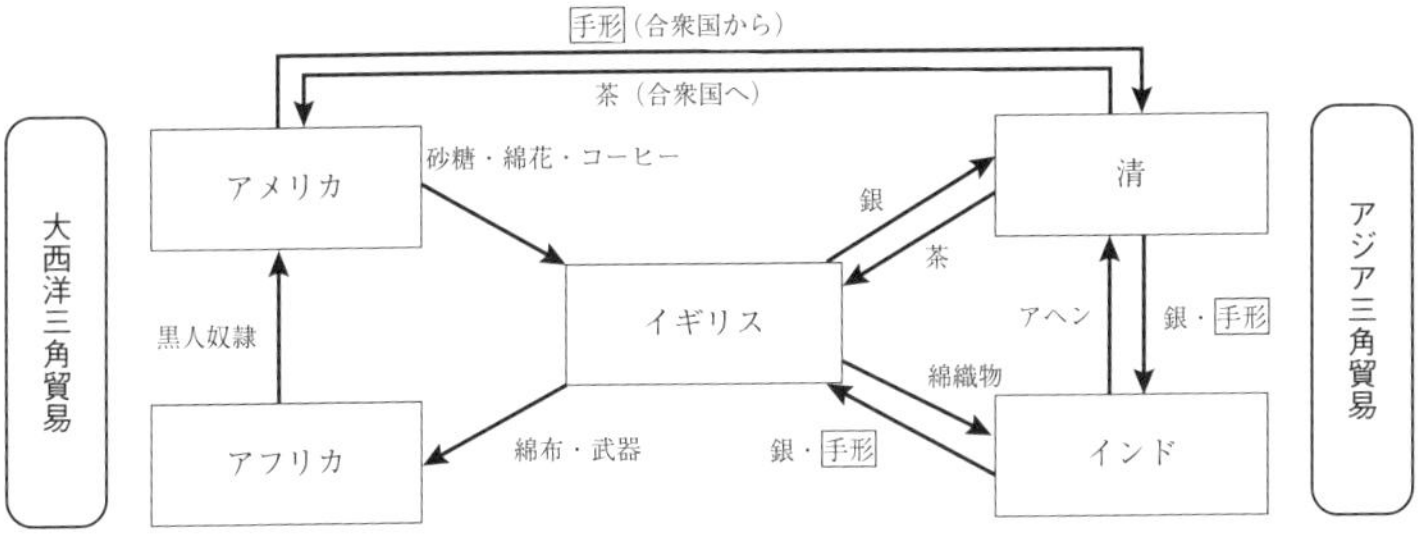

19世紀前半の大西洋三角貿易とアジア三角貿易

日本の開国

フロンティアの西海岸到達は、さらなるフロンティアとしての太平洋への関心をうんだ。太平洋に乗り出したアメリカが求める主要な海洋資源は、鯨油であった。アメリカの捕鯨船の操業範囲は全太平洋におよび、補給基地として最適な日本の開港が求められた。

さらに清帝国との望厦条約の締結によって、アメリカと中国との貿易が活性化していた。アメリカ合衆国は中国から茶を輸入していたが、その代金は、イギリスに綿花を輸出する際にロンドン宛に発行される手形で支払われた。清はアメリカとの貿易で得た手形をインドからのアヘン貿易の対価の一部としてもちい、それはインドとイギリスの綿織物取引に利用されて、最終的にロンドンに戻ることになった。

大西洋三角貿易とアジア三角貿易をロンドン宛手形で結ぶ、この多角的貿易決済構造は、ロンドンを世界の金融センターに押しあげた。それとともにアメリカの対中貿易の利益や重要性も増大し、対中貿易の中継地としての日本に注目が集まった。

こうして一八五三年、アメリカ東インド艦隊司令長官ペリーは、蒸気船をふくむ四隻の艦隊をひきいて、喜望峰からインド洋をわたる東回り航路で日本にせまった。ペリー艦隊はまず琉球王国に寄港した。砲艦外交にいちはやく屈した琉球王国は、ペリーを守礼門に迎え入れ、条約を結んだ。

首里城の守礼門で出迎えをうけるペリー一行

琉球を足がかりにして浦賀にあらわれたペリー艦隊は、日本に開国をせまっていく。動揺した幕府はフィルモア大統領の国書をうけとり、開国の検討を始めた。そのころロシアもまたプチャーチンを派遣して日本に開国を要求してきた。

翌一八五四年、ふたたび来航したペリー艦隊の圧力に幕府は屈し、**日米和親条約**を締結した。これにより日本は、薪水・食料・石炭の供給のために下田・函館を開港し、漂流民救助、下田への領事駐在、片務的最恵国待遇などが課せられることになった。

このときアメリカは望厦条約の漢文版を日本に提示して条文を作成したという。つまり中国と同様の不平等条約だったのである。ついでロシア・イギリス・オランダとも同様の条約が結ばれた。日本は二〇〇年以上にわたる鎖国体制から完全に転換し、欧米の不平等条約体制に組みこまれたのである。

アロー戦争と不平等条約体制の成立

開国という名の不平等条約の押しつけは、東南アジアにもおよんでいた。ラタナコーシン朝がおさめるタイ（シャム）のラーマ四世（モンクット）は、一八五五年にイギリスとのあいだに**ボウリング条約**を結んだ。これはその後のアジアに対する不平等条約のモデルになる。ただ、日本と同様にいちはやく開国を認めたことにより、タイは欧米の軍事的侵略を回避することができた。

このころイギリスに後れをとりながらも、アジア進出の野望をすすめていったのがフランスである。フランスでは一八四八年革命ののちに反動がおこり、大ナポレオンの甥、ルイ・ナポレオンが政権を握って、一八五二年に皇帝**ナポレオン三世**となった（第二帝政）。

一八五六年、イギリスはさらなる対中貿易の拡大をはかり、**アロー戦争**をおこした。このときフランスのナポレオン三世も宣教師殺害事件を口実に出兵し、清軍を追いつめていく。こうして一八五八年にあらたな不平等条約である**天津条約**が結ばれた。天津条約は南京・漢口など一〇港の開港や自由貿易を定めたもので、イギリス・フランス・ロシア・アメリカと結ばれた。

この間、ロシアのシベリア総督ムラヴィヨフは、清との国境をこえてアムール川（黒竜江）以北の土地を占領し、**アイグン条約**を結んでこの地を獲得し、さらにウスリー江以東の沿海州を清との共同管理地とした。同じく一八五八年に、江戸幕府とアメリカ領事ハリスとのあいだに**日米修好通商条約**が締結されている。これは天津条約を参考にしたもので、さらなる開港と貿易の自由化、治外法権、関税自主権の剥奪を定めたものであった。

幕府はさらに、オランダ・ロシア・イギリス・フランスとのあいだでも同様の修好通商条約を結ぶことになる。日本は欧米優位の自由貿易に取りこまれ、金銀の価格格差により金貨が流出して物価が高騰するなど、市場が混乱した。

一方中国では、天津条約を締結するために北京に入ろうとした使節が追い返されたため、アロー戦争が再開され、北京が占領されるという事態にまで発展した。一八六〇年、ロシアのとりなしにより講和が成立し、天津条約が批准されるとともに**北京条約**が締結された。締結国はイギリス・フランス・ロシアであった。ロシアは講和を調停した代償として沿海州を獲得した（露清北京条約）。これにより、ロシアのシベリア・

ネットワークはオホーツク海からさらに南下して日本海に達し、ついに凍らない外洋へとつながった。

　こうしてアジアはすさまじい勢いで、欧米諸国の手により不平等条約体制のもとにおかれた。かつてユーラシア・ネットワークは人・モノ・カネの移動によって相互的な利益をもたらしていた。しかし一九世紀前半の欧米諸国は、アジアに対して優位に立つために軍事的な圧迫を加え、不平等条約を結ぶことによって貿易上の利益を確保し、拠点を獲得することで、不平等なネットワークを拡大していったのである。

「帝国」の形成

ところで、不平等条約体制が築かれていくアジアにあって、イギリスによっていち早く植民地支配の対象になったのが、インドである。イギリスは**シク戦争**に勝利してパンジャーブ地方を支配し、さらに一八五七年に発生した**インド大反乱**（**シパーヒーの乱**）を鎮圧してムガル帝国を滅ぼし、一八五九年にインド全域を植民地化した。東インド会社は解散し、インドはイギリス政府の直接統治となる。

　イギリスにとってインドは最も重要な植民地であった。イギリスはインド農民から徴税して、インドでは中国向けのアヘン、イギリス向けの綿花や茶（このころセイロン島での栽培がすすんでいる）、藍・麻・コーヒーなどの一次産品を生産し、イギリス製の工業製品が輸入された。ロンドン宛に発行された世界中の手形は、インドとの貿易で決済される。インドはまさに、イギリス海洋ネットワークの中核として不可欠の存在となったのである。

　またフランスは、一八五八年に阮朝ベトナムの中部を攻撃し、さらに南部のサイゴン一帯を占領した。フランスはここを拠点としてアジア進出をはかるべく、一八六二年にサイゴン条約を結んでコーチシナ東部を直轄地にした。一八六三年にはカンボジア王国を**保護国**にしている。

保護国とは、現地の政権をのこしたまま外交・軍事や徴税などの権限のみを宗主国が握るもので、植民地支配の一種である。宗主国側の植民者が少なく現地の協力を得たい場合や、民族抵抗を封じ込めるために、こうした方式が用いられた。

このように、ヨーロッパ諸国はアジアにたいして不平等条約体制を強いるだけでなく、可能であれば現地を占領し、国家主権を奪い、植民地化することも躊躇しなかった。こうした欧米列強による非ヨーロッパへの植民地支配は帝国主義とよばれ、一九世紀末に本格化することになるが、すでに一九世紀なかばには、オランダはインドネシアを、イギリスはインドを、そしてフランスはインドシナ南部をみずからの「帝国」に組み入れていたのである。

第12章　ネットワークの緊密化と「帝国」——一九世紀後半

一九世紀後半、グローバル・ネットワークは新時代を迎える。蒸気船航路や鉄道網、そして電信網が世界中で整備され、一八六九年にはアメリカの大陸横断鉄道とエジプトのスエズ運河が完成した。地球を一周するネットワークがさらに緊密になったのである。

一方、「西洋の衝撃」をうけたアジアは、明治日本をはじめ、清帝国やチュラロンコンのタイなどが近代化を推進し、独自のアジア間貿易ネットワークを形成した。また、イスラーム諸国もパン・イスラームの理念のもと国をこえたネットワークをつくって西欧列強に抵抗していく。

しかし一八七三年大不況をさかいにヨーロッパ諸国も変化し、アジア・アフリカへの領域的支配をすすめていく。ネットワークを支配するだけでなく、植民地支配を広げる「帝国」へと変貌をとげるのである。

1861年	アメリカで南北戦争勃発（～65年）。
	清の同治帝が即位し、いわゆる洋務運動はじまる。
1863年	アメリカで奴隷解放宣言。
1867年	江戸幕府が大政奉還、明治政府が発足（明治維新）。
1868年	タイでラーマ５世（チュラロンコン大王）が即位。チャクリ改革はじまる。
1869年	アメリカ大陸横断鉄道（ユニオン中央太平洋鉄道）が開通。
	スエズ運河が開通。
1871年	イリ事件。ロシアが新疆に出兵してイリ地方を占領。
	岩倉使節団、横浜を出航（～73年）。
1872年	ロシア、ウラジヴォストークに海軍基地を建設。
1873年	大不況がヨーロッパ諸国を襲う。
1875年	イギリス、スエズ運河株式会社株を買収。
	日本とロシア間に千島・樺太交換条約締結。
	日本軍艦が朝鮮の江華島で交戦（江華島事件）。
1876年	日朝修好条規締結。釜山・仁川・元山が開港。
	ロシア、ウズベク３ハン国を併合し、ロシア領トルキスタン成立。
1877年	インド帝国成立。ヴィクトリア女王がインド皇帝となる。
1878年	サン・ステファノ条約と、それを修正するベルリン会議。
1880年	イギリス、アフガニスタンを保護国化。
1881年	清とロシア間にイリ条約締結。イリ地方を清に返還。
	エジプトでウラービー革命おこる。
	スーダンでマフディーの武装蜂起がはじまる。
1884年	清仏戦争でフランスが勝利し、ベトナムを保護国化。
	ベルリン・コンゴ会議開催。アフリカでの列強の先占権となえられる。
	アフガーニーとムハンマド・アブドゥフ、パリで雑誌『固い絆』を発行。
1890年	エルトゥールル号事件。
1891年	イランでタバコ・ボイコット運動おこる。
	露仏同盟締結を取り決め。フランス資本を導入してシベリア鉄道建設開始。
1894年	日清戦争おこる（～95年）。
1898年	ドイツが膠州湾を租借。山東半島に勢力圏を築く。
	アメリカ・スペイン戦争にアメリカが勝利し、カリブ海・太平洋進出。
	清の光緒帝、変法自強の改革をおこなうも、戊戌の政変で挫折。
1899年	南アフリカ戦争（ブール戦争）おこる。
	ドイツ、バグダード鉄道敷設権を獲得し、「3B」への野心をみせる。

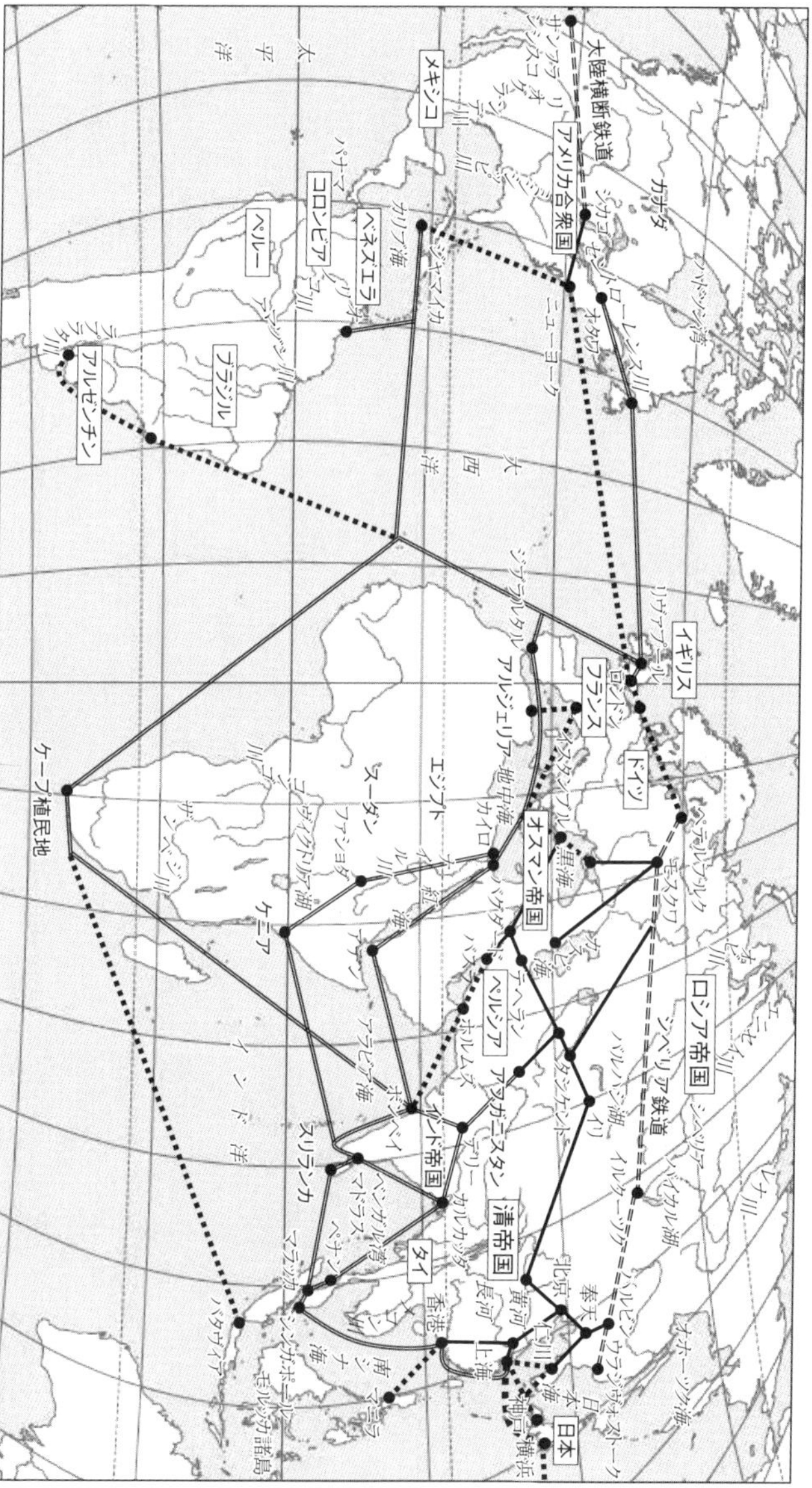

19世紀後半のネットワーク（二重線はイギリスのネットワーク）

1　グローバル・ネットワークの新時代

奴隷制廃止・移民・南北戦争

さて、このころ大西洋ネットワークをゆるがす大問題は、奴隷制の是非であった。イギリスは一八三三年にいち早く**奴隷制廃止**を決定し、一八四八年にはフランスでもまた第二共和政の臨時政府が奴隷制廃止を打ちだした。しかしアメリカ合衆国では国論を二分し、内戦に発展する問題となった。

アメリカ南部のルイジアナやミシシッピは、イギリスへの綿花輸出によってさかえる綿花王国であり、奴隷制は絶対必要とみなされていた。これにたいしアメリカ・イギリス戦争以来産業発展がいちじるしい北部では、奴隷など必要なかった。両者は、一八二〇年のミズーリ協定により奴隷州と自由州をわけることで共存していた。

しかし北部の都市化がすすむと、奴隷制が購買力のある市民層の育成を阻害するとみなされ、奴隷制反対の世論が高まった。一八四〇年代以降に続々と流入してくる、アイルランドやドイツからの移民が奴隷にかわる労働力を提供した。一八五四年、カンザス・ネブラスカ法の成立によってミズーリ協定は破棄され、自由州になるか奴隷州になるかは住民投票で決められることになった。

一八六〇年、奴隷制廃止を主張して当選した共和党の**リンカン**が大統領になると、南部は反発、翌一八六一年にアメリカ連合国を結成し、**南北戦争**が勃発した。ヨーロッパからやってくる奴隷制廃止論と移民の圧力が、南北戦争を引き起こしたともいえる。一八六三年にリンカンは**奴隷解放宣言**をおこない、一八六五年に戦争に勝利して、憲法修正一三条として奴隷制廃止を明文化した。

その後、北部による南部の「再建」が始まった。奴隷制は廃止されたが、彼らはシェアクロッパー（分益小作人）として、あいかわらず農場にしばりつけられ、黒人差別もなくならなかった。

華僑ネットワークの拡大

こうしてアメリカもふくめて奴隷制は世界的に廃止されていき、ブラジルなどラテンアメリカのプランテーションでも奴隷解放がすすんだ。しかし他方でヨーロッパ諸国向けの商品作物の輸出はのびる一方だったので、大農場での生産は拡大した。アフリカからの奴隷貿易がストップすると、それにかわる安価な労働力として、アジア系、とくに中国人移民が流入していった。

清では一八六〇年の北京条約の結果、中国人の海外渡航が公式に認められるようになり、アヘン貿易で困窮する東南部の沿岸地域から海外に移住する**華僑**が激増した。開港前から華僑は東南アジアにネットワークをもっていたが、その規模や範囲が急速に拡大したのである。

東南アジアの情勢をみてみよう。オランダ領東インドの中心地**ジャワ島**では強制栽培制度が行きづまっていた。商品の国際競争力が落ち、さらに米生産の不足で飢饉がおこったことから世論の批判が高まり、一八七〇年代までに強制栽培制度は廃止された。

実は、オランダ領東インドの主力商品であった砂糖をつくる製糖工場では、技術や労働力の面で華僑に全面的に依存していた。強制栽培制度の廃止後、ジャワ島では植民地政庁にかわってオランダの民間会社が経済活動をにない、交通や電信など、企業活動のために近代的インフラが急ピッチで整備されていった。

マレー半島ではイギリスが海峡植民地をつくったが、さらに半島の内陸部へと支配を広げていく。マレー半島は大交易時代のころから**錫**の一大産地で、このころ世界的に缶詰用の錫需要が高まったことから、イギ

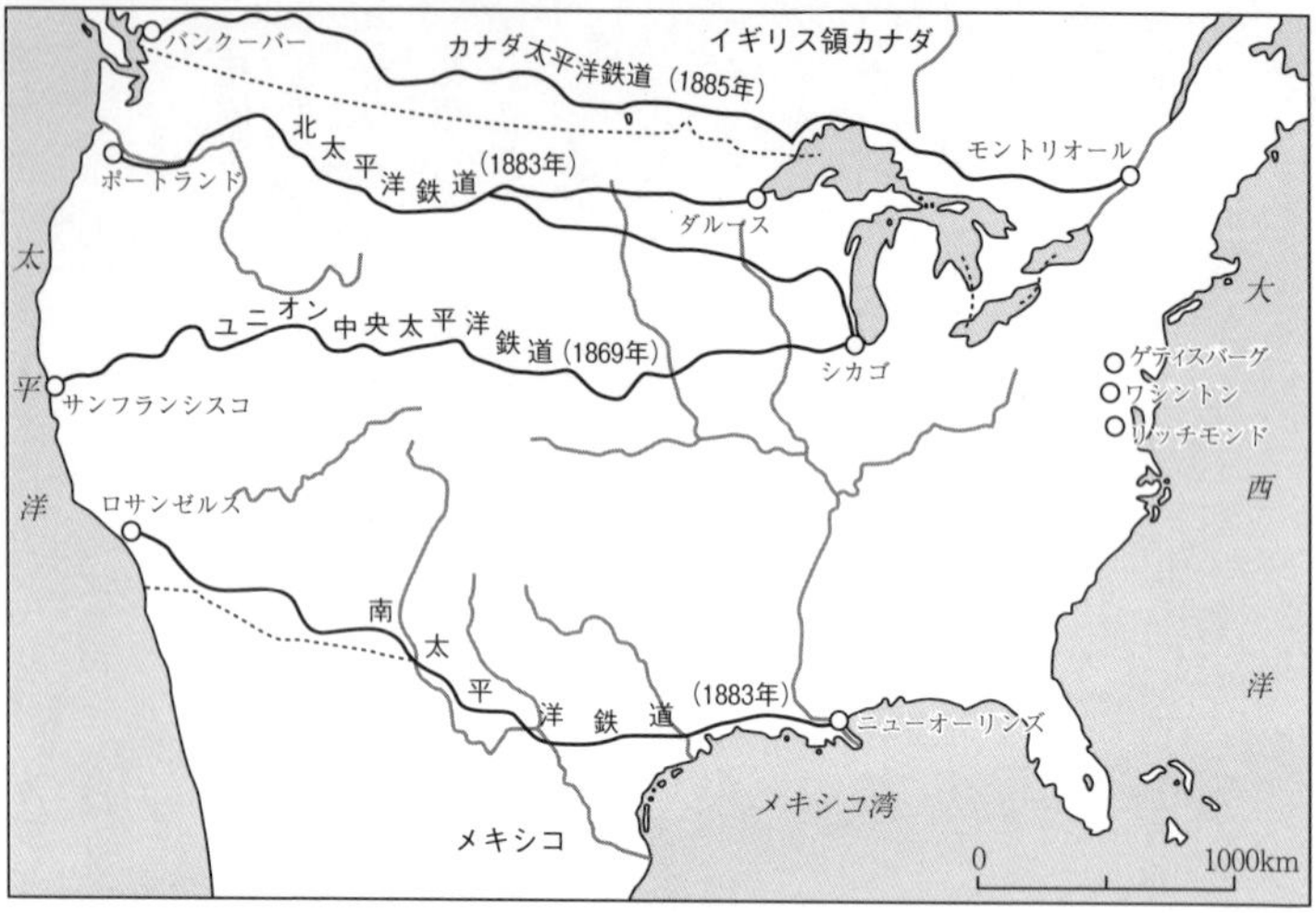

大陸横断鉄道

リスはムスリムのマレー人国家を次々と保護下において、錫鉱山の開発をすすめていった。その鉱山労働者として、大量の華僑がマレー半島に移住してきた。

移民がつくった大陸横断鉄道

華僑にとって南北アメリカ大陸もまた、移住先として魅力的であった。彼らはブラジルなどの南米に渡り、アフリカ奴隷にかわってプランテーション労働に従事し、あるいはアメリカ合衆国へと移住して鉄道建設の現場で働いた。

クーリーとよばれたアジアからの移民は、きわめて劣悪な条件で危険な重労働に従事させられたので、中国語で「苦力」という漢字があてられた。クーリーは契約労働者という形態であったが、過酷なうえ帰国することもできないため、奴隷と変わらない事実上の人身売買だと非難されることもあった。

一八六〇年以降、アメリカ西部のネヴァダやコロラドでは金・銀の採掘が始まり、多くの移民たちをひきつけた。さらに西部開拓の結果、牧畜業や小麦生産が発達して、牛肉や食料を東海岸都市の市場に供給するようになり、東部と西部を結ぶネットワークの強化が必要となった。

　こうしてアメリカの東西をつなぐ通信・交通機関が整備され、有線電信が開通し、さらに**大陸横断鉄道**の建設が始まった。東部は大西洋を渡ってきたアイルランド移民の手によってシカゴから鉄道がのび、西部は太平洋を渡ってきたクーリーの手によってサンフランシスコから線路が東に向かう。

ユタで東西がつながった大陸横断鉄道（1869年５月10日）
（式典からは中国人労働者は排除されている。）

　一八六九年、ユタで東西からのびる線路がつながり、最初の大陸横断鉄道であるユニオン中央太平洋鉄道が開通した。アメリカの東西を結びつけ、さらには大西洋と太平洋をつなぐ**鉄道ネットワーク**の成立であった。しかもそれはヨーロッパとアジアから海を渡ってきた移民労働者たちが建設したのである。大陸横断鉄道は、産業革命・開国・移民といった、一九世紀におけるグローバル・ネットワークの諸要素によって完成したといえる。

スエズ運河の開通

　アメリカで大陸横断鉄道が完成した一八六九年、グローバル・ネットワークの新時代を画するもうひとつの大事業が完成した。**スエズ運河**である。有史以来、地中海とインド洋を結ぶ

スエズ運河開通のようす

紅海ルートでは、どうしてもいったんエジプトに上陸する必要があったが、スエズ運河が完成したことで上陸コストがなくなった。ヨーロッパにとってインド・アジアへの道が劇的に短縮されたという意味で、革命的な出来事であった。

　スエズ運河はエジプトの国運をかけた大プロジェクトで、フランス人レセップスの指導により一八五九年に着工された。一八六〇年代、南北戦争によってアメリカ綿花生産が停滞すると、エジプト産綿花の価格が高騰し、エジプト財政はうるおっていたが、南北戦争がおわってアメリカ産綿花の供給が再開されると、綿花の価格が暴落し、エジプトの国家財政は極度に悪化した。

　スエズ運河は、海洋ネットワークの覇権を左右する新たな鍵である。エジプトの財政破綻は、この鍵をねらうイギリスとフランスの介入をまねく格好の機会であった。ところが、このタイミングでヨーロッパ大陸は動乱の時期を迎えていた。一八七〇年に、ドイツ統一戦争の最終段階、**ドイツ・フランス戦争**（**プロイセン・フランス戦争**）が勃発したのである。

　宰相**ビスマルク**のもとで統一事業をすすめるプロイセン・北ドイツ連邦は、南ドイツのカトリック諸邦を従わせるための最後の仕上げとして、フランスを戦争に巻きこんだ。その結果、フランスは敗北し、一八七〇年に第二帝政が崩壊、共和国臨時政府が発足した（第三共和政）。パリではドイツに屈服した臨時政府にたいする反発から、パリ・コミューンが立ち上がり、フランスの混乱は頂点に達した。

ドイツは多額の賠償金をフランスに課したため、フランスは、エジプト財政への介入でイギリスに後れをとった。スエズ運河を手にするためのエジプト介入のキャスティングボートは、イギリスが手にすることになった。

ロシアの中央アジア進出

スエズ運河の開通によって、エジプトや東地中海・バルカン半島のネットワーク上の重要性はさらに高まったといえる。この地域への進出を狙っていたもうひとつの国、ロシアは、クリミア戦争の敗北を受けて皇帝**アレクサンドル二世**が農奴解放令をはじめとする近代化改革をおこない、綿工業を中心とする産業育成に力を入れていた。

一八六〇年代にはいるとロシアは中央アジアのトルキスタンへの南下を始める。これは、南北戦争によって、アメリカ産綿花の輸入がストップし、トルキスタン産綿花の需要が高まったためである。

ロシア綿工業の発展にとって、原料生産地のトルキスタンを手に入れることは戦略的にきわめて重要だった。こうしてロシアはトルキスタンに大軍を派遣した。ブハラ・ヒヴァ・コーカンドのウズベク人三ハン国ははげしい抵抗戦争を展開した。

この戦いのさなか、ロシア軍に追われたコーカンド・ハン国の将軍**ヤークーブ・ベグ**率いる一軍は、一八六五年に清朝支配下の新疆に入り、この地を征服して独立国を打ちたてようとした。中央アジアの戦いは清朝をもまきこむ地域戦争となったのである。

一八六七年、ロシア軍はまずカザフ草原を併合し、商業都市**タシュケント**を省都とするトルキスタン省を設立した。一八六八年に西トルキスタンのブハラ・ハン国を制圧し、保護国にした。保護国にとどめたのは、ロシアの南下を警戒するイギリスに配慮したためと、中央アジア最大の宗教都市ブハラに住むムスリムの反発をやわらげるためであった。

さらに一八七一年、ロシア軍はヤークーブ・ベグによって混乱した新疆の情勢につけこみ、新疆に出兵してイリ地方を占領した（**イリ事件**）。一八七三年、ロシアはヒヴァ・ハン国を保護国にし、一八七六年にはコーカンド・ハン国を併合した。こうして一〇年以上にわたる戦争によって、**ロシア領トルキスタン**が形成された。

ロシアは、ウズベク人国家を征服してオアシス地帯の覇者になった。その結果、チンギス家のジュチ・ウルスの末裔であるハン国はすべてロシア領となり、遊牧民の時代は終わりを迎えた。ロシアはこのオアシスの道に鉄道を敷設し、原料を供給するネットワークの構築をはかっていく。

明治維新と岩倉使節団

一方、ロシアは北京条約以降、極東への進出にも力を入れていた。シベリア・ネットワークの東端の先には、日本があった。開国以後の日本では、一三年にもおよぶ動乱ののち、一八六七年に江戸幕府が政権を明け渡し、**明治維新**がおこった。江戸は東京となり、将軍の城は天皇の宮城となり、新政府にはいった薩長中心の志士たちは攘夷を捨てて洋服を着た。

ここから日本は、「西洋の衝撃」の影響をうけて、アジアで最も徹底した西洋化への改革を開始するのである。そのための情報収集と不平等条約改正の下準備のために、明治政府の主要メンバーが海を渡った。**岩倉使節団**である。

公卿の岩倉具視を特命全権大使とし、木戸孝允・大久保利通・伊藤博文ら総勢一〇〇名を超える大使節団は、欧米一二カ国を訪問して、各国の国家制度や産業技術などを視察した。この使節団のルートをめぐりながら、一八七〇年代初頭のグローバル・ネットワークを総覧してみよう。

一八七一年一二月二三日、一行は横浜を出港した。蒸気船で太平洋を渡るのに一カ月かからない。翌年一月にはサンフランシスコに到着し、数年前に開通したばかりの大陸横断鉄道に乗って、東海岸に向かった。ワシントンで大統領と会い、ボストンから大西洋を渡った。

岩倉使節団
（左から木戸孝允、山口尚芳、岩倉具視、伊藤博文、大久保利通。）

一八七二年の夏から翌年までは、ヨーロッパ各国を視察した。「世界の工場」として製造業全盛期のイギリス、パリ・コミューンの傷跡も生々しいフランス、そしてフランスをやぶって統一を達成し、日の出の勢いのドイツ帝国などである。とくにドイツでは「鉄血宰相」ビスマルクに一行は強い印象をうけたという。

一八七三年夏、一年間のヨーロッパ歴訪を経てアジアへの帰路についた。やはり完成したばかりのスエズ運河をとおって紅海を南下し、英領アデンからセイロン島へ。マラッカ海峡をとおって英領シンガポール、仏領サイゴン、香港、上海を経て、九月一三日に横浜に戻った。

岩倉使節団がとおった道は、一八七〇年代初頭において世界一周する際に最も安全で最短のルートだといえる。彼らは鉄道と蒸気船という交通革命の成果と、大陸横断鉄道とスエズ運河という一八六九年に開通した二つの新施設を利用して、もっとも高速化されたグローバル・ネットワークを体験した。アメリカとヨーロッパに長期滞在しているが、移動時間だけを見れば一年もかかっていない。ジュール・ヴェルヌの『八〇日間世界一周』が発表されたのが一八七二年。まさに岩倉使節団と同じ時期に、ほとんど同じルートをとおり世界一周をしている設定であった。

このころにはモールスが発明した電信の技術が確立され、世界中に電信ケーブル網がはりめぐらされていった。アメリカ大陸を横断する電信は一八六一年、大西洋を横断する海底電信は一八六六年、シベリアを横断して日本にいたる電信は一八七一年に開通している。岩倉使節団はこの電信網を利用して、不平等条約改正交渉の状況について電報を打った。

グローバル・ネットワークはかつてない緊密化の時代を迎えていた。文字通り世界は狭くなり、人・モノ・カネ・情報などは前例のない規模とスピードで移動していく。「世界の一体化」はここに完成をみた。この緊密化を実現したのは近代西洋文明であったが、その恩恵は、岩倉使節団が体現したように、アジアの人々でも利用できるものだった。グローバル・ネットワークの緊密化をうけて、世界はさらに激動の時代を迎える。

2　東アジアの復活と「帝国」の再編

日本の海洋進出と国境画定

富国強兵をすすめる明治政府は、積極的な対外進出をはかった。一八七一年、日本は平等条約である**日清修好条規**を結び、清との近代的な外交関係を開いた。これを機に日清両属の地位にあった琉球王国を**琉球藩**

とし、さらに清との冊封・朝貢関係を停止させた。

岩倉具視や大久保利通らが不在の留守政府では、西郷隆盛を中心に**征韓論**が高まっていた。李氏朝鮮は一八六〇年代にアメリカやフランスから開国を求められていたが、大院君政権はこれをかたくなに拒否していた。日本もまた朝鮮と外交関係を開こうとしていたが、やはり難航してしまう。そこで欧米同様に軍事力によって開国させようという征韓論が登場したのである。

一八七三年に帰国した岩倉具視らは征韓論に反対であったが、日本の対外進出は強行され、一八七四年には**台湾**に出兵して清との軍事衝突の危機をまねき、翌年一八七五年には朝鮮近海に軍艦を派遣して圧力をかけ、江華島で朝鮮軍と交戦した（**江華島事件**）。その結果、一八七六年に**日朝修好条規**が結ばれ、釜山・仁《イン》川《チョン》・元山《ウォンサン》の三港が開港された。

日朝修好条規は日本の領事裁判権などを一方的に認める不平等条約であった。西洋化し、近代国家としての体裁を整えた日本は、領土を画定させつつ、アジア海洋ネットワークに進出していこうとしたのである。

海洋進出をめざす日本にとって、ロシアもまた強大なライバルであった。ロシアは中央アジア侵略と同時に極東進出もすすめ、一八七二年には沿海州の東端、日本海に面した**ウラジヴォストーク**に海軍基地を築いて、日本海・太平洋進出の拠点にした。

一八七五年、日本はロシアと**千島・樺太交換条約**を結んで、千島列島を日本領、樺太（サハリン）をロシア領とすることで合意した。これによって日本とロシアとの衝突は回避された。しかし日本は、清にたいしては妥協せず、一八七九年に琉球藩を廃して**沖縄県**を設置、日本への領土編入を強行した。

「洋務運動」と東アジア秩序の再編

日本の海洋進出は清帝国の海洋秩序にたいする挑戦である。清では一八六一年に即位した同治帝のもとで、「中体西用」をスローガンにした近代化政策がおこなわれた。この改革は後世「**洋務運動**」とよばれる。これは日本の明治維新と同様の西洋化政策であり、膨大なコストと時間をかけ、大規模な産業発展と軍事的近代化を推進した。

これにより一八七〇年代後半には、清帝国は富国強兵を実現し、東アジア秩序の再建にむけて動きだした。清にとって当面の敵は、中央アジアを支配しさらに朝鮮への影響力を強めようとするロシアと、アジア海洋進出への野心をあらわにする日本であった。

まず中央アジア方面では、一八七七年、洋務官僚の一人**左宗棠**《さそうとう》らが、混乱する新疆に出兵してヤークーブ・ベグ軍をやぶり、新疆を取り戻した。さらに一八八一年にはロシアと**イリ条約**を結んで、イリ地方を返還させた。清は新疆を省としてトルキスタンの支配を強化し、ロシアを牽制する。

一方、洋務運動の中心人物である漢人官僚の**李鴻章**《りこうしょう》は、海軍力を強化するために北洋艦隊を編成した。清は日本によって傷つけられた東アジア海洋覇権を回復すべく、最大の朝貢国である朝鮮への介入を強めた。一八八二年、朝鮮で大院君派が日本公使館などを襲撃しておこした壬午軍乱にたいして、清軍が出兵してこれを制圧し、清の後ろ盾により閔氏政権を成立させた。さらに、一八八四年に開化派の金玉均らが日本の支持のもとおこした甲申政変についても、**袁世凱**《えんせいがい》ひきいる清軍が鎮圧した。袁世凱は漢城に駐在し、朝鮮から日本とロシアの影響力を実力によって排除していく。

一八八〇年代、清の海軍力は日本を上回っていた。そのことを強く印象付けたのが、一八八六年の長崎清国水兵事件だった。これは長崎に寄港していた北洋艦隊の水兵が上陸して死傷者を出した事件である。こうした事件がおきても、日本側は清の海軍力を前に、どうすることもできなかった。

ただ清軍も、一八八四年の**清仏戦争**で、善戦したもののフランス軍に敗れ、阮朝《げんちょう》ベトナムとの冊封関係が停止されることになった。こうした状況をうけて清は台湾を省として、海洋拠点の支配を強化していく。

東アジアの伝統的な冊封体制が残っていたのは、もはや朝鮮だけであった。李鴻章は冊封体制を維持しつつも、現実的には欧米や日本との条約にもとづく近代的国際関係とのバランスをとるべきだと考え、朝鮮にたいしてアメリカなどとの条約締結をうながした。これには日本とロシアの朝鮮進出を牽制するねらいもあった。これによって朝鮮は一八八〇年代に、ようやく本格的に欧米諸国との関係構築に乗り出すのである。

一八七三年大不況

近代化に成功し、グローバル・ネットワークに上昇機運で乗り出す東アジア諸国に比して、近代文明の先達たるイギリス帝国は混迷していた。イギリスは機械製綿織物を主力商品に、一九世紀の前半に「世界の工場」として君臨してきたが、一八六〇年代に登場したイタリア・ドイツ・日本などの新興工業国家の成長により、産業立国としてのアドバンテージを失った。

このとき、ウィーンの証券取引所での株価暴落と金融危機をきっかけとする**一八七三年大不況**がヨーロッパ諸国を襲った。この大不況によりイギリス経済は大打撃をうけた。長期化する不況にたいし、アメリカとドイツは、重化学工業を中心とするいわゆる「**第二次産業革命**」を成功させることで成長を実現した。しかし、この新しい動きにイギリスは対応できなかった。こうしてイギリスは「世界の工場」の地位から陥落し、一八九〇年代には工業生産力においてドイツとアメリカに追い抜かれる。

イギリスは製品輸出ではなく、海運業・保険業や、資本輸出の収益にたよるようになった。ロスチャイルドなどの銀行や保険会社が集中するロンドンのシティが世界経済の中心になり、「**世界の銀行**」とよばれるようになる。

イギリス帝国の再編

世界中に投資されるポンドを最大の植民地であるインドからの膨大な貿易黒字によって回収することで、イギリスは世界の銀行となった。このためイギリスはインドの植民地支配をさらに強化するべく、「帝国」の再編に乗り出した。

保守党の首相ディズレーリは、エジプト経済の弱体化につけこんで、一八七五年に**スエズ運河会社株の買収**を敢行した。これによってインドとのネットワークを強化しようとしたのである。翌一八七六年、エジプトの財政はついにイギリスとフランスの管理下におかれることになった。

さらに一八七七年には植民地インドを再編し、ヴィクトリア女王がインド皇帝を兼ねるかたちでイギリス領**インド帝国**が成立した。インド帝国は、イギリス政府の直轄州と封建領主が自治権をもつ大小五五二の藩王国からなり、イギリス本国のインド大臣の監督下に総督が支配する植民地である。

インド帝国はイギリス帝国存続の要であり、その防衛はイギリスの至上命題になった。まずさしせまった脅威は、南下して東トルキスタンを完全支配したロシアであった。このためイギリスは、一八七八年インドとトルキスタンのあいだにあるアフガニスタンに侵攻し（第二次アフガン戦争）、一八八〇年に**アフガニスタンを保護国化**した。こうして一八七三年大不況を契機に、「帝国」の排他的な支配が徐々に広がっていく。

東南アジアのデルタ開発

「帝国」の矛先は東南アジアのインドシナ半島にもむかった。イギリスは一九世紀初頭から段階的にビルマを侵略していた。そして三度にわたる**イギリス・ビルマ戦争**ののち、ついに一八八六年にコンバウン朝を滅ぼし、インド帝国に編入した。世界的な工業化と人口増大により食料需要が高まったことを受けて、イギリスはビルマのイラワディ川デルタ地帯を穀倉地帯にし、穀物輸出により利益をあげた。

フランスは第二帝政崩壊後の混乱をのりこえ、一八八〇年代に「帝国」の拡大をはかった。すでにフランスはコーチシナとカンボジアを領有していたが、ベトナム全土を手に入れるべく、軍事的圧迫を強めた。一八八四年、フランスはベトナムを保護国化し、清仏戦争ののち、一八八七年に**フランス領インドシナ連邦**を成立させた。

フランスはハノイに総督府をおき、資本輸出を活発化させてベトナムを開発した。やはり近代化するアジア諸国の食料需要を受けて、メコン川デルタ地帯に広大な開墾地がつくられて、米が輸出されていった。

タイのチャクリ改革

イギリス領とフランス領にはさまれる格好になったラタナコーシン朝タイ（シャム）は、一八六八年に即位した**チュラロンコン大王**（**ラーマ五世**）がヨーロッパ諸国とうまくわたりあい、独立を維持しつつ近代化改革（チャクリ改革）を成功に導いた。タイでは、先代のラーマ四世の時代から、チャオプラヤ川デルタ地帯の水田開発をすすめ、輸出向けの大穀倉地帯になっていた。

一八八〇年代、穀物輸出で資金を得たタイは、近代的な内閣制度や財政システムを導入し、諸侯を廃して全土に県をおいた。奴隷的身分は解放され、近代的な学校制度を整備、全国に鉄道を敷設し、工業化も推進していく。これによって力をつけたタイは、したたかな外交交渉によって不平等条約の治外法権撤廃に成功した。

チュラロンコン大王は在位期間も直面した課題も業績も、日本の明治天皇とよく似ており、両者はしばしば比較される。いずれにせよ、タイもまた食料輸出によって利益をあげていったのである。

近代アジア間貿易ネットワークの形成

このように一九世紀後半のアジアでは、近代化した日本・清・タイ、あらたに開国した朝鮮、「帝国」に組みこまれた他の東南アジア諸国とインド帝国といった、複雑な状況が作り出されていた。興味深いのは、これらの状況の異なるアジア諸地域が相互に結びつき、ヨーロッパ中心の不平等なネットワークとは異なる、自立した貿易ネットワークを作り出していったことである。

近代グローバル・ネットワークにおいて重要な点は、**開港場**が増えていったことである。政府の一元的な管理から開放された自由貿易港で、アジアでは一八三四年にスペイン領フィリピンの**マニラ**が開港場となったのが嚆矢となる。

そして欧米諸国による不平等条約の押しつけ以降、中国の**香港**・**上海**・**天津**、朝鮮の**仁川**、日本の**神戸**・**横浜**などが新たな開港場として、アジアの自由貿易ネットワークの拠点となった。

これらの開港場にはもちろんヨーロッパ企業が進出したのだが、在地の企業や華僑などのアジア商人も自由貿易の恩恵をうけて活動の場を広げた。特に**華僑ネットワーク**は全アジアに広がった。神戸や横浜にチャイナタウンが形成されていくのもこのためだ。

欧米の商品もどんどんはいってきたが、日本や中国の商品もアジア各地に売りこまれていった。イギリス産の機械製綿布は薄地で高品質の舶来品なので、中国・日本・朝鮮では上流階級が使用する高級衣料となった。このころインドのボンベイでは従来の伝統的な綿業をベースに紡績業が発展し、インド産の機械製綿糸がアジア各地に輸出された。中国や日本は、太めの糸であるインド産綿糸を輸入し、国内で織って大衆向けの安価な衣料としていた。

中国や日本は、そもそも一八世紀の段階でヨーロッパと類似したプロト工業化の素地が存在しており、このため茶・砂糖・綿製品・生糸などの国際商品を大量に生産することができた。とくに茶や生糸は一九世紀になっても、欧米諸国も欲しがる主要輸出品であり、清も日本も近代化の過程で紡績業を発展させた。日本は一八七二年創業の**富岡製糸場**などで質の良い生糸を生産し、欧米に輸出した。生糸ほどの高品質ではないが、綿布もまた近代日本の重要な国際商品であった。綿布は中国にも輸出されるが、新しい市場となったのは東南アジアである。

ヨーロッパ諸国によってマレー半島の錫やジャワ島など各地プランテーションの開発がすすむと、現地の労働者が着る安価な綿布の需要が高まった。そこで日本やインドの安い機械製綿布が輸出されていく。

「帝国」によるアジアの開発と、「西洋の衝撃」をうけたアジアの近代化は相互に結びつき、独自の貿易ネットワークを形成した。このネットワークの基層となったのは、華僑や印僑の積極的な世界進出であった。

この貿易ネットワークは、デルタ地帯からの穀物輸出や資本輸出などでヨーロッパのグローバル・ネットワークにも接続している。近代アジア間貿易ネットワークは、「帝国」を補完する機能を果たすと同時に、「帝国」に抗するアジア自身の力にもなっていくのである。

3　近代イスラーム・ネットワークの挑戦

オスマン帝国の近代化と挫折

東アジア諸国が近代化し、独自のアジア・ネットワークを構築していったのにたいして、イスラーム諸国は不平等条約体制から抜け出せず、近代化改革をすすめたにもかかわらず、ヨーロッパ「帝国」諸国のえじきになっていった。

オスマン帝国はクリミア戦争以後も近代化改革（タンジマート）を続けていた。この改革は、フランス人権宣言の影響を受け、非ムスリムにもムスリムと同じ政治的・社会的権利を保証するものであった。タンジマートによって、オスマン帝国の臣民は宗教や民族の違いをこえて一つであるという「新オスマン人」の意識、つまりオスマン・ナショナリズムが広がったのである。

一八七六年、革新派官僚で大宰相に任命されたミドハト・パシャによって起草された憲法は圧倒的な支持を得て、アジアで最初の憲法として発布された（**ミドハト憲法**）。ところが一八七七年にロシアがふたたび南下の野心をあらわにし、**ロシア・トルコ戦争**が勃発した。この危機に際して新スルタン、**アブデュル・ハミト二世**は議会を解散し、ミドハト・パシャを追放して憲法を停止した。

戦争はロシアの勝利におわり、一八七八年にサン・ステファノ条約、さらにビスマルクの提唱によりベルリン会議が開かれ、オスマン帝国からルーマニア・セルビア・モンテネグロが独立し、帝国の領土はさらに縮小した。アブデュル・ハミト二世は侵略者であるヨーロッパの文明をきらい、その後も憲法を停止したまま専制政治を強めていった。

アフガーニー登場

一八七〇年代、イギリスを筆頭とするヨーロッパ「帝国」が、イスラーム諸国を植民地化ないし保護国化していくなかで、それへの反発が巨大なうねりを生みだしていった。このうねりをつくりだした怪物が、**アフガーニー**である。

ジャマール・アッディーン・アル・アフガーニーは、イランの生まれとされている。彼はイスラームの勉強をするために若くしてインドに留学したが、そこでインド大反乱とイギリスによる容赦のない弾圧を目にした。その後イスラーム諸国をめぐり、一八七一年にはエジプトのカイロに落ち着いた。

アフガーニーはここで、のちに**パン・イスラーム主義**とよばれる思想を創出した。パン・イスラーム主義とは、ヨーロッパによる植民地化に強く反発し、これに対抗するために、ムスリム同士の国際的な連帯を呼びかけるものであった。しかしそれはヨーロッパの科学や制度を積極的にとりいれることでなしとげられるべきものであった。

アフガーニー

世界中のムスリムがヨーロッパの知識を取り入れ、連帯してヨーロッパを打ちやぶるべし。アフガーニーはこの考え方をエジプトで広め、多くの弟子を育てた。一八七九年、彼はエジプトを去り、まさにヨーロッパ文明を学ぶためにロンドンに渡った。

彼はその後パリ、ペテルブルクとヨーロッパを歴訪し、パン・イスラーム主義の思想を広めるとともに同士と連絡をとりあっていく。このとき活用されたのは世界中にはりめぐらされた電信・郵便・鉄道網・出版技術などであった。近代ヨーロッパの技術を用いることで、アフガーニーはムスリムの国際的な連帯を作り上げていくのである。

ウラービー革命

一八八一年、イギリスとフランスの財政的支配に反発するエジプトの民衆が「エジプト人のためのエジプト」をスローガンに民族主義運動をおこし、陸軍将校**ウラービー**（**オラービー**）・**パシャ**にひきいられ反乱をおこした。この**ウラービー革命**はアフガーニーの思想の影響をうけており、彼の弟子たちが多数参加していた。

翌年一八八二年、ウラービーは政権を掌握するが、イギリス軍が進駐し、ウラービー政権を打倒してエジプトを事実上の保護国とした。スエズ運河とインドへのルートを完全にわがものにしたいイギリスにとって、ウラービー革命は絶好の機会だったのである。ウラービー・パシャはスリランカに流刑となった。

スリランカ流刑中のウラービーに会った日本人がいる。作家で政治家にもなる**東海散士**こと柴四朗である。彼は政治小説『佳人之奇遇』のなかでウラービーについて書いている。その後東海散士はヨーロッパ視察旅行から帰る途上、イギリス占領下のエジプトに立ち寄った。

東海散士が帰国後にあらわしたのが『埃及《エジプト》近世史』である。そこでは、ウラービー革命がエジプトの民主化を求める運動だったとして、日本の自由民権運動とも共通するものがあると評価するとともに、こうした運動も容赦なく弾圧するイギリスなどヨーロッパ諸国への警戒心もあらわにした。

一方、ウラービー革命に参加していたアフガーニーの弟子、**ムハンマド・アブドゥフ**は、イギリスの弾圧からのがれるためにパリに亡命して、アフガーニーと再会した。一八八四年、彼らはここで雑誌『固い絆』

を発行した。これはコーランの一文「固き絆によって連帯せよ」からタイトルをとったもので、世界中のムスリムにパン・イスラーム主義を広めた。

近代イスラーム・ネットワーク

このように、近代イスラーム・ネットワークは近代ヨーロッパの技術革新によって成し遂げられていた。例えば一九世紀後半に到来した蒸気船の時代は、イスラーム世界にも交通革命をもたらした。

蒸気船は**メッカ巡礼**を容易にした。世界各地からメッカへの蒸気船の定期便が出ていたのである。巡礼者はメッカでパン・イスラーム主義についても情報交換し、その思想は巡礼者のネットワークにのって世界中に拡散していく。

そこで伝わるのは新しい神秘主義教団であった。一八世紀アラビアで始まったワッハーブ派をはじめ、多くの教団が一九世紀に誕生し、巡礼者のネットワークで急速にイスラーム世界に広がっていった。

そのうちの一つがリビアのサヌーシー教団である。オスマン帝国の支配は北アフリカではゆるんでおり、サヌーシー教団はリビアでなかば自立的な政権を樹立していた。

もう一つは**スーダン**で広がった**マフディー派**の運動である。その指導者**ムハンマド・アフマド**はみずからをマフディー（救世主）と称して、スーダンを支配した。マフディー政権は一八八一年からイギリス・エジプト軍に対する武力闘争を展開し、一八八五年にはスーダンの中心地ハルトゥームを占領し、太平天国の乱で名をはせたイギリスの英雄、**ゴードン将軍を戦死**させた。

パン・イスラームからタバコ・ボイコット運動へ

近代イスラーム・ネットワークをつくったのは巡礼者だけではない。イランやイラクの大都市では、東西交易の拠点としてバザール（市場）が発展していたが、国際貿易をおこなう大商人から小売商まで、多くの**バザール商人**がいた。バザール商人のネットワークも、パン・イスラーム主義を国際的に支援していく。

また、印刷物メディアの発達もパン・イスラーム主義の浸透に一役買った。一九世紀にはイスラーム諸国でもヨーロッパ式の活版印刷術が取り入れられ、新聞や雑誌がさかんに発行されていた。各地の**ウラマー**（イスラーム神学者）もまたこうしたメディアをつうじて情報交換をしていた。

アフガーニーはこうしたウラマーのネットワークをつうじて影響力を行使した。このころイランでは、カージャール朝が鉄道敷設や資源開発、電信網の整備などの利権を、イギリスやロシアの会社に与えていた。財政赤字のために自国資本で開発することができなかったのである。

一八九一年、イラン国内のすべてのタバコを独占的に買い取ることができるという利権がイギリスに与えられると、このニュースはイギリス人が敷設した電信網によって全国に伝わり、はげしい民衆の抗議行動を引き起こした。

このとき、アフガーニーはイランのシーア派ウラマーの指導者に手紙を書き、イギリスへの抗議行動を呼びかけるようにうながした。最高位ウラマーは、タバコを違法とするファトワー（教令）を発し、**タバコ・ボイコット運動**がおこった。バザール商人もまた禁煙を推奨し、そのネットワークにのって全土のイラン人が一斉にタバコをやめた。

運動は最高潮に達し、翌年、政府はタバコ利権の譲渡を撤回することになった。タバコ・ボイコット運動は、ウラマーやバザール商人が構築したパン・イスラーム主義のネットワークが最大限に活用され、成功をおさめたのである。

エルトゥールル号――オスマン帝国のパン・イスラーム主義

ムスリムの国際的連帯を作り出し、エジプトとイランで反植民地運動を引き起こしたアフガーニーは、ヨーロッパ列強にとって恐るべき人物になった。オスマン帝国の専制君主アブデュル・ハミト二世は、列強に対抗するためにアフガーニーをイスタンブルに招聘し、国をあげてパン・イスラーム主義をかかげた。

一九世紀にオスマン帝国がヨーロッパによる侵略の標的になるとき、しばしば「オスマン帝国内のキリスト教徒の保護」を名目にすることがあった。オスマン帝国は、こうしたキリスト教の脅威に宗教的に対抗すべく、実際には存在しなかった「スルタン・カリフ制」（オスマン帝国のスルタンはマムルーク朝征服の際に、カイロにいたカリフからその宗教的権威を委ねられたとする考え方）という伝統を創造し、世界中のムスリムの宗教的な中心であろうとした。

熱心なムスリムであるアブデュル・ハミト二世もまた、当然「スルタン・カリフ制」を強く主張していた。この考え方とパン・イスラーム主義が結合することで、オスマン帝国はムスリムの国際的連帯の中心におさまろうとした。

一八八九年、アブデュル・ハミト二世は木造フリゲート艦エルトゥールル号を日本に派遣した。表向きの目的は明治天皇との親善だったが、実際はアジアのムスリムにパン・イスラーム主義を広め、ムスリムの連帯をはかる宣伝活動であった。

エルトゥールル号はスエズ運河を経由して翌一八九〇年六月に横浜に到着した。しかし帰路についた九月、台風にあって和歌山県の樫野崎で沈没してしまった。乗員六〇〇名中生き残ったのは六九名だったが、彼らは現地の村民に救助され、手厚い看護をうけて回復した。明治政府は軍艦「比叡」と「金剛」で彼らをイスタンブルまで送り届けた。

このエルトゥールル号事件をきっかけに、トルコは親日的になったといわれている。エルトゥールル号の航海がパン・イスラーム宣伝にどれほど成功したのかは、教科書の記述ではよくわからないが、アジアの東西を結ぶ国際的な「絆」をつくりだしたとはいえるであろう。

しかし、アブデュル・ハミト二世は次第にアフガーニーをうとましく思うようになった。彼の主張するパン・イスラーム主義が、とくにオスマン帝国を中心にするものではなかったのと、ヨーロッパの制度を導入する立憲運動と結びついていたためである。こうしてアフガーニーはスルタンによって幽閉され、そのまま一八九七年にイスタンブルで世を去った。

エルトゥールル号

4 「帝国」の世界分割

ユダヤ人移民の増大

さて、近代イスラーム・ネットワークとはげしい闘争をくりひろげる「帝国」側の事情もみてみよう。フランスはすでにアルジェリアを領有し、フランス本国に併合していたが、一八八一年にあらたにチュニジアを保護国にした。

しかし、同様にチュニジア領有をねらっていたイタリアが反発し、翌年、ビスマルクがイタリアを抱きこみ、独・墺・伊の**三国同盟**を結成した。ビスマルクは場当たり的ではあったが、フランスを国際的に孤立化させたうえでヨーロッパ秩序を維持するために、あらゆる手練手管をもちいた外交をした。

一方ロシアは、ロシア・トルコ戦争に勝利したもののビスマルクに手玉に取られ、地中海への南下を阻止された。近代化政策はポーランドの反乱によって中途半端なままでおわり、社会不安が高まっていた。この不安は一八八一年の皇帝**アレクサンドル二世暗殺**によって頂点に達する。

農村や都市貧困層のなかで高まっていた社会的不満は、皇帝暗殺をきっかけにユダヤ人に対する暴力に転化した。一八八一年から一八八四年にかけて、**ユダヤ人襲撃（ポグロム）**がロシア全土に広がった。ロシアでのよりどころを失ったユダヤ人は、数百万人規模で外国に亡命する。

ユダヤ人は近隣のポーランドなどに移住する者が多かったのだが、多少のたくわえがあったユダヤ人は希望の土地、アメリカに移住した。移民たちはニューヨーク港の入り口、エリス島で出入国審査をうける。ロシアからアメリカにやってきたユダヤ人移民たちは、このエリス島に建設途中の巨大な立像をみたことであろう。一八八六年、アメリカ独立一〇〇周年を祝って、フランスの彫刻家バルトルディの手になる自由の女神像が完成した。女神がもつトーチは世界中の移民たちを導く光となる。

一九世紀の一〇〇年間、アイルランド、ドイツ、イタリア、東欧、ロシア、中国、インドなどからアメリカ合衆国に渡った移民は、三三六〇万人にのぼる。アメリカはまさに移民によってつくられた国だったのである。

アフリカ分割の開始

一九世紀のアフリカ大陸では、ヨーロッパ列強が既存のネットワークの優先的支配から、領土の獲得をめざす「帝国」へと移行していったことで、大きな変化がおこった。

このころ、イギリス人宣教師リヴィングストンやアメリカの探検家スタンリーによって、アフリカ内陸部の情報がヨーロッパに伝わっていた。その結果、アフリカ大陸は決して不毛の大地ではなく、資源があり熱帯作物を栽培するために必要な環境がそなわっていることがわかった。ヨーロッパ列強はアフリカ大陸を植民地化し資本輸出をするのに魅力的な地域であると考えた。

スタンリーからの報告によりこの利益にいちはやく気づいたベルギー国王レオポルト二世は、一八八三年に**コンゴ領有**を宣言した。同様にコンゴをねらっていたイギリスとポルトガルがこれに反発すると、翌年一八八四年、ビスマルクが仲介して**ベルリン会議**（ベルリン・コンゴ会議）が開かれた。この会議でアフリカは「無主の地」とみなされ、早い者勝ちで領有することができるという「先占権」が主張された。

こうして堰を切ったように「帝国」による**アフリカ分割**が始まる。もちろんアフリカは「無主の地」などではなく、そこには独立した諸王国が存在していた。しかし彼らはたがいに対立しており、ヨーロッパ列強はアフリカの内部対立をうまく利用して、軍事占領をすすめていったのである。

ベルリン会議の翌年一八八五年から八六年にかけて、イギリスはケニアとナイジェリアを、フランスはマダガスカルを、ドイツは東アフリカ（タンガニーカ）と南西アフリカ（ナミビア）を、イタリアはエリトリアをそれぞれ獲得した。さらに、フランスはサハラ地方の領有をすすめていく。

その結果、この世紀転換期にエチオピア帝国とリベリアをのぞくすべてのアフリカ大陸の土地が、ヨーロッパ諸国によって植民地化された。一八七〇年代には大西洋ネットワークやインドへの航路にとって必要な沿岸部の一部の土地だけをヨーロッパの海洋帝国は支配していた。しかし一九世紀末には大陸の奥地にまで土地の支配がすすめられていったのである。ネットワークから「帝国」への転換を象徴する現象であった。

ビスマルク辞任とシベリア鉄道

ベルリン会議を主催したビスマルクは、無用な国際対立をもたらす領土拡大には慎重で、列国の利害調整をおこないつつ対フランス同盟網を強化していった。一八八七年にロシアとオーストリアとの対立によって彼らとの同盟関係が崩壊すると、ビスマルクはロシアと個別に**再保障条約**を結んで、ロシアを敵にまわすことがないようにした。

しかし翌一八八八年に即位した新皇帝**ヴィルヘルム二世**が、ビスマルクの方針と対立すると、一八九〇年にビスマルクは宰相を辞任し、彼の時代はおわった。新皇帝は再保障条約の更新を拒否してロシアと敵対関係に入った。ロシアはフランスに接近し、一八九一年には**露仏同盟**の締結が約束された（調印は一八九四年）。

露仏同盟によってフランスはロシアという投資先をみいだした。ロシアはフランス資本を元手に一八九一年から**シベリア鉄道**の建設を開始し、それにともない重工業を中心とする工業化が進展した。ロシアはすでに帝都ペテルブルクとモスクワを結ぶ鉄道、さらにそこからウラル地方にいたる鉄道を完成させていた。シベリア鉄道はさらに東方に線路をのばし、極東のウラジヴォストークまで、ユーラシア大陸を横断する世界最長の鉄道となる。

この鉄道が完成すれば、従来モンゴル以来の馬とそりで移動していたシベリア・ネットワークが緊密化し、ロシア経済のポテンシャルが高められるのみならず、ロシアの極東・中央アジア進出がいっそうすすむことになる。このことを最も警戒したのが、中国とインドに大きな利害をもつイギリスであった。ドイツ皇帝ヴィルヘルム二世は、こうしたロシア・イギリスの国際対立を利用して、イギリスを同盟に引きいれ、露仏同盟によるリスクを軽減しようと考えていた。一八九〇年代、ビスマルクの退陣により「帝国」間の国際関係が大きく変貌していった。

日清戦争

ロシアはウラジヴォストーク建設によってアジア海洋ネットワークへの進出の機会をうかがっていた。そんな折、清帝国と日本との板挟みにあって苦悩する朝鮮王国が、ロシアへの接近をはかった。ロシアは朝鮮に拠点をつくって、ウラジヴォストークの極東艦隊を東アジアに展開できる可能性を得た。

しかし、ロシアの朝鮮進出を警戒するイギリスは、一八八五年に突如軍を派遣し、朝鮮近海の巨文島《コムンド》を占領した。巨文島は朝鮮半島南岸と済州島のあいだに位置し、ここをおさえればロシア極東艦隊は朝鮮海峡を容易に通過できない。朝鮮近海をめぐって英露の軍事衝突もささやかれていた。

朝鮮での実権をにぎる北洋艦隊の李鴻章は、イギリスとロシアのあいだを仲介し、衝突は回避された。衝撃を受けたのは日本である。一八七〇年代以来、日本は朝鮮半島進出をねらっていたにもかかわらず、清によってはばまれ、ここにきてヨーロッパ列強の進出がはげしくなってきたのだ。もし朝鮮半島が英露対立の舞台ともなれば、発展途上の日本はまきこまれ、朝鮮進出への野心もはばまれる。

一八九一年、シベリア鉄道のウラジヴォストーク側からの着工式典に出席する途中、日本にたちよっていたロシア皇太子ニコライが滋賀県大津で斬りつけられるという事件があった（大津事件）が、懸念された外交問題には発展せず、日本政府としてはことなきを得た。

日本は朝鮮進出の機会をうかがっていた。一八九四年に半島南部を中心に発生した甲午農民戦争（東学党の乱）は、絶好の機会となり、日本軍は朝鮮半島に派遣された。そこで李鴻章の清軍と対立し、**日清戦争**が勃発した。戦争は日本優位ですすみ、清の北洋艦隊はやぶれ、日本が勝利を収めて一八九五年に**下関条約**が締結された。

下関条約によって朝鮮王国の清からの独立が確認され、遼東半島・台湾・澎湖諸島が清から日本に割譲された。また、日本は賠償金二億テールを獲得し、第二次産業革命のための資本を得た。日本は朝鮮半島と台湾を結ぶ東アジア海洋ネットワークの覇者となり、さらに海外領土を獲得したことで「帝国」の仲間入りをした。清帝国は最後の朝貢国である朝鮮王国を失い、伝統的な冊封体制はついに崩れ去った。

「帝国」の中国侵略

一方清は講和にのぞむ前にヨーロッパ諸国と交渉し、日本を牽制する約束をとりつけていた。東アジア海域に進出をはかるロシア・フランス・ドイツは日本にたいする**三国干渉**をおこない、遼東半島を清に返還させた。清としては日本に一矢報いたかたちになる。

清はロシアと密約（露清条約）を結び、三国干渉のみかえりとして**東清鉄道**の敷設権をロシアに与えた。これによってウラジヴォストークからロシア領を北に迂回せずに、まっすぐ清の領内をとおってシベリア鉄道に直行できるようになった。ハルビンから南下すれば遼東半島に出ることができる。ロシアはシベリア鉄道の東方路線の開通を加速させるとともに、満洲進出の足がかりを得た。

ところで、日本は下関条約によって欧米諸国と同様の通商上の特権を清において得ることになった。それだけでなく、日本は中国の開港場での企業経営権を獲得した。これは北京条約などにはない新しい条項だったので、欧米諸国も最恵国待遇によって適用されることになった。

その結果、イギリスやフランスの企業は次々と中国に進出していく。清としても日清戦争に敗れたことで近代化政策をさらに加速させるため、鉄道の敷設や鉱山の開発によって重工業の育成をしなければならない。その資金は外国からの借款に頼るしかなかった。ヨーロッパ列強は資金を提供するかわりに、自国のみ排他的に企業進出と開発をおこなう特定の地域を設定することを清政府と契約した。これを**勢力圏**（勢力地域）という。

他方で内陸部への進出とアジア海洋ネットワークの拠点は、それぞれの国が「**租借地**」（期限つきで借りうける土地）という形式で直接領有した。これは事実上の植民地である。一八九八年、ドイツが山東省におけるドイツ人宣教師殺害事件を口実に、**膠州湾**《こうしゅうわん》を租借したのが最初の事例である。ドイツは膠州湾を足がかりに山東半島を勢力圏にした。

ドイツに対抗してイギリスもまた、山東半島先端の威海衛を租借した。ロシアは遼東半島南端の**旅順・大連**を租借し、ハルビンと旅順とのあいだに**東清鉄道の支線**を建設していった。これによってシベリア鉄道は南進し、ついに渤海・黄海に達した。ユーラシア大陸のシベリア・ネットワークが東アジア海洋ネットワークに直接結びついたのである。これはモンゴル帝国以来の大事業といえよう。

日本もまた領有した台湾の対岸にあたる**福建省**を勢力圏とした。地図を見ると、朝鮮半島・九州・沖縄諸島・台湾・福建省ですっぽりと東シナ海の外縁をおおっていることがわかる。日本は戦略的に東シナ海ネットワークを支配しようとしていた。そのネットワークの中心は九州にあり、この地に**官営八幡製鉄所**が建設された。

このように一九世紀末の東シナ海では、世界の海洋覇権をにぎるイギリス、新興工業国ドイツ、南下するロシア、そして朝鮮と台湾から覇権をうかがう日本という四カ国が、東アジア海洋ネットワークの覇権をめぐってはげしく勢力争いをしていたのである。

アメリカの太平洋ネットワーク構築

一八八〇年代のアメリカは重工業生産世界第一位を維持し、不況しらずの状況を維持していた。一八六九年に開通した大陸横断鉄道につづいて、一八八三年には北太平洋鉄道（ダルース～ポートランド間）と南太平洋鉄道（ニューオーリンズ～ロサンゼルス間）が開通した。内陸部の資源が開発され、電信網が整備され、移民の労働力がどんどん投入されていった。

そうして一八九〇年にフロンティアの消滅が宣言された。もはやアメリカは大陸の隅々まで開拓しつくし、国内市場にも限界が見えてきた。そこで海洋覇権への注目が高まる。マハンの『海洋権力史論』が発表されたのはこの年である。

実際にアメリカで本格的に大海軍力（シー・パワー）が重視されるのは、一八九七年に就任した**マッキンリー大統領**のときである。まず一八九八年の**アメリカ・スペイン戦争**に勝利して、**グアム・フィリピン・プエルトリコ**を獲得し、キューバを事実上の保護国にした。

これは一六世紀以来衰退しつつも存続していたスペイン海洋ネットワークの遺産をアメリカがうけついだことを意味する。大西洋とインド洋についてはポルトガル・オランダ・イギリスとさまざまな海洋帝国がネットワークの支配権を争っていたが、カリブ海と太平洋についてはスペインが一九世紀まで支配しつづけていたのである。

さらにアメリカは、一八九八年に**ハワイ**を併合した。これによりアメリカ西海岸からハワイ・グアム・

フィリピンへの太平洋ネットワークが確立する。フィリピンのマニラはアジア初の開港場で、ここから既存のアジア海洋ネットワークに接続できる。

太平洋の海洋帝国たらんとするアメリカは当然中国への進出をはかる。ヨーロッパ列強が勢力圏を相次いで獲得するなか、アメリカ国務長官ジョン・ヘイは一八九九年から翌年にかけて、「門戸開放・機会均等・領土保全」の宣言を発して中国侵略を牽制した。

孫文とアジア民族主義者ネットワーク

もはや清帝国は死せる獅子も同然であった。なすすべなく列強に蹂躙される清帝国をみかぎり、新しい中国をつくろうとする革命家たちが登場する。彼らは一九世紀に世界的に拡大した華僑ネットワークのなかで成長した。

孫文は広東省に生まれたが、若いころ華僑の兄を頼ってハワイに行き、キリスト教の教育をうけた。孫文はいったん中国に戻るが、一八九四年、日清戦争をうけてふたたびハワイに戻り、華僑の同志とともに興中会を結成する。孫文は日清戦争がおわると広東で反清の武装蜂起をこころみたが、失敗した。

その後孫文は日本に亡命した。やはり華僑ネットワークがあったためだが、それだけでなく当時の日本が、東アジア・ネットワークの中心にあり、国際的な人間関係がつくりやすかったためであろう。日本の大学にも多くの中国人やベトナム人などの知識人がきそって留学していた。

さて、東京にやってきた孫文だが、大陸浪人の宮崎滔天《とうてん》や政治家の犬養毅が住居を世話するなどして彼を支援し、武装蜂起のための武器や資金の調達まで助けてくれた。彼らが孫文を助けた理由はさまざまだが、アジアの自由と解放のために連帯しようと情熱を注いだことは確かである。

一方、清帝国では光緒帝《こうしょてい》のもとにつどった若手官僚や知識人が、日本をモデルとした立憲国家に変革しようと皇帝を動かした。一八九八年、光緒帝は公羊学派《くようがくは》の康有為《こうゆうい》やその弟子の梁啓超《りょうけいちょう》らを起用し、矢継ぎ早に変法自強の改革をおこなった。しかし西太后ら保守派が反変法のクーデタ（戊戌《ぼじゅつ》の政変）をおこし、改革は三カ月余りで挫折した。

康有為と梁啓超は日本に亡命した。とくに梁啓超は日本で康有為派の思想を広めるための雑誌を刊行し、中国の国民形成のための啓蒙活動につとめるとともに、日本の知識人や日本に留学してくるアジア各地の民族主義者たちと交流していく。

一九世紀末から二〇世紀初頭にかけての日本には、中国からは孫文や梁啓超、朝鮮からは開化派の金玉均《キムオッキュン》、ベトナムからは東遊《ドンズー》運動をおこすファン・ボイ・チャウらがつどい、彼らを日本のアジア主義者が支援していた。また、フィリピンで欧米支配に抵抗するアギナルドは日本に支援を要請した。このように、従来の華僑ネットワークをベースとしつつ、一九世紀末からアジア民族主義者たちは日本を拠点とする人的ネットワークを形成していったのである。

アフリカ縦断政策と横断政策

一方、アフリカ分割をすすめるイギリスとフランスの「帝国」には一定の傾向が生まれてきた。イギリスはエジプト保護国化によってエジプト領スーダンのマフディーの乱にまきこまれ、これが泥沼化するなかでスーダンのみならず、その南のケニア・ウガンダ領有へと、支配を南下させていった。

さらに南アフリカの英領ケープ植民地では、一八九〇年にケープ首相に就任したセシル・ローズが金やダイヤモンドの資源をねらって北上し、ローデシア植民地を建設した。これはドイツの東アフリカ進出に対抗

カイロとケープタウンのあいだを
電線で結ぶセシル・ローズの風刺画

する意味もあった。彼はケープとカイロのあいだを電信と鉄道で結ぶ計画をたてていた。これがイギリスの**アフリカ縦断政策**と呼ばれるものである。

一方フランスは、アルジェリアから南下してサハラ地方を領有し、東進していった。めざす先は紅海沿岸のジブチで、これをフランスの**アフリカ横断政策**とよぶ。縦断政策と横断政策は一八九八年に**ファショダ事件**という形で衝突の危機を迎える。しかし衝突は回避され、イギリスはようやくマフディーの乱を鎮圧してスーダン支配を確立した。

イギリス帝国がアフリカ領有をすすめるのにはいくつか理由があったが、戦略的にはインドへの海洋ネットワークを独占することがあった。イギリス本国とインド帝国を結ぶ道、いわゆる**エンパイア・ルート**はエジプトのスエズ運河をとおるルートとアフリカ南端をとおるルートの二つしかない。カイロとケープタウンを結ぶという発想も、基本的にはこのエンパイア・ルートの二大拠点を結ぶことからきている。

もう一つは南アフリカの**金**と**ダイヤモンド**の獲得である。「世界の銀行」となったイギリス・ロンドンには世界中の手形が集まり、決済されていく。そのために大量の金準備が必要だった。ラテンアメリカとの貿易で得られる金では不足しており、ローデシアの金は帝国の維持に必要不可欠であった。

一八九九年、イギリスはさらなる金獲得のために、**ブール人**（オランダ系アフリカ人）がイギリスに追われて建国したトランスヴァール共和国とオレンジ自由国を侵略した。この**ブール戦争**（**南アフリカ戦争**）は長期

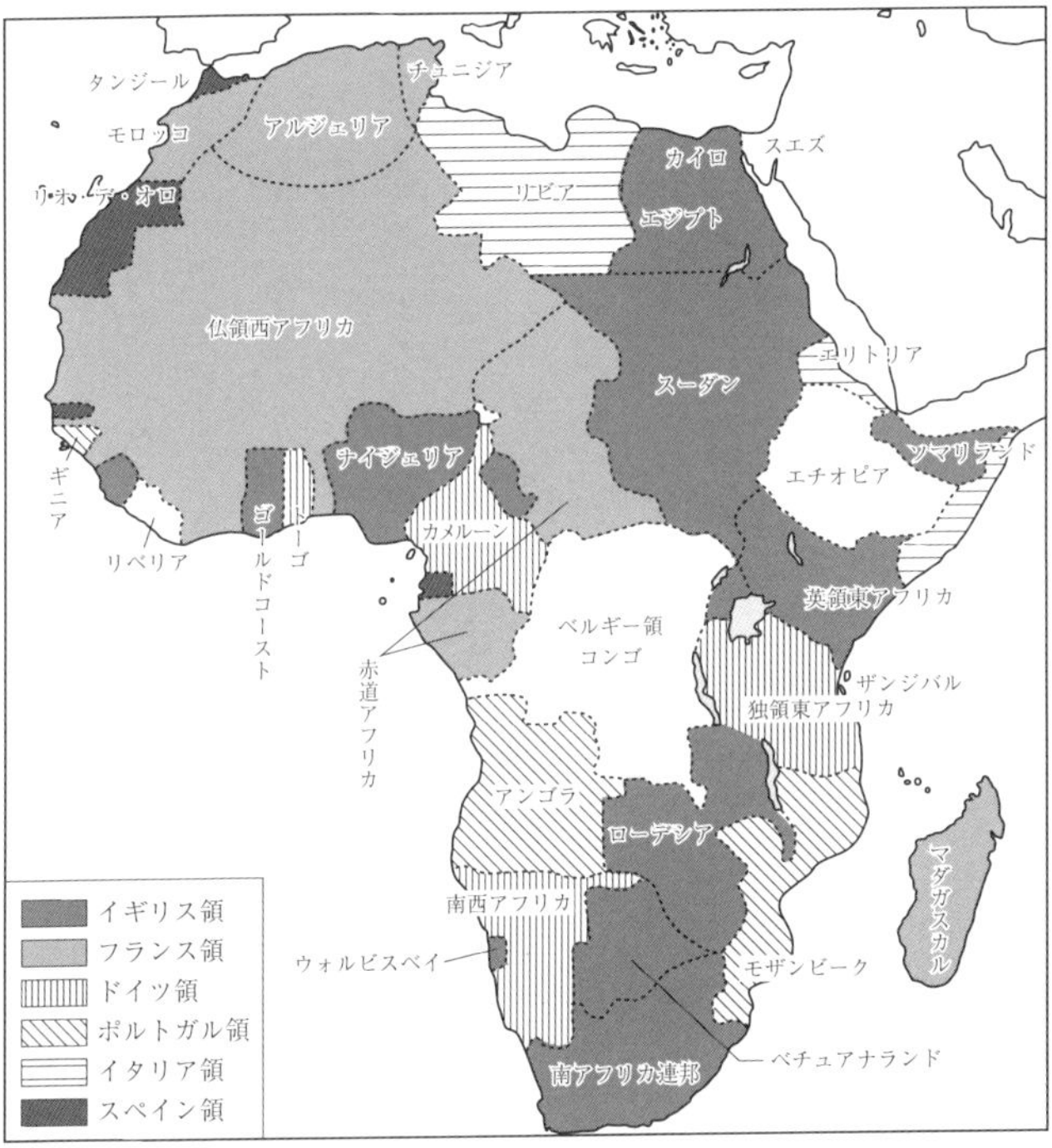

アフリカ分割

化し、イギリス帝国を苦しめることになる。一九世紀末、イギリスはマフディーの乱やブール戦争によって多大な戦争コストをはらい、アフリカ侵略をすすめていったのである。

ドイツ帝国の新航路

エジプトからさきの海洋ネットワークについては、イギリスはすでにアデンをおさえて紅海ルートを掌握していたが、さらに一八九〇年代には**クウェート**などのペルシア湾岸の首長国を保護国化して、ペルシア湾ルートも確保した。ところがこのペルシア湾ルートに挑戦する勢力があらわれた。

それはドイツ帝国である。ヴィルヘルム二世のドイツは、重工業を中心とする経済大国化を実現したが、「帝国」の形成には出遅れた。そのぶんイスラーム世界におけるドイツの印象はよかった。オスマン帝国は英仏露の侵略に対抗するために、いまだ中東に対して手の汚れていないドイツをパートナーに選び、同盟関係を結んだ。

「**世界政策**」と称する対外膨張政策をかかげるヴィルヘルム二世は、オスマン帝国をつうじてアジアへの進出をこころみる。一八九九年、ドイツはオスマン帝国から**バグダード鉄道の敷設権**を獲得した。ベルリンからバルカン半島へとのびる鉄道をイスタンブル（ビザンティウム）、バグダードへと結ぶ、いわゆる「**3B政策**」が着手される。

「3B政策」とは何であろうか。三つのBをつないだ先には、実はもう一つのB、つまりペルシア湾にのぞむ港湾都市バスラがあった。ドイツは鉄道のみならず、**バスラ築港権**もオスマン帝国から約束されていた。これが完成すれば、ベルリンからペルシア湾まで鉄道ネットワークが結びつく。いうまでもなく、ペルシア湾ルートは古来からの海洋ネットワークにおける主要な「インドへの道」である。

こうしてドイツはイギリスのエンパイア・ルートに挑戦したのである。イギリスとドイツはインドへのネットワークをめぐってはげしく対立することになり、第一次世界大戦への道が開かれた。

エピローグ　二〇世紀から現代へ

シベリア鉄道の完成

一九世紀にグローバル・ネットワークは緊密化した。陸上では鉄道、海上では蒸気船のネットワークがはりめぐらされ、電信網の発達によって情報伝達のスピードも信じられないほど高速化した。

大陸横断鉄道とスエズ運河の開通によって短くなったグローバル・ネットワークの距離を、さらに縮めた大事業が、二〇世紀のはじめに二つある。**シベリア鉄道**と**パナマ運河**である。まずこの二つの事業を中心に、第一次世界大戦までのネットワークの歴史を簡単にみてみよう。

まずシベリア鉄道の開通である。シベリア鉄道は一九〇四年にモスクワからウラジヴォストークまでを結び、一応の完成をみた。これによって、蒸気船の最短航路よりもさらに短い時間で極東からヨーロッパまで直行することができる。

このときロシアは満洲と朝鮮半島の利権をめぐって日本と過酷な戦いをくりひろげていた。**日露戦争**である。両者ともに疲弊したが、日本はからくもこの戦争に勝利し、一九〇五年のポーツマス条約によって南樺太のほか、旅順・大連の租借権、長春から大連までの東清鉄道支線をロシアから獲得した。日本は**南満洲鉄**

道株式会社（満鉄）をつくり、この鉄道ネットワークを守るために関東軍を配置するのである。

近代日本の「帝国」ネットワーク

さらに、日本は朝鮮半島の支配権をかためていき、一九一〇年に**日韓併合条約**を結んで、朝鮮総督府のもとで植民地統治をおこなうようになった。

これにより、近代日本の「帝国」ネットワークが成立した。日本は下関・北九州をアジア進出の始点とし、釜山から中国東北部まで鉄道ネットワークを結びつけた。そこから北にいけばシベリア鉄道にはいり、ヨーロッパまで最短の大陸横断路がひらける。満洲から南にいけば旅順・大連で、遼東半島から東シナ海にでることができる。

東京での孫文（右端）
（中央後方にいるのが宮崎滔天）

南方の海洋ネットワークの拠点となるのは沖縄と台湾である。これらの拠点の重要性は、一五～一七世紀「大交易時代」のネットワークをふりかえれば明らかである。日本は**環東シナ海ネットワーク**の覇権をめざしたのだということができる。それより南方は事実上イギリス帝国が支配する海洋ネットワークとつながり、アジア間貿易を展開した。

このように東アジアの中心にあった日本では、一九〇五年に亡命中の孫文が東京で革命諸派を糾合し、**中国同盟会**を結成するなど、アジアの民族主義者ネットワークがさかんに活動していた。

一九一一年、辛亥革命《しんがい》がおこり孫文を臨時大総統とする中華民国が建国され、翌年宣統帝が退位して清朝が倒れたのも、彼らの活動の延長線上にあったともいえる。その後袁世凱が独裁政権をにぎると、一九一四年、孫文はやはり東京に亡命し、中華革命党を結成した。孫文はこのとき、支援者の梅屋庄吉《うめやしょうきち》を媒酌人として、「宋家の三姉妹」宋慶齢と結婚している。

パナマ運河とネットワークの完結

つぎにパナマ運河である。一九世紀末からアメリカ合衆国は海洋覇権国家への道をつきすすみ、西海岸からフィリピンへの太平洋ネットワークを築いた。二〇世紀にはさらにカリブ海ネットワークの支配を強めていく。

一九一三年に大統領に就任したウィルソンは、「善隣外交」などと称してアメリカのソフトパワーによる支配を強調したが、実態は「帝国」的支配の拡大であった。一九一四年にヨーロッパで第一次世界大戦が勃発し、ヨーロッパ列強は戦争以外のグローバルな問題に対する関心を低下させていた。そのすきに、アメリカはカリブ海支配をかためる。

すでに事実上の保護国としたキューバにつづいて、一九一二年にニカラグア、一九一五年にハイチ、一九一六年にドミニカ、一九一六年にヴァージン諸島（デンマークから購入）を強力な海軍力によって支配していく。一九一四年のパナマ運河開通も、このアメリカによるカリブ支配の文脈で考えるべきであろう。

アメリカの手によってコロンビアから分離独立させられ、運河地帯をアメリカに租借されたパナマは、イギリスにとってのエジプトと同様、アメリカの事実上の保護国となっていた。パナマ運河開通によってアメリカは太平洋とカリブ海を直接海路でつなぎ、大西洋以西のグローバル海洋ネットワークを手にする要を得たのである。
シベリア鉄道とパナマ運河の開通によって、グローバル・ネットワークはさらに緊密化した。海と陸の最短ルートが開拓され、もうこれ以上のネットワークの短縮化はなくなる。本書が主題とする、国や民族をこえてつながるネットワークの歴史は、これをもって完成したといえよう。

自動車と航空機

残りの二〇世紀におけるネットワークの発展は、いつの時代もかわらぬ覇権争いと、移動手段・通信手段の著しい進歩に限定される。二〇世紀初頭に発明された二つの移動手段は、第二の交通革命をもたらした。**自動車と飛行機**である。

一九世紀末にダイムラーが発明した自動車は、アメリカのアイルランド系移民の子であったフォードによって大量生産され、一九二〇年代に自動車の時代が到来した。それとともに各国での道路整備がすすんでいく。

飛行機はやはりアメリカのライト兄弟によって開発され、一九〇三年にはじめての飛行に成功した。その後飛行機は急速に発展し、第一次世界大戦で軍用機に転用され、第二次世界大戦後に大型旅客機による民間の大量輸送が可能になった。

とくに飛行機の発展は、古くからの大陸と海洋のネットワークにおける自然環境の制約を、文字どおり飛びこえてしまった。**航空ネットワーク**は、補給基地と離発着の空港の用地を必要とするだけで、航空技術の発達とともに、徐々に地形は関係なくなっていく。

これらの新技術は総じて第一次世界大戦と第二次世界大戦という二つの戦争にもちいられることで、飛躍的な進歩を遂げていった。

委任統治のネットワーク

一九一八年、第一次世界大戦はドイツの敗戦によって幕をおろした。翌年以降、**ヴェルサイユ条約**をはじめとする講和条約が結ばれ、ドイツのすべての海外領土はとりあげられ、これをふくむ敗戦国の領土は、国際連盟の管理のもと「**委任統治**」という方法で各国に再分配された。

委任統治によっていくつかの「帝国」ネットワークの変化があった。まずイギリスは、一九二〇年のセーヴル条約で、敗戦国オスマン帝国の領土であったイラク・パレスチナを委任統治下においたが、これはドイツがもっていたバグダード鉄道の利権を奪いとったことも意味する。イラクは一九三二年に独立するが、イギリスはペルシア湾ルートをがっちりと手中におさめていた。

アフリカではドイツ領東アフリカなどがイギリスの委任統治となり、これによってエジプトから南アフリカまでがイギリス帝国の領土（自治領ふくむ）として結びついた。つまり、イギリスのアフリカ縦断政策が完成したといえる。

ただ、エジプトは一九二二年に立憲王国として独立した。しかしこの場合でもイギリスは**スエズ運河の管理権**を掌握しており、イギリス帝国の海洋ネットワーク支配はゆるがなかった。

このように、イギリス海洋帝国は、ドイツによるネットワークへの脅威をことごとく回収し、帝国ネットワークを完成させた。ここに、第一次世界大戦はグローバル・ネットワークをめぐるイギリス帝国にたいするドイツの挑戦と、その敗北であったという一面をみることができよう。

また、ドイツは太平洋南部の**ミクロネシア**を植民地として領有していたが、第一次世界大戦中に日本軍が侵攻し、そのまま戦後の委任統治をまかされた。これによって日本は、東シナ海だけでなく南太平洋へと海洋ネットワークを広げることになった。

日本列島から小笠原諸島、さらに南下してマリアナ諸島・カロリン諸島やビスマルク諸島などミクロネシア、そしてニューギニア東北部にいたる日本の太平洋ネットワークが成立し、植民地経営がおこなわれていく。のちの「大東亜共栄圏」の一角が形成されたことになる。

第二次世界大戦への道

他方で日本は、一九三一年の**満洲事変**と翌年の「満洲国」建設によって国際的に孤立を深め、一九三三年に国際連盟を脱退した。そんななか、日本のパートナーとして急浮上するのがドイツである。

日本とドイツを結びつけたのは、反共産主義というイデオロギーであった。一九一七年の**ロシア革命**によって成立した、レーニンを首班とするボリシェヴィキ政権は、一九一九年に**共産主義インターナショナル**（コミンテルン）を結成し、世界各国の共産主義者を結びつけて世界革命をめざした。一九二二年には革命後の混乱を収拾し、**ソヴィエト社会主義共和国連邦**（ソ連）が成立した。

ある意味で、この共産主義ネットワークの脅威に対抗したのがファシズムのネットワークといえるかもしれない。一九三三年一月にドイツで政権をにぎったナチ党のヒトラーは、一九三六年に日本と日独防共協定を結び、翌年イタリアのムッソリーニ政権もくわわり、**三国防共協定**となる。

しかしファシズム諸国は共産主義と対決するというよりは、英仏米の自由主義国を中心に構築されたヴェルサイユ・ワシントン体制を破壊する方向にむかった。一九三七年には盧溝橋事件を契機に**日中戦争**がおこり、日本軍は中国本土への侵略を開始した。ナチス・ドイツは一九三八年にオーストリアを併合し、さらにチェコに侵攻する。

その結果、英仏との対立からドイツとの同盟に利益を見出したスターリンは、一九三九年八月に**独ソ不可侵条約**を結び、日本をふくむ世界を驚かせた。そして、翌月にナチス・ドイツはポーランドに侵攻し、**第二次世界大戦**が勃発することになる。

ネットワークからみる第二次世界大戦

第二次世界大戦もまた、「帝国」同士のネットワークをめぐる攻防であったとみなすこともできる。日本とドイツは、ユーラシア大陸の両端にあり、海洋ネットワークをイギリスが支配していたため、直接結びつくのは困難であった。しかし独ソ不可侵条約によって、日本（満洲）とドイツはシベリア鉄道で結びつくことになった。

一九四〇年にはドイツはフランスを降伏させた。ここでナポレオン戦争期の東南アジアと同じ現象がおこった。宗主国が消滅したことで政治的空白地となったフランス領インドシナに、日本が侵攻したのである。日本は**南進**、すなわち海洋ネットワークの南シナ海への拡大へと方向性を定めた。

一九四一年六月、**独ソ戦**が始まり、日独を結びつけていたシベリア鉄道のネットワークが断絶した。このころアメリカはイギリスやソ連に武器を貸与するとともに、日本にたいする経済制裁（日本側はこれを「ABCD包囲網」とよんだ）を実施していた。さらに、日中戦争を戦う重慶の国民政府にたいしては、ビルマ経由の「**援蔣ルート**」をつうじて物資を送っていた。

このように、日本は同盟国と結びつくネットワークを断絶されて苦境に追いこまれていく。こうして日本は、東南アジアと太平洋の海洋ネットワークに活路をみいだすべく、一九四一年一二月に**太平洋戦争**をおこした。

日本は「大東亜共栄圏」と称して、東南アジアの全域と中・南部太平洋を占領するが、戦争遂行のために物資は収奪され、占領行政のため自由な移動も制限された。さらに、グローバル・ネットワークと切り離された閉鎖的な経済圏だったために、各地で経済的な困窮状況が発生した。

例えばインドネシアでは、砂糖・石油・ゴム・錫などの国際的な販路を失って、輸入に依存していた工業製品も不足し、フィリピンでも輸入依存製品の不足が深刻な問題になった。これまでみてきたように、東南アジアの海洋ネットワークはそれ以外の地域と自由に結びついてこそ、最大の利益をうみだすのに、日本はまったく逆の統治をおこなったのである。

アメリカをはじめとする連合軍の攻勢にドイツや日本は敗北を続けた。アメリカは着実に日本の海洋ネットワークの拠点を奪い取っていき、南太平洋からサイパン島、硫黄島、そして沖縄へと侵攻していく。

これまでアメリカは、ハワイ、グアム島、フィリピンなど点在的に海洋拠点をもっていたにすぎず、太平洋覇権をにぎったとは言い難い状況であった。しかし太平洋戦争の過程で、アメリカは太平洋のすみずみまで海上ネットワークをはりめぐらせていき、太平洋をアメリカ海洋帝国の海にしていったのである。むろん、現在の沖縄米軍基地をみてもわかるように、戦後日本はこのアメリカ海洋帝国に組みこまれたのである。

一九四五年五月にドイツが、八月に日本が無条件降伏し、民間人や軍人問わず膨大な犠牲者をだした第二次世界大戦は終結した。

現代世界のネットワーク

第二次世界大戦後、世界はアメリカを中心とする資本主義陣営とソ連を中心とする社会主義陣営とにわかれ、**冷戦**の時代へと突入した。以後のネットワークの歴史については、もはや新しく語るべきことは多くないように思われる。

一九八九年のマルタ会談、東欧民主革命、そして一九九一年のソ連崩壊によって、冷戦は一応の終わりを迎え、アメリカを中心とする**グローバル化**（グローバリゼーション）の時代がやってきた。これは国家間の対立の時代が終わり、国境を越えた地球規模の交流が始まったことを意味する。

さらに、冷戦期の軍事技術の開発競争のなかでうまれた、コンピューターや電子通信技術が、二〇世紀末に**インターネット**や**携帯電話**の技術として確立した。もちろん大型の旅客機や新幹線などによって、人・モノ・情報の伝達はさらに高速化し、その規模も飛躍的に大きくなっていった。

一六世紀に始まる世界の一体化は、ここにグローバル化というかたちで完成した。私たちは大陸や海洋を結ぶネットワークを経なくとも、個々人が簡単に地球規模で結びつくというかつてない時代を迎えているのである。

グローバル・ヒストリー文献案内

本書は、世界史教科書の記述を用いたグローバル・ヒストリーを試みたもので、その内容はもちろん「教科書レベル」である。さらにグローバル・ヒストリーについて深く知りたいという方のために、ここに入門的な文献案内を記す。

リスト化にあたってはまず、①日本語で読めること、②書店や図書館での入手が容易であること、③専門家以外にも読める平易さがあること、が必要ではないかと考え、古典的文献をのぞけば文庫や新書などで読めるものを優先的にまとめた。それ以外にも筆者の目についた作品は、研究書でも一部とりあげている。ただ、世界史関連の出版点数は膨大な数にのぼるため、網羅的なリストにはなっていないことをご了承いただきたい。

グローバル・ヒストリー／世界史全般

秋田茂（二〇一二）『アジアからみたグローバルヒストリー――「長期の18世紀」から「東アジアの経済的再興」へ』ミネルヴァ書房。

秋田茂・桃木至朗編（二〇一三）『グローバルヒストリーと帝国』大阪大学出版会。

秋田茂・桃木至朗編（二〇一六）『グローバルヒストリーと戦争』大阪大学出版会。

秋田茂・永原陽子・羽田正・南塚信吾・三宅明正・桃木至朗編（二〇一六）『「世界史」の世界史』ミネルヴァ書房。

アブー＝ルゴド／佐藤次高・斯波義信・高山博・三浦徹訳（二〇〇一）『ヨーロッパ覇権以前――もうひとつの世界システム』上・下、岩波書店。

ウォーラーステイン／川北稔訳（二〇一三）『近代世界システムⅠ～Ⅳ』新版、名古屋大学出版会。

大阪大学歴史教育研究会編（二〇一四）『市民のための世界史』大阪大学出版会。

小田中直樹・穂刈浩之編（二〇一七）『世界史／いま、ここから』山川出版社。

カーティン／田村愛理・中堂幸政・山影進訳（二〇〇二）『異文化間交易の世界史』NTT出版。

加藤祐三・川北稔（一九九八）『アジアと欧米世界』中央公論社〈世界の歴史25〉（中公文庫二〇一〇）。

川勝平太編（二〇〇二）『グローバル・ヒストリーに向けて』藤原書店。

杉原薫（一九九六）『アジア間貿易の形成と構造』ミネルヴァ書房。

杉山伸也（二〇一五）『グローバル経済史入門』岩波新書。

羽田正（二〇一一）『新しい世界史へ――地球市民のための構想』岩波新書。

フランク／山下範久訳（二〇〇〇）『リオリエント――アジア時代のグローバル・エコノミー』藤原書店。

ポメランツ／川北稔監訳（二〇一五）『大分岐――中国、ヨーロッパ、そして近代世界経済の形成』名古屋大学出版会。

水島司編（二〇〇八）『グローバル・ヒストリーの挑戦』山川出版社。

水島司（二〇一〇）『グローバル・ヒストリー入門』山川出版社〈世界史リブレット〉。

宮崎正勝（二〇〇四）『グローバル時代の世界史の読み方』吉川弘文館〈歴史文化ライブラリー〉。

宮崎正勝（二〇一五）『「空間」から読み解く世界史――馬・航海・資本・電子』新潮選書。

家島彦一（二〇一三）『イブン・ジュバイルとイブン・バットゥータ――イスラーム世界の交通と旅』山川出版社〈世界史リブレット人〉。

環大西洋・ヨーロッパ

秋田茂（二〇一二）『イギリス帝国の歴史――アジアから考える』中公新書。

工藤章・田嶋信雄編（二〇〇八）『日独関係史1890―1945 I〜III』東京大学出版会。

工藤章・田嶋信雄編（二〇一七）『ドイツと東アジア1890―1945』東京大学出版会。

玉木俊明（二〇一四）『海洋帝国興隆史――ヨーロッパ・海・近代世界システム』講談社選書メチエ。

玉木俊明（二〇一五）『ヨーロッパ覇権史』ちくま新書。

坂東省次・椎名浩（二〇一五）『日本とスペイン　文化交流の歴史――南蛮・キリシタン時代から現代まで』原書房。

ベイリン／和田光弘・森丈夫訳（二〇〇七）『アトランティック・ヒストリー』名古屋大学出版会。

南塚信吾・秋田茂・高澤紀恵編（二〇一六）『新しく学ぶ西洋の歴史――アジアから考える』ミネルヴァ書房。

環境・疫病

アーノルド／飯島昇藏・川島耕司訳（一九九九）『環境と人間の歴史――自然、文化、ヨーロッパの世界的拡張』新評論。

上田信（二〇〇六）『東ユーラシアの生態環境史』山川出版社〈世界史リブレット〉。

ダイアモンド／倉骨彰訳（二〇〇〇）『銃・病原菌・鉄――一万三〇〇〇年にわたる人類史の謎』上・下、草思社（草思社文庫二〇一二）。

マクニール／佐々木昭夫訳（一九八五）『疫病と世界史』新潮社（中公文庫二〇〇七）。

見市雅俊（一九九四）『コレラの世界史』晶文社。

海域アジア

青木康征（一九九八）『海の道と東西の出会い』山川出版社〈世界史リブレット〉。

石澤吉昭（二〇〇九）『東南アジア　多文明世界の発見』講談社〈興亡の世界史〉。

高良倉吉（一九九三）『琉球王国』岩波新書。

高良倉吉（一九九八）『アジアのなかの琉球王国』吉川弘文館〈歴史文化ライブラリー〉。

竹田いさみ（二〇一一）『世界史をつくった海賊』ちくま新書。

長澤和俊（一九八九）『海のシルクロード史――四千年の東西交易』中公新書。

奈良修一（二〇一六）『鄭成功――南海を支配した一族』山川出版社〈世界史リブレット人〉。

羽田正（二〇〇七）『東インド会社とアジアの海』講談社〈興亡の世界史〉。

浜下武志（一九九七）『朝貢システムと近代アジア』岩波書店。

ブローデル／浜名優美訳（一九九一～九五）『地中海Ⅰ～Ⅴ』藤原書店〈普及版二〇〇四〉。

松浦章（二〇〇三）『中国の海商と海賊』山川出版社〈世界史リブレット〉。

桃木至朗（一九九六）『歴史世界としての東南アジア』山川出版社〈世界史リブレット〉。

桃木至朗編（二〇〇八）『海域アジア史研究入門』岩波書店。

中央ユーラシア

荒川正晴（二〇〇三）『オアシス国家とキャラヴァン交易』山川出版社〈世界史リブレット〉。

岩村忍（二〇〇七）『文明の十字路＝中央アジアの歴史』講談社学術文庫。

梅村坦（一九九七）『内陸アジア史の展開』山川出版社〈世界史リブレット〉。

私市正年（二〇〇四）『サハラが結ぶ南北交流』山川出版社〈世界史リブレット〉。

杉山正明（一九九六）『モンゴル帝国の興亡』上・下、講談社現代新書。

杉山正明（二〇〇三）『遊牧民から見た世界史』日経ビジネス人文庫（増補版二〇一一）。

杉山正明（二〇〇八）『モンゴル帝国と長いその後』講談社〈興亡の世界史〉（講談社学術文庫二〇一六）。

林俊雄（二〇〇七）『スキタイと匈奴　遊牧の文明』講談社〈興亡の世界史〉（講談社学術文庫二〇一七）。

林俊雄（二〇〇九）『遊牧国家の誕生』山川出版社〈世界史リブレット〉。

本村凌二（二〇一三）『馬の世界史』中公文庫。

森安孝夫（二〇〇七）『シルクロードと唐帝国』講談社〈興亡の世界史〉（講談社学術文庫二〇一六）。

国際商品

伊藤章治（二〇〇八）『ジャガイモの世界史――歴史を動かした「貧者のパン」』中公新書。

祝田秀全（二〇一六）『銀の世界史』ちくま新書。

臼井隆一郎（一九九二）『コーヒーが廻り世界史が廻る――近代市民社会の黒い血液』中公新書。

小澤卓也（二〇一〇）『コーヒーのグローバル・ヒストリー――赤いダイヤか、黒い悪魔か』ミネルヴァ書房。

川北稔（一九九六）『砂糖の世界史』岩波ジュニア新書。

武田尚子（二〇一〇）『チョコレートの世界史――近代ヨーロッパが磨き上げた褐色の宝石』中公新書。

角山栄（一九八〇）『茶の世界史――緑茶の文化と紅茶の世界』中公新書。

フリン／秋田茂・西村雄志編（二〇一〇）『グローバル化と銀』山川出版社。

山本紀夫（二〇〇八）『ジャガイモのきた道――文明・飢饉・戦争』岩波新書。

和田光弘（二〇〇四）『タバコが語る世界史』山川出版社〈世界史リブレット〉。

おわりに

本書を書こうと思ったきっかけは、高校教師をしていた二年前、ふと思いたって自分の知る世界史教科書とは違う教科書を手にとったことだった。

その教科書には、ほんとうにこの内容を高校生に教えても大丈夫なのだろうかと心配になるくらい、最新の歴史学の研究成果がおりこまれ、遊牧民の興亡や海域アジアの「大交易時代」、ヨーロッパ中心主義を相対化するさまざまな知見などが大胆に構成にくわえられていた。

いまの教科書はこんなに進んでいたのかと驚くとともに、そうした進歩を知らずに十年一日のごとく同じようなプリント授業をしていた自分を恥じた。ときあたかも高大連携の歴史教育改革が聞こえはじめたころでもあり、さっそく現行教科書七冊をそろえて研究を開始した。

あたらしい知識がどんどん増えていくとともに、次第にそれぞれの記述が結びつき、ひとつのストーリーになるような感触があった。古代から現代まで連綿とつながるひとつづきのグローバル・ヒストリーを書くことができるかもしれない。そう思うといてもたってもいられず、さっそく夢中で書きはじめた。これが本当に楽しい作業だった。

こうして本書の原型ができたのだが、もちろん最初から出版するつもりで書いたのではない。せっかく書きあげたのだから多くの人に読んでもらいたいと思い、既知であったミネルヴァ書房の編集者、堀川健太郎氏に原稿を見せて相談をしたところ、出版の運びとなった。原稿を一読しておもしろいといってくださったことがなによりうれしく、あらためて堀川さんに感謝申しあげたい。

ただ世に出るからには、本書が少しでも世界史教育の発展に寄与することができれば、それに勝ることはないと思っている。近い将来、高校歴史教育は大きく変貌し、必修科目としての世界史Aが廃止され、日本史と世界史を総合した「歴史総合」が新設され、あわせて大学入試のあり方にも大ナタが振るわれようとしている。ただ先生の授業を受け身で聞くだけの教育は修正を求められ、生徒が課題をみずから探究し、思考し、創造する新しい教育方法が模索されている。

しかし正直にいって、国史・東洋史・西洋史の伝統が長い歴史研究の現場で、こうした「歴史総合」のような教育モデルを構築することは非常に難しいのではないかと思う。また、高校教師を経験した者としても、現場で課題探究型の授業を、あたえられた短い時間のなかで実践し、歴史を考察するうえで必要な知識を十分に身につけさせるのは、きわめて困難であると率直に感じている。

こうした状況で本書が貢献できるのは、日・東・西の垣根をくずす視点の提示であり、専門家でなくとも、世界中が「結びつく」という単純な発想で世界史を語ることができるという実例を示すことではないだろうか。グローバル・ヒストリーをテーマ学習としてとりあげてもよいだろう。本書は細かい事項をあつかっているようでいて、実は人名などはネットワークに関係するものにとどめたつもりである。それでも関係性や結びつきの発想でストーリーをつむぐことができる。

また、本書は世界史教科書がベースだが、随所で日本史教科書の知識も盛りこむようにしており、「歴史総合」的視角の参考になるのではないかと愚考している。さらに、自然や気候、環境といった地理的情報に着目することで、地理とのリンクも可能であろう。

さて、ひとりの著者が通史でグローバル・ヒストリーを書く、などという蛮勇をふるうことができたのは、当時私がいち高校教師だったからである。これが大学の先生だった場合、通史は大御所の先生でなければ書いてはいけないという雰囲気がある。例えばグローバル・ヒストリーの観点から研究をしている方でも、いざ著書や論文を書くとなれば自分の専門分野から逸脱することはまれである。

そのことが悪いといっているわけではなく、歴史家であれば自分の研究分野について内外の研究書や論文を総覧し、原史料にあたらなければならないのは当然だ。そうした作業を全世界史についておこなうのは不可能である。このため、通史的な本でも複数の著者による論文集になっているのがほとんどである。

本書が成り立ちえたのは、教科書の記述を資料としたからである。高校の教科書に書いてある内容からはずれなければ、専門家でなくともあつかってよい基礎知識といえるのではないだろうか。つまり、本書は世界史B教科書の執筆者すべてのたえまない大変な努力にただ乗りする形で書かれている。教科書を執筆されている先生方に深く感謝するとともに、浅学の身で資料として用いたことを、お許しいただきたい。

そのうえで、専門家ではない歴史家がグローバル・ヒストリーと称した世界通史を書くことに、専門分化した歴史学研究の傾向に小さな風穴をあけるごとき意義をみいだしていただければ幸いである。

本書の完成までにお世話になった方々に謝辞をおくりたい。とくに、構想段階から相談をさせていただいた平野達志氏、最初に完成原稿の通読をしていただいた吉田真也氏、原稿を一方的に送りつけたにもかかわらず好意的に評価してくださった木畑洋一先生（元成城大学教授）、研究報告の機会をあたえていただいた歴史コミュニケーション研究会の柳原伸洋氏（現東京女子大学准教授）はじめ例会参加者のみなさまに、あつくお礼申しあげます。

最後に、旧勤務校である東京成徳大学高等学校の先生方と、すべての教え子たちに感謝を伝えたい。二〇一七年度より大学に転職することになり、期せずして本書は、私が東京ですごした六年間の高校教育活動の総括となった。世界史教員としての貴重な経験がなければ、本書は成立しえなかったであろう。ありがとうございました。

二〇一七年九月

北村　厚

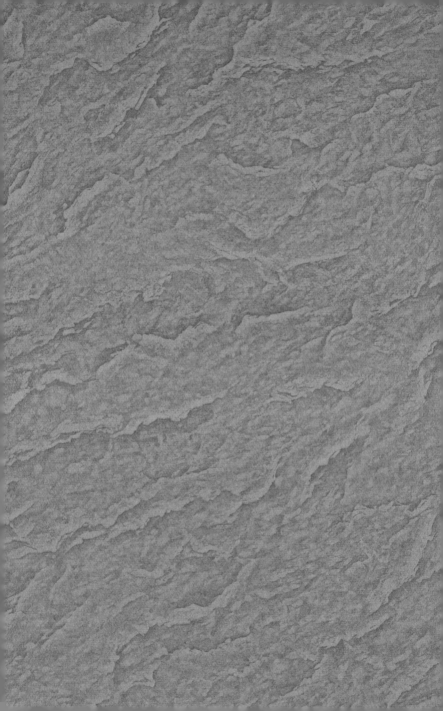

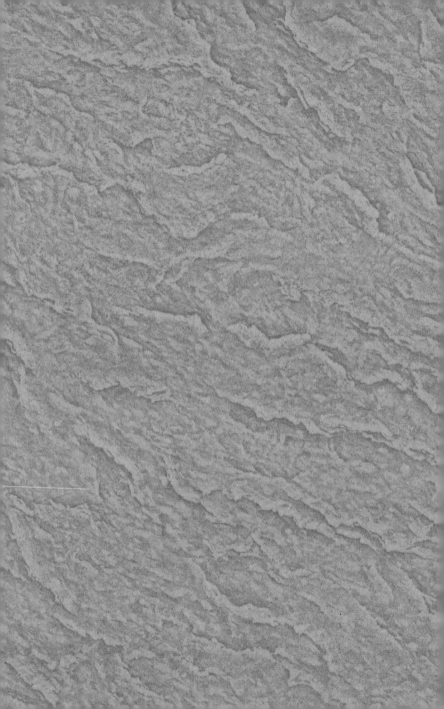

《著者紹介》

北村　厚（きたむら・あつし）

1975年　福岡市生まれ。

2004年　九州大学大学院法学府博士課程を単位取得退学。

2007年　博士（法学）を取得。

九州大学大学院法学研究院講師，法政大学法学部兼任講師，東京成徳大学高等学校専任講師（世界史）等を経て，
現　在　神戸学院大学人文学部准教授。

主　著　『ヴァイマル共和国のヨーロッパ統合構想――中欧から拡大する道』ミネルヴァ書房，2014年。

ジェフリー・ハーフ『ナチのプロパガンダとアラブ世界』（共訳）岩波書店，2013年。

『政治史への問い／政治史からの問い』（共著）法律文化社，2009年。

「『パン・ヨーロッパ』論におけるアフリカ・アジア」『現代史研究』57，2011年。

「『パン・ヨーロッパ』論におけるドイツ問題」『西洋史学論集』48，2010年。

「一九三一年の独墺関税同盟計画――『パン・ヨーロッパ』と『アンシュルス』の間で」『政治研究』50，2003年。

教養のグローバル・ヒストリー
――大人のための世界史入門――

2018年５月30日　初版第１刷発行　〈検印省略〉
2021年11月10日　初版第５刷発行

定価はカバーに
表示しています

著　者　北　村　　厚
発行者　杉　田　啓　三
印刷者　坂　本　喜　杏

発行所　株式会社　ミネルヴァ書房
607-8494　京都市山科区日ノ岡堤谷町１
電話代表　(075)581-5191
振替口座　01020-0-8076

冨山房インターナショナル・新生製本

ISBN 978-4-623-08288-9
Printed in Japan

人名索引

あ　行

か　行

さ　行

た　行

な　行

は　行

ま　行

や　行

ら　行

わ　行

事項索引

あ 行

か　行

さ　行

た　行

な　行

は　行

ま　行

や 行

ら 行

わ　行